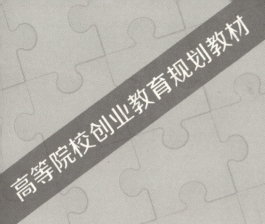

高等院校创业教育规划教材

管理能力

边俊杰　王　欣　曾国华　余来文　编著

厦门大学出版社
XIAMEN UNIVERSITY PRESS

国家一级出版社
全国百佳图书出版单位

前　言

"未来市场中的稀缺资源不再是资本，而是优秀的人才"，美国企业管理界大师史考特·派瑞博士20世纪的论断已然成为现实。有技巧的管理者，尤其是那些在组织中有效管理员工的管理者，是组织成功的决定因素。然而，令人感到有些不安的是，在过去半个世纪，在人口平均智商水平提高的同时，大多数人管理自身和管理他人的技能下降了（Goleman，1998）。最近一项对《财富》500强110位CEO的调查显示，87％的人对工商管理专业毕业生的分析技能感到满意，68％的人对他们的概念技能感到满意，但只有43％的人对他们的管理技能感到满意，而只有28％的人对他们的人际技能和情商感到满意。

管理是一个实践性的课题。如果管理知识的传授总是追溯理论发展的历史，一直停留在传统的、基于认知的授课方式，就很难实现培养真正的管理者的目标。正如一个管理教育学者所说，"管理专业的学生要进行激励别人去完成任务和实现目标的实践，而不仅仅阅读那些有关对照和比较6种不同激励理论的读物"。然而，令人感到担忧的是，传统的、基于认知而不是管理技能开发的课程在适应经济社会发展变化方面显然有所欠缺。工商管理类毕业生"眼高手低"、"高分低能"现象尤为突出。改变传统知识输送方式，培育合格的、为社会所认可的工商管理专业生和管理后备人才在当前显得尤为重要。

鉴于此，《管理能力》致力于帮助读者了解管理技能理论与技术，实现有针对性地开发自己的管理技能。本书通过对管理能力进行科学的梳理提炼，从自身角色定位、自我管理能力、沟通技巧、目标管理、员工激励、有效授权及决策等角度进行展开，以期帮助读者有针对性地提升自己的管理能力，并提供了大量案例、评估量表和最新技术，在学习管理技能与应用这些技能之间搭建了桥梁。该教材具有如下特点：

第一，以理论＋案例的方式进行编写。以案例为主，其中案例占50％以上的篇幅，每个章节以开篇案例作为本章内容的导入，论述过程以多个穿插案例为点缀来帮助读者更全面深入地理解各知识点。

第二，多视角选取素材。案例涉及中外制造业、互联网、高端服务业等多个行业。希望可以为广大管理者指引方向，带来启迪，开拓思维，创造价值。

第三，以新的视角进行研究且可读性比较强。本教材在一定程度上填补了管理技能教材和教学的空白，该教材是管理人员技能提升最好的指导书，这也是《管理能力》教材的诉求重点。

本书主要定位于三大读者群：第一，高等院校的工商企业管理专业学生，可用此套教材作为专业人才培养的学习教材。第二，企业中层管理人员，用以作为企业管理培训教材。第三，企业新招员工，用作新人的内训教材。可以说，本书不仅旨在面向工商管理专业学生进行讲授，而且还对企业管理人员有极强的指导作用。

本书是众人智慧的集合，不仅包含了诸多业内专家的智慧，还包括了江西理工大学党委书记叶仁荪教授、MBA中心主任黄顺春教授等专家长期关心指导的深情厚谊，特此表示衷心的感谢。同时，感谢厦大出版社在出版过程中给予的大力支持。

特别需要说明的是，在本书编写过程中，学习、借鉴、吸收和参考了国内外众多专家学者的研究成果及大量相关文献资料，并引用了一些书籍、报刊、网站的部分数据和资料内容，在此，对这些成果的作者深表谢意。限于作者的学识水平，书中错漏之处在所难免，恳请各位同仁及读者指正。

编者

2013 年 12 月于江西理工大学

目 录

自我检测

阅读本书之前,请先通过以下测试了解自己从事职业经理人方面的潜力。请在相应的"□"内画"√"。

1.我很重视基层员工的培训,不断与他们交谈,发现和解决问题。

□总是　　　　　□有时　　　　　□从不

2.我带头遵守公司的所有规定,为员工起到模范作用。

□总是　　　　　□有时　　　　　□从不

3.我做重大决策时,都要听取员工的意见,充分发扬民主,调动员工的积极性。

□总是　　　　　□有时　　　　　□从不

4.我给中层干部充分的自主权,鼓励不同部门之间进行水平交流。

□总是　　　　　□有时　　　　　□从不

5.我能区别对待不同类型的员工,特别重视接班人的培养。

□总是　　　　　□有时　　　　　□从不

6.我重视公司的文化建设,并以优秀的企业文化熏陶员工,使他们能轻松愉快地为公司工作。

□总是　　　　　□有时　　　　　□从不

7.我能抽出较多的时间来分析顾客的需要,制定重要决策之前,对市场进行周全、翔实的调研。

□总是　　　　　□有时　　　　　□从不

8.在面对逆境时,我能积极应对,增强斗志,缓解各方压力,尽快带领团队走出困境。

□总是　　　　　□有时　　　　　□从不

9.我能容忍员工的过错,鼓励员工做冒险性的工作。

□总是　　　　　□有时　　　　　□从不

10.我能坚持锻炼身体,并定期组织员工游玩放松。

□总是　　　　　□有时　　　　　□从不

选"总是"得3分,"有时"得2分,"从不"得1分。

请统计你的得分:

如果超过25分,说明你已经是一名成功的职业经理人。不过再翻翻此书,你可能还

会发现自己仍然有许多重要的但常常会被忽视的问题。

如果在 21～25 分之间,高于平均水平,但是仍然需要继续提高。

如果在 18～20 分之间,刚好合格,更需要努力学习。

如果少于 18 分,没事,慢慢从头学起吧!

第一章　鸟瞰职业经理人

多数人不能很恰当地说出自己的学问深浅，不是估计偏高，就是估计偏低。……认识自己是十分重要的课题，它使我们能够去做最适合自己的事，因而发挥更大的效用。

——爱默生

案例

2003 年，D 公司经历了一次大地震，年初由于公司高层人员斗争，导致了不可控制的结果，具体的细节我们无法得知，但是大约可以猜出，最终结果是一号和二号同时出局，这是斗争的最差局面——双输。公司的运营也出现很大困难，不得已，D 公司的总公司派了一个高级经理代理总经理的职位以维持局面。经过半年的寻找和物色，总公司终于通过猎头公司找到一个看上去很完美的总经理候选人：野鸭先生。这位先生上任以后做了以下几件事：

1. 狼群战术。为了改变自身势单力薄的局面，野鸭先生用了几个月的时间，改造了该公司的销售部的架构，将全国分成几个大区，其中重要的几个区域的经理全部换成了自己以前小弟，然后自己的小弟再招兵买马，几个月的时间，迅速将以前的全国销售经理架空，对于以前的业务员分化瓦解，有的被转岗，有的被解聘，大部分被边缘化。

2. 洗脑工程。上任后为了表示自身的智商和情商比员工高，他给每位员工发了《谁动了我的奶酪》和《打破一切惯例》两本书，并要求每位员工写好读书心得，每周进行开会交流。

3. 镇压黑信。上述做法引起了员工不满，匿名举报信满天飞，野鸭先生见状，立刻成立了专案小组，由两位"资深员工"组成，然后公司每个人都要接受审查问话，还可以向专案组匿名举报自己怀疑的人。……

事情终于发展到不可收拾的地步，总公司开始调查。调查期间，野鸭先生组成接待团，进行公关。但是，由于公司的员工联合起来作证，事情真相大白。最后总公司无法忍受，将一封对野鸭先生的解聘通知贴在了公司的布告栏上，野鸭先生下课了。

这个案例或许给职业经理人以震撼，或许使其有所思索，像野鸭先生那样比较差劲的职业经理人肯定不会仅仅几个，可能有很多，那么如何才能成为一个合格的甚至是优秀的职业经理人呢？职业经理人应遵守哪些基本准则，应具备哪些素质、能力？本章首先从一个总体的角度对职业经理人做一个鸟瞰。

一、了解职业经理人

所谓职业经理人就是为资产所有者服务,接受资产所有者的委托,为其代为管理或运营事业,并确保资产所有者的资产能够保值、增值的职业人士;由于这些人士一般在企业中担任各级经理(管理者或技术专家),所以称之为职业经理人。

从电视台热播的两部商业题材的电视剧《天下第一楼》与《白银谷》中可以看出职业经理人的出现并不是现代社会的产物,早在封建社会就已经出现了。《天下第一楼》中的掌柜卢孟实在老东家辞世前临危受命,出任酒楼的掌柜,并享受酒楼的一部分股份,老东家去世后,老东家的两个儿子就成为该酒楼的资产所有者,卢孟实就是职业经理人,受聘管理该酒楼。以反映山西票号为主题的《白银谷》中,著名演员刘威扮演的掌柜邱泰基,也是一个职业经理人。所以我们熟悉的两个词"东家"就是资产所有者,"掌柜"就是职业经理人。不过有的东家就是掌柜,也就是既是资产的所有者又是管理者。

一般而言,职业经理人具有五个比较显著的职业特征:

第一是职业经理人是后天成长的结果,称之为成长性特征。职业人士在长期的企业实践中通过不断的锻炼,积累丰富的经验,提升自身能力而获得市场的认可,即成为职业经理人。职业经理人没有天生的,全部是后天努力的结果。《天下第一楼》的卢孟实就是从学徒到账房先生再成为职业经理人的。

第二是阶段性特征,指的是职业经理人是职场人士职业生涯中某一阶段的描述。成为职业经理人之前的阶段与知识老化不能获得市场认知后退出职场的阶段,该人士都不能称为职业经理人,如《天下第一楼》的卢孟实在被东家辞退后回归故里,他也就不能称为职业经理人了,只能讲他曾经是职业经理人。

第三是动态性特征,即职场人士获得市场认可成为职业经理人后,一般情况下会继续学习并承担更重要的经营管理责任,以获得职务上的升迁,从部门主管到经理到副总再到总经理等。职业素质也会随不断的学习获得发展,但需要说明的是职务升迁与职业素质发展不存在必然的因果联系。

第四是职业经理人必须具备由市场认可的特征,这里市场是指资产所有者。资产所有者依据其标准来认定谁是职业经理人并委托运营资产或管理企业中的某一个或几个职能系统。资产所有者对职业经理人的经营活动与经营成果承担最终责任。所以职业经理人必须要由市场来进行认可。

第五是双重责任性特征。由于职业经理人是由市场即资产所有者来进行认可,接受资产所有者的委托或授权来开展职业活动的,所以职业经理人必须首先履行对资产所有者的责任。另外任何组织的发展都不能脱离社会环境,组织目标的制定既要考虑股东的利益也要考虑社会利益,因此,职业经理人在履行职责的过程中还要考虑社会责任。任何职业都有其职业准则或约定俗成的职业道德,职业经理人这个职业也是如此。职业经理人在履行职责的过程中,既要考虑股东利益,又要考虑社会利益。如果只考虑股东利益,不考虑社会利益是该职业经理人缺乏职业道德的表现;或者只考虑社会利益不考虑股东利益就不能被资产所有者即股东认可,就不是职业经理人。

二、作为一个职业经理人,你需要首先盘点你自己

当职业经理人欲进入一家企业之前,应该做些什么? 应该首先盘点自己。

1.盘点自己的职业类型

企业发展是分阶段的,企业用人也是有阶段性的。企业的存在大致可划分为七个阶段:创业、成长、成熟、战略突破、战略转型、问题爆发、关门倒闭。当然,排除创业和关门倒闭两个阶段外,其余的五个阶段都是可以再循环的。而企业在不同的发展阶段需要的是不同类型的职业经理人。任何企业都想使用现成的职业经理人,而不想培养职业经理人。即使是国际知名企业也不例外。

正因为企业发展的阶段性,决定了职业经理人的类型也是与之相对应的:创业型、成长型、成熟型、突破型、转型型、问题型和关门破产型。所以作为职业经理人,应首先盘点自己是这七种里的哪一种。

2.盘点自己适合的规模

仅有上述七个阶段的分类盘点还不够,职业经理人还要盘点自己适合什么规模的企业。从雇员规模看,同一管理级别跨规模跳槽,几乎是不现实的。当然,除了雇员数量这一种,企业规模还包括:资金规模、资产规模、行业跨度、管理半径等。所以这个盘点应以自己工作过的企业规模为依据,而不应以自己的主观臆断为准。有人曾在业务往来中接触过某类规模的企业,或者分析过某类规模企业的案例,就认为自己是某类规模企业的经理人,这就像看过别人游泳就认为自己会游泳一样不足为据。

3.盘点自己适合的级别

这也就是说职业经理人应判断自己究竟适合于企业的什么管理级别,是一级管理者,还是三级、五级管理者。不同级别的管理者,其权力的灵活度是不一样的,也许你管理着近千人的团队,但你只是个五级管理者;也许你就管理着几十人的团队,但你有可能是一级管理者。不同级别的管理者承担的风险和压力也是不同的。基层经理人越级跳到高层管理者的位置上,刚开始时会很不适应。

4.盘点自己适合的岗位

职业经理人还应继续盘点自己是什么岗位类型的职业经理人。管理级别是从企业的纵向分类,从企业横向组织结构看,又分为:人事、行政、技术、财务、市场、营销、客户服务、公关、生产等,自己是单一的专业岗位类型,还是跨专业岗位的人才? 对于不同专业类型的职业经理人,职务需求的素质是不一样的,跨专业跳槽是比较忌讳的。

5.盘点自己适合的行业

俗话讲"男怕入错行,女怕嫁错郎",目前市场上行业数以千计,新行业又层出不穷,应了解自己究竟适合在什么行业干。作为高层,跳槽时行业跨度不可太大。有人会认为自己的学习能力很强,入行快,但无论多快,都会有一个过程,这个过程需要成本。这个成本有的短期一次性支付,也有的甚至是职业生涯始终都要支付的。比如说,有人自豪于什么都干过、什么都懂,这句话的背后就是什么都懂得不深,有时会给新东家不知如何使用的感觉。需要说明的是,在大型国企,因为通常其市场化程度比较低,因而可能不遵守这一

市场规律。

6.盘点自己的职业生涯走势

职业经理人跳槽时还要盘点自己的职业生涯走势:是处于上升阶段,是处于震荡整理阶段,还是处于下降阶段?如果是上升阶段,是处于什么性质的上升阶段?如果处于震荡阶段,能否打破震荡?如何打破?是通过跳槽打破,还是通过充电来打破?如果是处于下降阶段,是顺势而为,还是抑制下降,重新步入上升阶段?

许多职业经理人的职业生涯走势一般就一个上升阶段,然后就开始下降,如同简单的抛物曲线。而其职业拐点,通常就在38岁左右。这类经理人的职业轨迹在水平面上只有年龄这个延展坐标方向。而一些成功经理人的人生职业轨迹之所以盘旋上升,跌宕起伏,在于其不仅只有一个年龄延展方向,还有个人持续能力和拼搏精神这两个延展坐标方向,形成了一个立体的坐标空间。

7.盘点自己的薪酬走势

一般来讲,薪酬走势和职业生涯走势是同步的。每个职业经理人都希望自己的年薪越来越高。但现实中,如果自己的职业生涯正处上升期,薪酬待遇可能是逐步增高;如果是呈下降趋势,或是震荡阶段,特别是如果职业环境有重大变化时,则不一定了。有些经理人刚从欧美国家回来,在国内求职时还抱着过去在欧美时的薪酬水平不放;有的则以过去的行业薪酬水平来要求现在的水平,比如:IT与证券。所以盘点薪酬走势,应该与职业环境变化结合起来。

自我盘点在一定程度上讲就是自我评价,而自我评价与自己实际水平的对称性是影响职业经理人盘准自己的关键。

案例

事业经理人——赵强与婷美的志同道合

2002年3月20日,在第81届中国针棉织品交易会上,婷美集团董事长周枫正式提出"事业经理人"概念,并就赵强挂帅一事阐述了"事业经理人"概念。周枫认为"事业经理人"具有两层含义,第一,他是整个婷美集团事业的"经理人";第二,他完全把发展婷美集团的事业当作自己实现人生价值的一项长期的事业。

周枫先生的"事业经理人"概念非常有见地,但真正要由一个"职业经理人"向"事业经理人"蜕变,说来容易做来难,需要老板和职业经理人平等对话,相互信赖,相互宽容,共同营造。

我们相信每个职业经理人都是在把自己的职业当作事业,但是很多职业经理人的无奈退场,很多老板的是是非非,给这个话题平添了几分沉重和复杂。应该说职业经理人和老板的事业目标在很大程度上是一致的,婷美董事长周枫先生制造了"事业经理人"这一概念来迎接赵强的到来,这可以说是我们职业经理人群体的一大福音。我们期待着婷美与赵强的事业之路越走越远、越走越宽。

三、职业经理人的角色转换——你能做到吗?

职业经理人,既不是老板,也不是项目经理,更不是行业中的领军人物。那么,职业经理人到底在企业中承担着什么角色呢？上海市商业企业管理协会的驻会副秘书长方彭君和上海大学上海经济管理中心的开振南认为，职业经理人的角色，就像一个"变色龙"，在不同的时间、不同的人员面前，担任不同的角色。在员工面前，他是一个老板；在老板面前，他是个打工者，但有时俨然又是老板工作上的一个"搭档"。

1. 台前老板——作为公司员工领导

职业经理人，虽然不是真正的"老板"，但是，在许多员工看来，他就是老板。是他在前台冲锋陷阵，左右着公司和每一个员工的发展前景，引领着整个企业大踏步地登上新的台阶；是职业经理人在全面负责着企业的运作，如财务、人事、经营、物流等，承担着法人财产的保值、增值责任。高级职业经理人在公司里，处于"一人之下、万人之上"的位置。有时，高层职业经理人的建议也会左右老板的决定。

如果你处于这样的角色，你的以下特征将使你在员工心目中树立优秀形象：

- 以身作则
- 公平公正分配
- 站在下属立场考虑
- 及时表扬
- 教下属做事
- 有威信、和蔼
- 下属有心事及时沟通
- 帮助下属晋升

2. 高级"打工者"——作为公司下属

职业经理人说到底，终归是个打工者，他并不拥有企业的所有权，与普通员工相比，同样是老板聘请来的员工，只不过身份高级一点罢了。职业经理人的工作，只能在授权的范围之内开创天地，尤其是遇到与老板的想法不一致的时候，若难以说服老板，但又想留下来继续工作，妥协是职业经理人的不二选择，毕竟是老板决定着职业经理人在企业中的命运。

一般来讲，老板心目中的优秀职业经理人应该包括如下特征：

- 职业经理人必须是能够创造的人；
- 职业经理人必须高效率地工作；
- 职业经理人必须学会用脑子，并且影响他周围的人；
- 职业经理人必须找到自己的思想模式，注重自己的情商；
- 职业经理人必须树立承上启下的全局观；
- 职业经理人必须理解企业、接受任务并跟随企业共同发展；
- 职业经理人必须是主动解决问题的人；
- 职业经理人必须注重协作并达到执行的效果；
- 职业经理人必须具备在竞争中取胜的道和术；
- 职业经理人必须能够面对压力，追求卓越；
- 优秀的职业经理人将构建并承载企业的执行文化。

3. 专业顾问和"拍档"——作为公司同事

21世纪最贵的是什么？是人才，尤其是高端的职业经理人。他们拥有丰富的管理经验，具备敏锐的市场洞察能力和开拓创新能力。一个企业，在好的职业经理人的带领下，往往能起死回生。因而，职业经理人的建议在老板心里多多少少会留下一定的烙痕，左右着企业重大战略的决策。此时的职业经理人，不再是打工者，而是专业的资深的企业咨询顾问，是老板事业上的重要拍档。

作为公司的一员和同事角色，你的团队精神和客户管理理念将是重要特征。

四、内在冲突——职业经理人发展的重要障碍

由于职业经理人是管理分工的结果，所以企业所有者与职业经理人之间存在着天然的矛盾，即委托—代理矛盾。企业的所有者将资本交给职业经理人去运作，而运作结果的好坏既不能完全预知，又不能完全控制。这是由于经营本身既存在着各种客观风险如政治、经济、市场、技术风险等；同时还有各种主观风险如职业经理人的能力、道德风险等。因此职业经理人的职能本身就潜藏着各种内在的冲突。这些冲突既可能是推动企业发展的动力，也可能成为阻碍企业发展的陷阱。而这些冲突解决与否，将成为职业经理人发展的重要决定因素。

职业经理人与企业所有者的冲突主要表现在四个方面，即能力冲突、利益冲突、道德冲突和信念冲突。

1. 能力冲突

有两种情况。一种情况是企业所有者的能力达不到企业经营的要求。所有者没有能力领导和驾驭职业经理人，也不愿意轻易放权，结果是企业发展受阻。另一种情况是所有者放权或部分放权，但职业经理人的能力不足以驾驭整个企业，结果导致企业失控，往往由所有者来收拾残局。我国许多私营企业在发展过程中都遇到过这两种情况。究其根源，在于中国缺乏成熟的职业经理人阶层，而企业创业者的素质也相对较低，缺乏与受过良好教育的职业经理人沟通的能力。

2. 利益冲突

表现在企业所有者希望职业经理人付出更多的努力，得到尽量少的钱或其他利益；职业经理人则希望付出较少的努力，得到更多的钱或其他利益。这种冲突是普遍存在的，是人性使然。目前许多经济学家提倡用期权来解决这种冲突，但实际上期权只是一种缓冲措施，并不能真正解决冲突，有些情况下还会使这种冲突变得更为激烈。笔者认为，真正有效的机制是创造职业经理人市场，通过市场机制来衡量一个职业经理人的价值和应该获得的报酬，从而使这一问题得到相对合理的解决。

3. 道德冲突

这是一种复杂的冲突，是由于职业经理人所扮演的社会角色的差异及商业环境与传统社会的伦理差异所导致的内在冲突。企业所有者要求职业经理人完全献身于企业，但职业经理人除了经理角色外，实际上还扮演至少三种角色，一是独立的个人，二是家庭成员，三是社会成员。作为职业经理人，他的责任重大，他的失职可能导致整个企业运作的失败，因此职业经理人的价值一方面取决于他的专业才能，另一方面取决于他的责任心、敬业精神和对职业道德或准则的遵循。作为独立的个人，他有自己的道德准则；作为家庭

成员,他有自己的家庭责任;作为社会的一分子,他还要遵循一般的社会道德准则。这些准则可能与企业所有者的要求不一致。不同的角色对职业经理人的行为要求也是不一样的,因此可能产生内在的冲突。这种冲突在中国目前的商业环境中普遍存在。解决这一冲突的关键,是职业经理人对于自己的职业责任有更深刻的认识,倡导和遵循基本的职业准则,同时企业也应该尽可能将职业经理人的职责更明确地通过契约形式加以规定。

4.信念冲突

主要表现在职业经理人的个人信念与公司的文化尤其是公司所有者的价值观之间的冲突。这种冲突往往是由于职业经理人和企业所有者之间的教育背景、生活经验及个人的目标和对未来的理解的差异引起的。这种冲突是深层次的冲突,更具有持久性,也更难以改变。例如企业的所有者可能以盈利作为首要目标,而职业经理人可能以发展作为首要目标。这种冲突可能与利益冲突、能力冲突交织在一起。

五、如何解决这些冲突?

职业经理人可以从内在素质、行为规范和职业技能三个部分来解决这些冲突,进而构建自己的职业大厦,如图1-1。

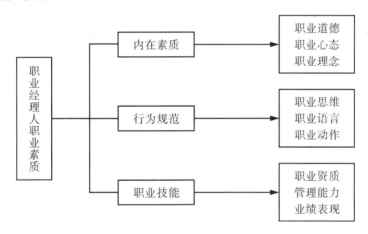

图 1-1　经理人职业素质架构

从上图可以看出,职业经理人作为职业化的经理人,其职业素质包括三项:职业经理人的个人内在素质、行为规范、职业技能三部分。在实际工作实践中,众多管理学者、专家对此作了总结,形成了一个比较完善的内容体系,大体上可以总结为:

(一)经理人的三大纪律与八项注意

1.三大纪律

"加强纪律性,革命无不胜。"为了使自己的职业生涯持续发展,树立自己的良好口碑和品牌,经理人应该遵守以下三条职业纪律:

• 第一条纪律:恪尽职守

在自己的职务和岗位上,经理人要尽到自己应尽的责任,充分体现应有的敬业精神。职业经理人的职责不能精确地定义,其业绩表现受多种因素影响,而且需要时间来评价,

因此敬业精神就成了职业经理人的首要素质和行为准则。

市场经济是法治经济,职业经理人是市场经济不断发展的产物,因此职业经理人要发挥自己的职能,必须严格遵守国家法律法规和行业政策,不能当市场经济秩序的破坏者。遵纪守法同时也是自己职业生命的根本保障,是一个公民的基本义务。守法包括两层含义:一是在执行自己的职能时要主动遵纪守法;二是如果企业所有人或上司强迫自己干违法的事,必须劝导对方走合法经营之路,并拒绝执行对方的要求,即使失去这个职位也不能妥协。

• 第二条纪律:股东利益第一

无论何时何地,职业经理人都不能损害股东和所服务企业的根本利益。当然,这与经营过程中选择长远利益或短期利益的决策不是同一个概念。

职业经理人必须为股东创造价值,这是职业经理人的基本职能。同时他还必须努力维护股东的利益,不能利用职务之便反对股东。但如果股东从事违法行为,除了自己不能参与外,还要劝诫股东停止违法之举。可以说,维护股东和企业的利益,是职业经理人作为"守门人"和"大掌柜"、"二掌柜"的天职。

即便你即将离开所服务的企业,也应该牢记维护股东和企业的利益,做到善始善终。职业经理人最宝贵的不是薪酬,而是自己的名声。"人过留名、雁过留声"的道理一定要记得,一定不要做损害企业利益的事情。不管在哪一家企业,只要干一天,就要全心投入、兢兢业业,哪怕明天你就要办理离职交接,今天也要竭尽全力为公司争取最后一个订单。

成本意识——怎样做才能更省钱?

行政科科长刘明最近比较开心。因为老板让他改善职工食堂的饭菜和服务质量,他通过现场制作、员工打分评比的方式,一下子招聘了八个身怀绝技的厨师,食堂饭菜品种、质量和服务马上发生了巨大变化,员工很满意,同事们都夸他有思路、有办法,他自己也感到办了一件很漂亮的事。

可是,有一天临近中午,老板把他叫去说:"小刘,你看看,行政科的食堂预算连续两个月超支,而且超支了将近一倍,是不是应该裁减几个厨师?"老板说的有道理,刘明忙说:"那好,要不要我把考核表拿来,您看看裁掉谁?"

老板说:"按说这不是我管的事。不过我有个办法。"说着老板打电话叫来十几个员工,发给每人五元钱的餐票,说:"你们到食堂给我买一份五块钱的午餐,什么也不要说,然后到我办公室来。"刘明知道了,食堂是谁做的饭菜谁卖。

不一会儿,十几个员工端着各自买来的饭菜站在了老板的面前。老板阴着脸,目光在每一个饭菜上来回扫射,从中挑选了三份最丰盛的午餐对刘明说:"小刘,查一查这三份午餐是谁卖出的,把他们给我辞退了。还有,要给那些留下来的厨师上上课,告诉他们什么是成本意识。"

刘明心中十分惭愧:是啊,自己光顾着改善服务质量,怎么就没有想起来成本呢!

老板是追逐利润的经济动物。老板的利润从何而来?无非两个方面:增收与节支,但一收一支、一增一减说着容易做着难,这让很多老板伤透了脑筋。

作为经理人,老板花钱雇佣了我们,一方面我们不能让老板的银子白花;另一方面,我们时时刻刻、随时随地都要为企业为老板精打细算,使老板花最少的钱办最多的事。因此,成本是老板每天都在琢磨的问题,在任何事情上都具有成本意识就是老板意识。如果你每天都在为老板多挣钱、少花钱,老板会亏待你吗?

• 第三条纪律:公私分明

职业经理人在企业管理与经营活动中,必须做到公是公,私是私,公私泾渭分明、互不牵扯。不能利用职务之便谋取个人或部门私利,例如不少人在上班时间处理私事,利用公司电话打私人电话,利用公司车辆办私事,巧立名目将非职务消费记入职务消费,甚至建立自己的利益小集团,侵吞或贪污公司财产,接受商业贿赂等,这些都是职业经理人的职责所不允许的。

(二)职业经理人的八项注意

把职业经理人比做"小脚媳妇"似乎有些无奈,但是不少经理人在与"公公"、"婆婆"相处过程中的尴尬处境,确实应该引起我们的思考。经理人在进行职业选择或履行职能时,应该注意以下八个方面的问题:

• 注意选对行业和老板

事业的发展和成长,除了自身的努力之外,良好的环境与氛围是成功的一项不可或缺的因素。如果把职业比做一棵树,把经理人比做园丁的话,选对行业就是选择有利于成长的气候,选对企业或老板则是选择一块有利于成长的土壤。如果气候和土壤根本不适合,你无论再怎样辛勤浇灌、细心呵护,这棵小树苗也是不可能成长为参天大树的。

所以,在迈入职场或转换行业、企业的时候,如何开好局、起好步是头等大事。选对了行业、企业或老板,就相当于成功了一半,这也是俗话所说的"男怕入错行,女怕嫁错郎"的道理所在。如果选择正确,你会进入"朝辞白帝彩云间,千里江陵一日还"的职业顺境,达到"好风凭借力,送我上青云"的效果。反之,如果选择错误,你就可能遭遇职业逆境,纵使你十八般武艺样样精通,纵使你鞠躬尽瘁、殚精竭虑,仍有可能落得个"出师未捷身先死,长使英雄泪满襟"的悲惨结局。

选择行业是建立在自己对世界、国家、社会和经济发展的宏观趋势的洞察与把握之上的,这有赖于职业经理人广博的知识和敏锐的商业直觉。而选择老板,则主要是要了解、认识老板的价值观和人生观,了解企业文化和氛围。如果在思想上互不认同的两个人,仅想以利益为纽带,是绝对不可能长久合作的。同理,如果你不能认同企业文化或老板的价值观,你就不能体验到职业的快乐和奋斗的幸福。

• 注意不要急于求成

"新官上任三把火"对经理人来说并不合适。到一家新企业任职,前三个月或半年时间内,不应该大刀阔斧地兴利除弊,而是要用心观察、冷静思考,等时机成熟后再快刀斩乱麻。如果上任就点三把火,很有可能没烤着别人,却把自己烧得体无完肤。

• 注意不要介入股东之间的矛盾

对于有多个股东的企业,股东之间或多或少会有一些矛盾,职业经理人应该严格避免涉入其中,即使看起来对企业有利也不行。否则就违背了职业经理人的基本职能,会产生许多负面影响,陷入"剪不断,理还乱"的矛盾纠葛之中而影响自身业绩的提升。

• 注意个人发展与团队发展相统一

职业经理人重要价值的体现应该是打造一个高绩效的团队,而不仅仅是做一个高绩效的个人。因此,在处理个人价值实现与团队价值实现、个人利益与团队利益关系等方面,职业经理人必须牢记一个基本准则——个人服从团队。经理人绝不能抛开甚至损害集体或团队去追求个人的业绩和利益,而应该在个人价值与团队价值之间找到平衡点与结合点。

个人英雄主义和单打独斗的时代已经过去,经理人必须力争做到个人成长与团队发展相统一,并以身作则,倡导"集体英雄主义"理念,才能建立一支强有力的高绩效团队,才能产生 $1+1>2$ 的倍增效果,才能实现自身职业价值的最大化。

• 注意领导支持和群众路线

作为各级职业经理人,尤其是广大中层经理,一定不要忘记"密切联系领导"的道理。你的创意、计划、方案要想得到顺利推行,首先一定要取得领导的支持。你要坚信"世上只有领导好,有领导支持的干部像块宝"。

同时,一个经理人要想成功,除了领导的支持,还要取得同事和下属的信任。因此,平时要注意跟同事们打成一片,替他们争取应得的利益,获得他们的信任,这样你的成功就指日可待了。反之,如果你一味地巴结上司和领导,成为下属所鄙视的"红人",脱离了你的团队伙伴,那么你可能就离"下课"不远了。

要记住:领导是你的"贵人",同事和下属同样是你的"贵人",你要始终如一地善待他们,为他们付出,为他们贡献。

• 注意请示汇报,不可威高震主

请示汇报可以减少、消除老板和上司的担忧和意外,那些埋头做事不看路、不请示少汇报的人,可能无法得到老板的信任和赏识。老板花了钱雇你,其实心里很可能忐忑不安,生怕你拿了钱不干活,所以你要坚持定期向老板或上司主动汇报工作,让他们知道"物有所值"。即使你真的遇到了用人不疑、心胸开阔的"明主",也要注意请示汇报。当然,你要根据不同的领导风格来选择你的工作技巧。

有了业绩和功劳自然要首先想到记到老板和上司的账上,切不可通通据为己有,更不可洋洋得意、居功自傲。不要认为你人品好、能力强、功劳大,就能在企业一帆风顺。你的威信、名望一旦超过老板,就要千万小心了!比如,现在国内赫赫有名的蒙牛老板牛根生,曾经是同样大名鼎鼎的伊利公司的中流砥柱,不想突然有一天莫名其妙被通知去北大学习……明智的经理人在带领团队时,既需要张扬,也要注意收敛,更要注意突出企业所有者的形象。

2004年12月,手机狂人万明坚在TCL"下课"之后,与万明坚同是电子科大校友并有着相似际遇的屈云波指点万明坚说:杨元庆领导的联想集团三年来的业绩远没达到他上任时的承诺,但在众多质疑声中柳传志对他的评价是"我对杨元庆三年来的业绩很满意,利润没有达到预期目标主要是行业景气、周期问题,还有我们董事会的目标设计和战略决策问题"。任何一个问题都可以找到至少两种不同的说法和答案,同一件事,肯定与否定、赞赏与批评,正反双方都可能言之成理、证据确凿。"既能做事又会做人"的经理人,总是能够写好"人情练达"这篇文章,因而,他们也总是能得到董事会或老板的信任和青睐,即使他们做错了事或没有达到预期目标,他们也会得到谅解和理解。像袁信成(TCL)、杨绵绵(海尔)、方宏波(美的)等多年来枝繁叶茂的常青树,无不向我们说明了这样一个道理:经理人必须既会经营企业,使企业发达,又会经营老板,使老板信服。

• 注意不要过分追求完美

职业经理人要心胸宽广,勇于接受公司和老板的一些缺陷。世上没有完美的东西,没有任何一家企业在管理上能做到让所有人满意,即使是世界 500 强中的优秀公司也是如此。不少经理人对中国企业这也看不顺眼,那也瞧不满意,一看不对劲,屁股没有暖热就又换了一家,结果很可能还不如原来的那一家。人可以有理想,但绝对不可以理想化。如果过分追求完美,不能客观地接受企业和老板的缺点与不足,换来换去,这山望着那山高,很有可能一事无成。

• 注意用合法手段保护自己的利益

当自己的利益受到损害时,要利用法律和市场手段来保护自己的利益,但不能利用自己的职务之便或采用不正当手段来达到目的。因此经理人在进入企业时就应该与董事会签订相关的法律文件,既明确双方的权利、责任和义务,又规范双方的行为,保障双方的权益。不能感情用事,三两酒下肚就拍着胸脯、稀里糊涂地跟着老板来到企业,最后的口头约定和残酷的现实对不上号,即使捶胸顿足、大呼上当也悔之晚矣。

牢狱之灾——王惟尊的悲剧命运

王惟尊是广西北海喷施宝公司前总经理,因涉嫌职务侵占罪和商业受贿罪,于 2000 年 12 月 14 日被捕。据报道,王惟尊本人说,他是由于揭露喷施宝假账问题而被报复的。该媒体的报道促使中欧管理学院一批 MBA 联名上书声援王惟尊。此后众多媒体纷纷深入报道该事件。越来越多的事实表明,王惟尊事件并非简单的“正义与邪恶的斗争”,正如著名经济学家吴敬琏所说,这一事件中“王惟尊与民营企业都有不规范的地方”。

通过王惟尊事件,我们看到的是职业经理人在资本权益间的徘徊与彷徨。当沦为“管家”或“奴才”的时候,职业经理人已不再“职业”,只能成为“买办”和“太监”的代名词。职业经理人如何处理代表不同资本的股东关系?如何处理因股东而产生的企业问题?如何恪守职业道德规范,坚持商业原则?如何运用法律保护自身的权益?如何坚守职业最基本的底线和操守?这些确实是摆在我们职业经理人面前的必须深思的问题。

(三)职业经理人的七项品质修炼

职业经理人与老板和谐相处必须各自遵守相应的道德规范和准则。本书重点讨论经理人自身的道德修养问题。

《大学》中有“格物、致知、正心、诚意、修身、齐家、治国、平天下”的古训,更有“自天子以至于庶人,一是皆以修身为本”的忠告。职业道德的修炼是伴随经理人终生的过程,也是经理人打造自己强有力的“职业品牌”的关键所在。职业道德是经理人的生命线和命根子,是经理人职业行为的指针和罗盘,是经理人必须恪守的底线。

·忠于资本、义于投资人

我们经常说"做事先做人"。所谓做事先做人，就是说，职业经理人首先应具备的是做人的责任感、职业的道德感及基本操守。今天，当我们谈到企业的社会责任感时，首先要求的便是企业的"诚信"；同样，作为职业经理人，我们要求的是职业操守，这便是个人的"诚信"。

目前，在业界有关"职业经理人应该忠诚于谁"的讨论很多，各种意见莫衷一是，又似乎各有各的道理。集中起来实际上只有两点，就是"忠诚于自己的职业"，还是"忠诚于自己所服务的企业和组织"。

在我们看来，其实这两个忠诚不是相互矛盾，而是相辅相成、相得益彰的。经理人恪守职业道德规范和行为准则，忠诚于自己的职业，以自己的职业良心行事，这本身就是对所在企业和组织的忠诚；反过来，经理人忠诚于所在的企业和组织，发挥自己的职业才干，彰显自己的英雄本色，这同样也是对自己职业最大的负责和忠诚。当然，我们强调的忠诚并不是愚昧的效忠和"君臣"式的封建忠诚，而是在独立人格与企业利益之间达到和谐与平衡。

忠诚于企业、老板也好，忠诚于职业也好，在实际操作中就是"忠于资本"和"义于投资人"。一个合格的职业经理人，无条件地忠于资本是最基本的素质。这里所说的资本指资本运作而不是资本本身或是它的持有者，也就是说要忠于资本运作的规律。

一个合格的受老板欢迎的职业经理人，也是一个"义气"之人。这里所说的义气不是"义气"用事的意思，而是说，当股东或老板将自己辛辛苦苦打下的江山甚至是身家性命交给你打理的时候，血性义气之人自当如当年的诸葛孔明，在刘备泣血托孤之后鞠躬尽瘁、死而后已。当老板或股东给你搭好了舞台，赋予了你相应的职位、权力和利益，作为职业经理人就应该承担起相应的义务和责任，严于律己、忠于职守，不能有丝毫懈怠和马虎，这就是"义"的表现，也是经理人良好的职业口碑、魅力与影响力的来源。

滴水之恩当涌泉相报，对于投资人有"义"是职业经理人最基本的道德操守之一。

案例

王志东下课背后的资本意志

作为网络时代的"数字英雄"，王志东代表着一个新的时代，然而再优秀的主角也有退场的时候。2001年6月3日，新浪网宣布，王志东"因个人原因"辞去新浪网首席执行官、总裁和董事职务。但当月25日，王志东重返新浪上班，召开新闻发布会，声明他并非辞职，而是被解职的，并质疑董事会解除他职务的合法性。自此，王志东和新浪董事会的矛盾公开化，有关资本意志的大讨论也随之在各种媒体上铺天盖地而来。

导致王志东权力更迭的公开原因是董事会不满新浪的经营，而直接原因是在裁员与并购中王志东与新浪董事会出现的分歧。据报道，王志东认为通过裁员来降低运营成本不可取，只是权宜之计，不适合新浪稳扎稳打的风格。其他的原因像王志东所说的有人借资本的力量打击他则无从考证。

王志东的被辞令人伤感和惋惜，甚至当时很多人都担心：没有王志东的新浪将会怎样？但在这一问题上不应杞人忧天，职业经理人和所有关心此事的人，都应主动调整好自己的心态，因为资本决定游戏规则这一市场经济的铁律是不以任何人的意志与感情而转移的。

• 信用礼尚于客户

客户是企业赖以生存、发展的根基，因此，企业经营活动的圆心是客户，围着客户转是现代企业经营的永恒话题。企业经营能否成功，关键在于客户，取决于企业能否赢得客户的信赖。

客户不仅是企业生命的源泉，也是经理人职业生命延续的关键。这里所说的客户是指广义上的"大客户"，包括与企业、团队和经理人相关的顾客、供应商、经销商、零售商、政府、社区、媒体、银行、股东、老板、同事、下属、竞争者等所有的利益关系人，见图1-2。

图 1-2　经理人的主要利益关系人

人无信不立，信用是经理人终身立业的根基，只有言行一致，兑现对经销商、员工、同事、领导、客户、股东等各个利益关系人的郑重承诺，才能建立良好的个人声誉和口碑，才能拓展自己的人脉资源，才能得到众多"贵人"的鼎力相助，顺利到达职业成功的彼岸。

• 谦虚谨慎于同事

经理人要有海纳百川的宽广胸怀，要学会并善于"示弱"。做到这一点就需要我们调整心态，克服狂妄自大、自视甚高、一意孤行的毛病，不断自我反省、自我修炼、自我检讨。正如吉姆·柯林斯在《从优秀到卓越》一书中所说："第五级经理人（卓越的经理人）朝窗外看，把成功归功于自身以外的因素；当业绩不佳时，他们看着镜子，责备自己，承担责任。"只有具备这样高尚的品质，才会不断衍生出有利于企业发展的新举措，也才能提升自己的职业魅力和影响力。

• 宽容仁义于员工

作为职业经理人，对待员工要有博爱包容的胸怀和心态。对于企业来讲，员工是企业的未来，是企业活力的源泉，这就要求经理人关心下属和员工的成长。职业经理人应该具有"四心五容"，即以爱心、真心、热心和宽心感动他人，要能容人、容事、容智、容过、容权，为员工谋福利，给下属以安全感、归宿感，从而得到员工的配合和拥戴。

- 刻苦敬业于自我

刻苦敬业精神不但表现在认真负责、真抓实干、追求卓越、勇担责任上,而且还体现在挫折耐受力、压力忍受力、情绪稳定力、自我控制力和持久意志力等方面。在遇到危难或不利的情况下,能够克服困难,坚定不移,充满激情和斗志。阿尔伯特·哈伯德在《把信送给加西亚》一书中提到,罗文中尉之所以能取得成功,最重要的原因并非是他有杰出的军事才能,而是在于他始终如一的优良品质和刻苦敬业的奉献精神。"送信"成为一种使命,成为一种承诺和荣誉。所以在今天的企业界,"罗文"成了稀缺的资源。"寻找罗文,把信交给他",已经成为众多企业和老板的呼声。作为职业经理人应该努力修炼自我,做一个像罗文那样"能把信送给加西亚"的人。

- 感恩于企业

管理大师奥修有这样一段名言:"如果有人感谢你,你也会感谢那个人,因为他接受了你的爱;他接受了你的礼物,他帮助你卸下你的重担,他允许你将爱的礼物洒落在他身上。你分享越多,给予越多,你就拥有越多,这样才不会使你成为一个吝啬的人,才不会使你创造出一个新的恐惧:我或许会失去它。事实上,当你失去越多,就会有更多新鲜的水从那个你以前从来不知道的源泉流出来。"

这段名言或许会给职业经理人一点启发,感恩是一种利人利己的责任。很多时候我们对自然、社会、公司、股东、老板、同事、下属、客户,甚至父母妻儿的付出漠然置之,认为那是自己应该得到的,是天经地义的。其实并非如此,公司是股东、老板出资组建的,它为经理人提供了尽情施展才华的良好平台。但是,往往在一段蜜月期之后,不少经理人开始抱怨公司的环境不好、老板的素质太差、员工的水平太低、付给的薪酬太少等。结果郁郁寡欢,整日觉得怀才不遇、愤愤不平,要么业绩平平,既浪费了老板的金钱,又虚度了自己的光阴;要么频繁跳槽,终生漂泊;要么经常被老板炒鱿鱼,一事无成。

为什么我们能够轻而易举地原谅一个陌生人的过失,却对自己的老板和上司耿耿于怀?为什么我们可以为一个陌生人的点滴帮助而感激不尽,却对朝夕相处的老板的种种恩惠都视为理所当然?如果我们在工作中不是动辄就寻找借口为自己开脱,而是能抱着一颗感恩的心,情况就会大不一样。

成功守则中有一条黄金定律:待人如己。也就是说,凡事多为他人着想,站在他人的立场上思考就会有新的收获。

- 像老板那样工作

阿尔伯特·哈伯德曾指出:如果你是老板,一定会希望员工能和自己一样,将公司当成自己的事业,更加努力,更加勤奋,更加积极主动。因此,当你的老板向你提出这样的要求时,请不要拒绝他。以老板的心态对待公司,你就会成为一个值得信赖的人,一个老板乐于雇用的人,一个可能成为老板得力助手的人。更重要的是,你能心安理得地安然入眠,因为你清楚自己已全力以赴,完成了自己所设定的目标。

笔者在企业培训中,经常讲"钱和事的四大关系":自己的钱办自己的事——既节约又有效率;自己的钱办别人的事——节约但没有效率;别人的钱办自己的事——不节约但有效率;别人的钱办别人的事——不节约也没有效率,见表1-1。

表 1-1　钱与事的四种关系

	自己的钱	别人的钱
自己的事	节约又有效率	不节约但有效率
别人的事	节约但没有效率	不节约也没有效率

很多时候,我们总是把老板的钱和老板的事当成别人的钱和别人的事来对待,最终结果是:老板也把我们当成了别人。

如果我们转换一下思维和行为方式,把老板的钱当成自己的钱——凡事讲节约,把老板的事当成自己的事——凡事讲效率,最终结果将是:老板会把我们当成自己人。假如我们确实坚持这样做了,老板仍无动于衷,最后再跳槽走人也不迟,开明的老板和上司毕竟还是占多数。

你是一名雇员时,应该多考虑老板的预算,给老板一些同情和理解;当自己成为一名老板时,则需考虑员工的利益,对他们多一些支持和鼓励。

案例

"每桶四美元"就是老板心态

从前在美国标准石油公司里,有一位小职员叫阿基勃特。他在出差住旅馆时,总是在自己的签名下方写上"每桶四美元的标准石油"字样,在其他文件上也不例外,签了名,就一定写上那几个字。他因此被同事叫作"每桶四美元",而他的真名反倒没有人叫了。

公司董事长洛克菲勒知道这件事后说:"竟有职员如此努力宣传公司的形象,我要见见他。"于是邀请阿基勃特共进晚餐。

后来洛克菲勒卸任,阿基勃特成了第二任董事长。其实,阿基勃特做的事是谁都可以做到的,可是只有阿基勃特一个人去做了,而且坚定不移、乐此不疲。嘲笑他的人中,肯定有不少人的才华、能力在他之上,可是最后,只有他成了董事长。

可以这么讲,有老板心态的人最终不一定都会成为老板,但是,没有老板心态的人肯定成不了老板。

(四)培养你的素质和能力

成为一个成功的职业经理人,除了遵守上述准则以外,还应该从自我管理和管理技能两个角度对自身进行全面管理,最终达到成功塑造优秀职业经理人的目标。

• 逆商与情商的培养

在当今企业中,越来越多的经理人已经认识到了这样一个事实:智商、情商、逆商这三个心商的主要组成要素相互影响、相互作用,共同决定了一个人的成功与否。能使一个人被企业录用的往往是智商,真正能使他在职业道路发展中得到晋升的往往是情商,而面对逆境使他披荆斩棘,勇往直前,最终达到目标的靠的却是逆商。

科学家经过研究发现,一个人的成就仅有 20% 取决于其智商,而其他 80% 取决于智商之外的非智力因素。

1995 年,美国哈佛大学教授丹尼尔·高曼出版了《情绪智力》一书,首次正式提出了情商概念。情商又称为情绪商数(EQ),指一个人控制自己情绪、认知他人情绪并进行协

调的能力。与智商不同的是,情商主要是人在后天的人际交往、社会实践中培养和修炼起来的。它形成于婴幼儿时期,成熟于儿童和青少年时期。但是成人的情商明显可以改变。由于情商的重要性,因此,情商的测试与培训成了许多企业人力资源开发与管理的一项重要工作。

美国白宫知名商业顾问保罗·史托兹在各国科学家研究成果的基础上,提出了顺境要 EQ,逆境需 AQ 的概念。逆商(AQ),就是逆境商数(Adversity Quotient)的简称,是人们面对逆境时的一种能力商数,用来测量每个人面对逆境时的应变能力和适应能力的大小。逆商高的人在面对困难时往往能够表现出一种非凡的勇气和毅力,锲而不舍,勇往直前,最终克服困难,将自己塑造成一个完整的立体人。他们坚信:"每一次失败都将伴随着一颗同等利益、获得成功的种子。"相反,那些逆商较低的人则常常畏畏缩缩,半途而废,最终一败涂地,一事无成。

• 角色认知能力

职业经理人可能是企业高层的下属,也可能是公司员工的上级,同时也扮演着同事的角色,另外还可能是外部的供应商和客户。因而,职业经理人需要经常转换角色。角色认知和自我定位的能力在其管理作用的实现方面起到基础性的作用。一个出色的职业经理人,应当扮演好变色龙的角色,适时在不同角色之间进行转换和定位。

• 时间管理能力

优秀的职业经理人和糟糕的职业经理人的效率可能会相差十倍以上。导致这种差距的主要原因可能是时间管理能力不同。职业经理人处于企业管理的中心地位,对时间的管理不仅影响其本身的效率,也会影响上级、同事、下属的行为与效率。高效的时间管理能力也是职业经理人必备的一项能力。是否列出了时间清单和工作清单,有没有对工作的效率高低和紧急程度进行分析,能否合理安排会见、会议、公出的时间,以及能否正确对待各种干扰因素是衡量职业经理人管理水平的重要因素。

• 沟通能力

对一个成功的职业经理人来说,沟通技巧是促成企业有效的人际交往的一个重要因素。从这一方面来讲,职业经理人扮演着教练的角色。把握好人际交往的技巧和技能,可以形成开放、信任、平等、公开的团队氛围,保证员工的自我成长和自我发展,避免由于员工之间的沟通因素降低企业效率。在实际工作中,很多职业经理人都感到下属能力不够,不敢把工作或任务交给他们,不了解他们的能力,这跟沟通有很大关系。因而,良好的沟通能力是职业经理人的重要能力。

• 职业生涯的管理能力

职业生涯管理能力使职业经理人能够准确盘点自己所具备的重要素质。对自身的职业生涯进行定位、规划、经营,能够影响到经理人自身对企业管理的定位、经营、规划等内容。

• 目标管理能力

假设企业的每一个成员都有自己的想法,而没有共同的目标,那么企业就难以发展。目标管理就是为了实现企业员工一条心,共同为企业的目标努力而运用的一种管理技能。目标管理一般有以下特征:一是共同参与制定;二是与高层一致;三是可衡量,目标管理中,所设定的目标必须是符合 SMART 原则,即具体、可衡量、可接受、现实可行、有时间限定五项原则;四是关注结果;五是及时地反馈和辅导;六是以事先设定的目标评价绩效。

• 激励能力

激励能力是我国绝大部分经理人的短板,经理人要想成功就必须补上这个短板。

经理人找出个人发展中的"短板",然后补上这块短板,就能够获得更大成功。中国人由于处事含蓄,常常不喜欢激励人。因此,激励能力就是中国经理人常有的短板。

善于激励自己的人,能够铸就自己的成功;善于激励他人的人,能够铸就团队的成功。既善于激励自己又善于激励别人的人,才是最成功的经理人。

对一个渴望成功的经理人来讲,自我激励能力和有效激励他人的能力,二者缺一不可。

• 绩效评估能力

企业每年都对员工的工作进行绩效考核,目的是评估员工的工作状态和工作成果,并根据考核结果进行人事决策,这关系到员工的薪酬调整、职位升迁、任免等方面。过去职业经理人在这个过程中没有起到应有的作用,但是现代的管理要求职业经理人必须与下属保持较好的绩效伙伴关系,为员工的工作绩效负责。

• 领导能力与决策艺术

联合国一组织指出 21 世纪最缺乏的资源是领导人才,即那些能够不断自我超越、严于律己、顾全大局、能使大众信服且能产生正面结果的人才。

如何使组织中形形色色的人有效地一起工作?如何促使部属从表面服从到真心奉献?如何使士气低落的人重振士气?如何使成功的人不因志得意满而停滞不前?如何使粗心的人不致酿成大祸?如何使利益不同的人相互支持?这些都有赖于职业经理人的领导技能。领导技能主要是分辨部属的特性与现况、选择适当的领导风格、情绪的认知、控制与调节、激励能力、塑造共识、坚定的信念与意志力。

• 授权能力

授权的本质来自释放那些人们已经具有的,但却极少被利用的知识、经验和动力。授权,让个体感觉有效率,这样他们就可以成功地完成他们的工作。知识和动力已经赋予人们能力,授权就是要把这个能力释放出来。

作为一名管理者,要给下属机会,让他们发展,为企业更好地工作,学会开发成员的潜力、优势,要充分利用下属的潜力、优势,而不是控制他们。

• 打造学习型团队的技能

一个团队学习的过程,就是团队成员思想不断交流、智慧火花不断碰撞的过程。英国作家萧伯纳有一句名言:"两个人各自拿着一个苹果,互相交换,每人仍然只有一个苹果;两个人各自拥有一个思想,互相交换,每个人就拥有两个思想。"如果团队中每个成员都能把自己掌握的新知识、新技术、新思想拿出来和其他团队成员分享,集体的智慧势必大增,就会产生 1+1>2 的效果,团队的学习力就会大于个人的学习力,团队智商就会大大高于每个成员的智商。作为团队领导,不但要自己会钓鱼,还要教会员工钓鱼。授人以鱼只能使他"做对了事情",授人以渔则可以使他"以正确的方法做事情",不仅要做正确的事,还要正确地做事,这是活到老也要学到老的事。

第二章　你需要3Q中的哪个Q?

我不再像以前那样认为智商是无可替代的。想要成功,你必须要知道该如何做出明智的选择,以及拥有更宽广的思考维度。

——比尔·盖茨

案例

美国第32任总统富兰克林·D.罗斯福,一直被视为美国历史上最有威望的总统之一。罗斯福总统在第二次世界大战期间领导美国对抗日本,成了反法西斯的伟大斗士。在那个时期的新闻照片中人们常常可以看到罗斯福坐在车上,其实这是美国新闻记者对他的一种尊重,因为富兰克林·罗斯福总统患有脊髓灰质炎症,行动不便。但就是这样一位遭受高烧、疼痛、麻木折磨以及有着终身残疾的人,却顽强地依靠着自己的坚忍和乐观,通过坚持不懈的锻炼逐渐恢复行走和站立能力,终于挂着双拐重返政坛,在1928年成为纽约州州长,并在1933年以绝对优势击败对手,成为美国第32任总统。

罗斯福不仅能够与伴随他一生的脊髓灰质炎作顽强的斗争,还领导美国人民参加了第二次世界大战,并取得了胜利。他这种精神体现了他拥有非常高的AQ和EQ。作为一个职业经理人,你在逆境之中会有什么表现?如何看待逆境?又如何看待你的团体运作能力?这些问题都是一个职业经理人必须解决的问题。如果你想从一个普通员工顺利成长为一个初级的职业经理人,甚至最后成为运筹帷幄的高级职业经理人,你将如何培养你的3Q?本章将带你深入地思考这个问题。

一、了解3Q

(一)3Q及其关系

1. 什么是3Q

IQ(Intelligence Quotient),智力商数,是指一个人智力的高低和对科学知识的理解、掌握能力。通俗地称为:科学知识的理解能力。

EQ(Emotional Quotient),情绪商数,是指一个人对环境、个人情绪的掌控能力和对团队关系的协调能力。通俗地称为:团队关系的协调能力。

AQ(Adversity Quotient),逆境商数,是指一个人面对困境时缓解自己的压力、渡过难关的能力。通俗地称为:面对逆境的抗压能力。

所谓IQ，就是一个人的学习力，也就是逻辑思考、判断与解决问题的能力。我们在学校里学习语文、外语、历史、地理、数学、生物、物理、化学等课程的主要目的，就是提高自身的IQ。在国内教育中，一所学校评判一个学生的好环以及是否有升学的资格，也常常依据IQ判断。

所谓EQ，就是指一个人的激情、信心及领导团队的能力，也就是一种热情。

所谓AQ，就是面对逆境时忍耐、承受压力的能力。绝大多数的人在其一生当中，不管有没有取得很大的成就，至少在生活上是不会太顺利的，总是难免会碰到各种各样的逆境，例如，父母患有中风或瘫痪等重大疾病、夫妻离异、自己遇到严重车祸、遭遇下岗失业、公司破产倒闭等。在逆境中能否不屈不挠、奋斗到底，反映出其AQ的高低。

有的人IQ很高，但EQ却很低，这表明他不能很好地控制自己的情绪和周围环境的氛围，也不能很好地领导团队；有的人IQ、EQ都很高，但AQ低，这表明他不能很好地面对逆境，应对挫折和压力，化压力为动力，激励自己和团队奋发向上。

一个人要想成为优秀的管理者，就应该努力提高自己的"3Q"水平。

案 例

台湾有一个很大的芯片加工公司叫作台积电公司，它在上海淞江开设分公司的时候，招聘员工就是考察3Q。它用人首先注意员工的IQ，即以前的学习能力、知识水平怎么样，解决问题的能力如何；其次是员工的EQ，就是员工如何控制情绪，如何激发团队热情，如何与别人平等沟通；最后是员工的AQ，即员工是否具有不屈不挠的精神品质、具有耐力，面对困难时是否很乐观。台积电公司通过综合考核员工的"3Q"来决定员工的录用、提拔。

2.3Q的关系

IQ、EQ与AQ的关系可以用登山来形容。如果我们把人生的过程比作登山，那么这个世界上的人们都在往上爬，但最后能够爬到巅峰的人，其实是非常少的。按照社会科学家们的调查，登山的人有以下三种：

第一种人在山脚下时，看到山很高，就产生畏难情绪或恐惧心理，面对困难打退堂鼓，还没开始登山就已经放弃了，这种人在普通人群中要占70%；

第二种人攀登到半山腰，累得半死，或者说心满意足，在那里搭个帐篷，"可以了，在这儿歇息就够了"，再也不想向困难挑战，这样的人占25%；

第三种人最终可以到达巅峰，站到山顶上，这样的人只占5%。

所以在整个人群中有70%的人都是安于现状的；25%的人具备斗志，但却不能够最终达到目标，大都是半途而废，对追求的痛苦与甘甜只是浅尝辄止；只有5%的人最后可以真正到达山顶，如图2-1所示。

我们同样可以用IQ、EQ与AQ来解释登山者需要具备的素质，如图2-1所示，登山需要具备以下三个条件：

IQ——具备登山的知识

IQ的I可以解释成Information，也就是信息的意思。登山者首先应该具备登山的知识，知道这座山该怎么攀登——如果是攀登珠穆朗玛峰，首先就要考虑怎么进藏，是从四

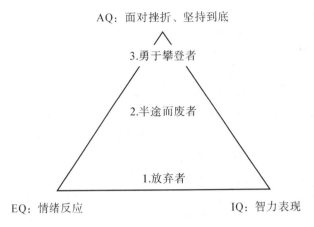

图2-1　3Q与登山的关系

川进去走川藏线,还是从云南进去走滇藏线,或是从青海进去走青藏线——对这座山上的地形熟不熟悉;对登山的知识是否了解;是否知道山上的高空气流与风暴;如何防治高山病……这些都叫作信息。

EQ——具备登山的工具

EQ的E的原文是Emotional,情绪的意思,现在可以把它改成Equipment,也就是设备、装备的意思。要登山还应该具备登山的工具:冰斧、背包、毛毯、干粮、信号弹、绳索、小刀、登山鞋、眼镜、防风帽,这些都是装备。有了这些从头到脚的装备,又有了登山知识,就具备了登山最基本的条件。

AQ——具备登山的毅力

最终决定你能否登上最高峰的叫作AQ。一个人如果具备了登山的知识,拥有一身的装备,还惧怕高耸的雪山,那就是没有AQ,也就是缺乏面对挫折坚持到底的毅力和勇气。

所以登山有这样三种人:

· 第一种人叫作放弃者;

· 第二种人叫作半途而废者;

· 第三种人叫作勇于攀登者。

其中第三种人也就是前面提到过的那5%的人,他们除了IQ、EQ都很高以外,AQ也非常高——只有这样的人才可以爬到山顶。

(二)AQ是成功的决定因素

逆境不论来自何方,对于热爱生活的人来说,不仅能够激起斗志,起到鼓励和鼓舞的作用,还能成为促使成功的一个必要条件。因而,优秀的职业经理人应该正确对待逆境,提高自身的逆境商数。图2-2描述了逆境商数与逆境控制的关系。

如图所示,横轴代表逆境,纵轴代表斗志。有一种人如果逆境强度增强的话,他的斗志就下降,没有信心去改变环境。毛泽东讲得好:“一个人如果不能够适应环境,又不能够改变环境,那么就要被淘汰。”AQ高的人,碰到问题都有斗志去解决。有一种人AQ中等,但是碰到的逆境过于强大,他的AQ还是会降低。

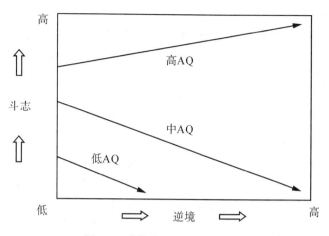

图2-2　逆境商数与斗志的关系

逆境商数很高的人，逆境越强，他的斗志就越旺盛。低AQ的人，逆境增强，他的斗志可能会消失。抱怨逆境、哀叹命运不好，处在困境之中痛苦万分，不如通过努力奋斗改变这种境遇。看谁是英雄豪杰，谁可能是一个成功的管理者，筛选的工具和指标就是一个人的AQ。

案例

新加坡原总理李光耀在新加坡长大，新加坡原来是马来西亚的一个州，后来他到英国求学，回来后在马来西亚议会里担任议员。李光耀因为受过现代教育，非常赞赏西方的制度和文明，认为马来西亚需要改革，但保守派认为他给国家带来了不安定因素，于是就让新加坡独立了。新加坡独立的那天晚上，烟火漫天，李光耀流下了眼泪，没有想到马来西亚抛弃了他，他当时的心情就像一个女人和男人吵架离婚后，带着两个孩子走到巷口，蹲在那里哭，因为晚餐还不晓得要到哪里去吃。但现在的新加坡却变成了世界强国，排在世界前30名。新加坡独立后遇到的第一个问题就是没有水喝，李光耀求助于马来西亚，但当时马来西亚首相马哈蒂尔不同意。后来双方达成一个协议，马来西亚为新加坡提供水源，新加坡净化处理，净化处理之后的洁净水退还一半给马来西亚，就这样一直延续到今天。但是新加坡不会忘记自己与一个强大的马来西亚相邻，所以新加坡就在中国台湾地区训练军队，在澳大利亚训练飞行员，一直都有危机感。李光耀脱离马来西亚后把新加坡治理得这样强盛，使国民都受到了良好的教育，正是因为他在逆境中鼓起了斗志。

阿拉法特带领巴勒斯坦的游击队与以色列斗争，在中东地区划地出来，安顿自己的国民，成立一个共和国，不能不说是他有不屈不挠的斗志。逆境是一种压力，但压力给身处逆境的意志顽强的人带来了斗志。命运尽管无法改变，但可以改变的是对命运的态度，这种态度其实就是高AQ。

我们给职业经理人的忠告是：逆境帮助生存，增强斗志；敌人帮助成长；危机提高警觉；困境刺激思维。

(三)EQ 比 IQ 更重要

有关人的智力测验和智商的研究到现在为止,已经进行了近百年。IQ 作为一个人智力水平的反映,已经得到了较广泛的应用。心理学家的研究结果表明,人的 IQ 水平是正态分布的:如果以 100 分为智商的平均水平,那么伟大的科学家爱因斯坦的 IQ 是 135 分,美国微软公司比尔·盖茨的 IQ 就是 140 分,但像这样 IQ 在 140 分以上的天才毕竟数量极少;90 分到 120 分的占了全人类的 95%。所以从智商来看,人的 IQ 相差并不明显,因此说谁比谁更聪明是值得怀疑的。

那么 EQ 与 IQ 相比,哪一个对人生的成功更显得重要呢?

如果说 IQ 更多的是被用来预测一个人的学业成就,那么 EQ 则被认为是用来预测一个人能否取得事业成功或生活成功的更有效的标准,它更好地反映了个体社会成就的概率。

心理学家调查了 40 余名获得诺贝尔奖的名人,研究证明:他们当中并不是所有的人从小就有很高的智商,他们的成功是由于在 EQ 上高人一等。心理学家也曾追踪调查一些在小时候有较高 IQ 的超常儿童,调查一直追踪到他们 50 岁,得出的结论表明,并不是每一个超常儿童最终都能成功,只有那些 EQ 好的超常儿童最终获得了成功。科学家的研究结果还表明:

第一,影响一个人成功的因素只有 20% 是他的 IQ,而至少有 80% 的因素是他的 EQ。

第二,一个人大学本科所学的知识,真正能应用到企业、机关或组织中的只有 5%～10%。

其实,从你走出校门、离开学校的那一刻起,人们就开始慢慢淡忘并忽视你的毕业院校、最高学历;而且在你进入一个公司出示过学历证明以后,就再也没有人想起它了。我们很快就会发现,智商只能够证明你的学习能力、逻辑思考能力,证明你在学校时的分数高低,除此以外它对公司、机关来说似乎并没有太大的用途。

因此,进一个公司,智商是块敲门砖;一旦进入公司后,情商就会变得十分重要。

案例

台湾地区的教育主管机构曾对台湾大学 20 年来联考的 80 名状元进行过一次追踪研究,这些状元分为理工科状元、文史科状元、法商科状元、医农科状元。研究结果表明,他们上大学后成绩也还都不错,但毕业后几乎一半人都在教书,而且大都表现平平。

我们可以作如下分析:这些在学校里功课特别优秀的孩子之所以最后在社会上表现平平,就是因为他们毕业后到了社会上低不下头、弯不下腰,在竞争激烈的社会环境中产生了特别强烈的挫折感。由于他们在社会中所能取得的成就非常有限,最后他们就干脆回到学校里去,因为学校环境相对比较单纯,人际关系要比外面复杂的社会容易对付多。

反过来,我们再来看看民营企业里那些个体户出身的大老板。你很快就会发现,浙江、福建和广东一带的绝大多数民营企业的老板都不是 IQ 了不得的人,也都不是在学校里名列前茅的学生,但他们现在却是帮助我们国家创造经济奇迹、增加社会就业人数的重要力量。

案例

位于浙江温州的中国德力西集团公司现有资产11亿元,年产值26亿元,并连续多年被国务院发展研究中心评为中国最大低压电器出口基地。39岁的胡成中作为该集团公司的董事局主席,名下有一大摞荣誉证书:全国优秀企业改革家、中国经营大师、浙江省功勋企业家、国际科学与和平贡献奖获得者……然而,他却是一个操着不太标准的普通话、原先只念过初中的年轻人。20世纪70年代末,他子承父业,在乐清市柳市镇摆摊做裁缝;80年代初,他走南闯北,帮别人推销低压电器。确切地说,胡成中今天的名望,是用艰辛、磨难和实干换来的。

像胡成中这样的浙江私企老板还有很多,他们出身都非常贫寒,例如万向集团的董事长鲁冠球是打铁匠,正泰集团的董事长南存辉是修鞋匠,宁波三星集团的总裁郑坚江是汽车修理工,星星集团总裁叶仙玉出身农民……由此也可以看出,许多在社会上获得巨大成功的人,其实在校时并不一定就是学习状元,有的甚至是没有机会去读大学、只读完中学的人。这就证明心理学家的调查是有道理的:影响一个人成功的因素有80%是他的EQ,只有20%是他的IQ。

案例

2014年是邓小平同志诞辰110周年,作为一代伟人,从他的身上我们可以看到中国早期革命领导人的共性。毛泽东、周恩来、邓小平、刘少奇、朱德、叶剑英等,他们无论是军事家还是政治家,都没有引人注目的高学历,但却在中国革命史、国家建设史上建立了永载史册的不朽功勋。

所以,我们不能不承认,邓小平作为我们国家主要领导人之一,作为中国现代化建设的总设计师,能够进行改革开放,使中国经济获得巨大进步,靠的主要是靠他的EQ。

案例

美国前国务卿鲍威尔于1937年4月5日出生于美国纽约,父母是牙买加移民,父亲是码头搬运工,母亲是缝纫工。鲍威尔的大学时代是在纽约市立学院度过的,1958年他获得地理学学士学位,1971年他又获得商业管理硕士学位。在美国,硕士学位是一个很普通的学位。

1989年,乔治·布什总统任命鲍威尔为参谋长联席会议主席,晋升四星上将。鲍威尔是美国历史上第一位就任该职的黑人,也是最年轻的参谋长联席会议主席。任职期间,鲍威尔参与指挥了美军入侵巴拿马、出兵菲律宾和索马里等重大事件。1990年,在鲍威尔的指挥下,美军取得了海湾战争的胜利。由于在海湾战争中的卓越贡献,美国国会授予鲍威尔美国最高荣誉奖——金质勋章。1993年9月30日鲍威尔退役,随即辞去参谋长联席会议主席的职务。2001年1月至2005年1月鲍威尔就任国务卿,成为美国历史上第一位黑人国务卿。

应该说鲍威尔先生的家世并不显赫,学历也极为普通,并且还是生活在种族歧视十分严重的美国的一位黑人。其实鲍威尔年轻时也曾喜欢过一个白人女孩,但是由于后来那个美国女孩的爸爸骂他说:"黑鬼!离我女儿远一点!"从那从后他就不再爱任何白人女孩。可以说,他在就读中学的时候就受到了种族歧视。而他之所以还能有今天,凭的就是他的EQ。

既然EQ具有如此大的能量,为什么职业经理人在强调IQ的时候不能花点精力去改造你们的EQ呢?

当然,不可否认,对于一个渴望成功的人来说,最好是其IQ、EQ都很好。

（四）团队精神是EQ的重要表现

一个职业经理人,要想打造自己所领导的员工的团队精神,首先要打造自己的团队意识和精神。也就是说,团队精神要从管理者自身做起。遵守企业的规章制度是团队精神在企业里的一种表现,因此职业经理人要带头遵守企业规定,以团队的荣誉就是个人的骄傲来教育员工,互利共生,互惠成长,不断地培养员工的团队意识和集体观念。

但是在有些企业里,破坏规章制度最多的恰恰就是企业职业经理人,因为员工可能会因为某些惩罚措施而不敢破坏这些规章制度,而职业经理人却因为自身所拥有的某些权力而忽视了企业的规章制度。

例如,在营业大厅里面挂一块牌子,上面写着"请勿吸烟",但是如果有领导在大厅里吸烟,就不会有人去制止。所以"请勿吸烟"并不是写给所有人的,因为领导很轻易地就会破坏这个规定。在现实生活中,很多领导都希望自己的组织是一个紧密的团队,但自己却没有团队精神,他们的行为本身已经造成了对企业团队精神的破坏,这是作为一个企业的职业经理人应该注意的。

一天,美国IBM公司老板汤姆斯·沃森带着客人去参观厂房。当他走到厂房门口时,警卫拦住他:"对不起,先生,您不能进去,您的识别牌不对。"原来公司有规定:进厂区的时候,识别牌必须是浅蓝色的,进行政大楼的识别牌是粉红色的。汤姆斯·沃森和他的一些随行人员挂的都是粉红色的,没有换识别牌,所以不能进去。董事长助理对警卫说,这是董事长。但是警卫说公司有规定,必须按规定办。结果汤姆斯·沃森笑笑说:"他讲的对,快把识别牌换过来,所有的人统统换成浅蓝色的才能进去。"

一家企业如果真的想要成为一个团队,那么从领导开始就要严格地遵守这家企业的规章制度。只有领导自己身先士卒地带头做好,自己先树立起这种规章的威严,再去要求自己的员工遵守这种规章,才有可能将自己的企业改造成为一个团队。

二、提升你的AQ,学会逆境中自我减压

（一）压力源及其对职业经理人的影响

1.压力源

压力是逆境的重要体现,只有很好地认识了压力,才能有的放矢,更好地应对压力危机。

压力的来源可分为四种。借助对压力源的分析,我们大致可以了解到我们的压力究

竟来自何方，是家庭、环境还是自我选择的生活方式？进而才能有的放矢，更好地应对压力危机。

- 职业压力

这是现代人最主要的压力来源，也是我们最重要的成功之源、幸福之源。假设我们每个人都没有职业压力，那么我们的生活也许就失去了意义。今天我们讲构建和谐社会，就是要通过我们在社会生产劳动中所付出的那份力来构建我们生存的意义。现在"4050"的下岗失业和"2030"找不到工作的问题为什么那么重要？因为职业不仅是生存发展的必需，更是满足心灵需求、提高生活质量的重要途径。事实上，人类的丰功伟绩往往建立在一定的压力之下。所以对于职业压力，关键在于怎样变压力为动力，以压力促使我们获取更大成功，比如我们可以选择自己所喜欢的职业，充分认识自己职业的重要性，努力改善职业环境等。

- 家庭压力

家庭既是我们健康成长的快乐园地、休养生息的幸福港湾，同样也可能给我们带来沉重的压力乃至危机，比如高考、结婚、生孩子等都会带来压力。但家庭和职业一样，作为生活的支柱，也需要家庭成员之间的互相沟通交流、理解和支持，使和谐家庭成为满足亲情，获得安全、快乐与力量的源泉。

- 环境压力

生态环境和社会生活环境的人为恶化等也会给我们带来生存压力，如气候恶化、地震、海啸、污染、战争都会给人类生活带来灾难和压力。

- 自我导引的压力

自我选择的生活方式、风格也会带来压力。如激烈竞争、高风险、高效率、高速度的城市白领工作，疯狂的夜生活等都会给人以压力，造成一定程度的紧张与疲惫。更糟糕的是，像赌博、酗酒、吸毒、药物依赖、网络依赖等生活方式的选择，会使人在放纵中越陷越深，导致垮掉、崩溃。

2. 压力对个人的影响

压力对个人的影响可以通过压力反应的三个阶段来解释：

- 警报动员阶段——感受到压力，引发紧张情绪，增加紧张度，提高警戒性、敏感性，有机体发布战斗动员，调动所有的力量和身心资源，准备采用各种应付手段，人处于热身状态，随时准备满足变化的要求。

- 抵抗阶段——有机体对压力的适应性处于最高水平，充分利用体内的全部资源，强化自我防御机制，各方面能力充分展现，人们能够做出平时做不到的事，也就是可能做出成绩的阶段。

- 衰竭崩溃阶段——面临连续的极度紧张，生理和心理资源衰竭，应付压力失败，整合瓦解，代谢失调，以至全面崩溃，出现心理和生理健康问题。

那么，应该如何缓解压力呢？总体来讲，可以从三个方面来缓解生活压力：以积极的态度看待压力，这是最重要的缓解方法；是修身养性，借用大自然之力舒缓压力；体内革命，保护自己，增强抗压性。

(二)以积极的态度看待压力

压力无处不在,对于职业经理人来说更应该关注对压力的应对和管理。信念、态度在压力管理中的作用非常重要。"上帝关上了一扇门,却打开了一扇窗"。要勇敢接受现实,坦然承认挫折,在逆境中更全面地认识自我和世界;在逆境和挫折中积极地培养解决问题的能力;冷静地寻找今后的努力方向、奋斗目标。经历了挫折,从挫折中发现自己的不足与缺陷,认真反思,就能使认知评价更加全面,承受挫折能力增强,应对方法更加丰富,自控自制能力不断提升。

建议一:学会调节情绪,要学会宽恕和自我宽恕,有时候甚至用点"酸葡萄策略"来减压。

案例

在美国华盛顿林肯纪念馆前最中心的地方有一个越战纪念碑,这是我国著名建筑大师梁思成的外甥女在21岁时中标的作品,上面刻的是在越战中死亡的美国军人的名字,所以有人将之称为"美国哭墙"。笔者到美国几次,都碰到有一些老兵摸着上面的名字在哭。有一次,一个坐轮椅的老兵,胡子拉碴的,在碑前号啕大哭,等他平静下来后,笔者上去和他交谈。他告诉笔者,他是一个越战老兵,因酗酒被老板解雇。先前离了婚,前不久从前妻那里带孩子进了酒吧,没和前妻打招呼又晚归,被前妻告上法庭,法官判决他不能再探望孩子。他觉得自己一切都失去了,绝望愤恨,咒骂着:"我要杀死你们!"于是他坐着轮椅来到越战纪念碑前,摸着战友的名字痛哭。哭完后,他平静了许多,开始自我反省。他说:"虽然我什么都没有了,但是比起在越战中失去了生命的战友,至少我还活着。因为我酗酒旷工,所以老板要开掉我。现在我要去医院戒酒,还好,我是残疾老兵,戒酒治疗可以免费。等治疗好了以后我就又可以找工作了,有了工作我就可以向法院申请探望我的孩子。以后,说不定我还可以找到一个好老婆呢。"

这个老兵宣泄了愤怒、悲伤之后,在自我安慰中试着去理解他人、反省自己并发现希望。通过情绪调节,学会宽恕和自我宽恕,有时候甚至用点"酸葡萄策略"来调节情绪,也是可行的。人们常说"吃不到葡萄反说葡萄酸",其实这句话用在缓解心理压力上也有功效。比如失恋了,小伙子抱怨:"我对她如何如何好,她却把我甩了",越想越气。这个时候"酸葡萄策略"就起作用了,小伙子换个角度想想,我有如此多的优点,她都没有发现、不去珍惜,可见她不是我的知己知心人。分手是她的一大损失,对自己反而是一种解脱,是一个新的开始,总会有懂自己的人来爱自己。这样一想就会释怀许多。所以"酸葡萄策略"在应对压力和消极因素时也会有积极的效果。

建议二:一个人的社会支持网络越健全,生活就越有保障,也越有意义;一个人的工作能力越强、策略越多,就越能从容地处理问题。

案例

我们大家都知道马克思和恩格斯之间的伟大友谊。恩格斯是最痛恨做资本家的,但为了马克思和马克思一家,他不得已而为之。对于马克思来说,这就是很大的支持,没有恩格斯,他的《资本论》就很难保证完成,而恩格斯这么做,就保证了马克思的思想能够传承下来。我们知道，无论邓小平同志政治上怎样三起三落，他的家庭永远是一个温馨的港湾。小平的继母和他没有任何血缘关系，但整个邓家都把她视为邓家的第一功臣，这里不是血缘关系，是多年来相濡以沫的亲情，这对家里的每一个人包括邓小平自己来说都是最大的支持。

由上可见，社会支持系统越健全，我们就越坚强，越能够抵御生活的风风雨雨。"一息尚存，学习不止"，我们可以通过积极学习来提高工作和社交方面的技能。我们还应积极利用社会支持系统。社会支持系统主要包括生理健康及物质基础、人生信念理想与奋斗目标、家庭亲情及关爱、同事朋友邻里等的友情关怀、事业职业及社会地位名誉、社会支持救援机构与设施等。要充分发挥社会支持系统的作用，建立、发展并完善强大的社会支持系统和网络，支撑自己、帮助他人，共同抵御生活的风风雨雨。主动寻求支持和帮助——敢于主动求助是自我强大的表现；熟悉有关援助机构或网络——任何时候都不要犹豫，勇敢伸出你的援助之手，坦诚接受他人的援助之手。

建议三：积极磨炼自我。

案例 1

南京有一个十分成功的女孩子。这个女孩从一所全国重点高中升到名牌大学，然后到美国深造，后来作为海归派回来，年薪在160万～200万元，用她父亲的话说，"是一个十分聪明的孩子"，但由于她太一帆风顺了，反而在感情上不能承受一点挫折，所以婚姻上一出现问题，马上就崩溃了。这就是缺少挫折的磨炼，缺乏应变能力的结果。

案例 2

一个叫波切利的音乐家，由于后天原因造成双目失明，面对变故，他很伤心，但他坦然接受了这个事实，全身心去感受音乐，人们评价他的音乐是"天籁之音"。

往往一些有过挫折、经历过磨难的人，走上社会后容易脱颖而出，而那种太一帆风顺的，反而不一定成功。一路上磕磕碰碰、跌跌撞撞的人更坚强、更健康，恰恰是那些挫折，让人看清自己，知道自己需要什么，应该往哪里走。一句话：我们要勇于承受挫折，直面现实，在挫折中积累阅历、提升自我。

（三）修身养性，借用大自然之力舒缓压力

中国有个成语叫"积劳成疾"，积劳成疾往往是病由心生。癌症在中医里叫作瘀积症，即把忧郁积在心里面而生的病。如果一个人总是每天都愁眉不展，担心自己会不会得癌症，他即使不得癌症，那也不会保持良好的身体和心理状态。

通过很多长寿的人所写的文章及研究道家与"密宗"典籍发现，有很多通过与大自然相处缓解压力的方法。

1. 望云

没事的时候到天空蔚蓝的地方去看一看，眼睛一直看到云端的背后，就好像要望尽宇宙无尽的苍穹一样。这种修身养性的功夫叫作望云。这时候人会突然间有种感觉，自己很渺小，在这个无穷无尽的宇宙里面充满了奥秘。这其实就是把你的压力释放出来。

2. 穿海

凝视着海河湖泊,望着水的里面,好像要一直望到水底一样。这会让你的心沉静下来。

3.抱树

心情不好、压力很大时,找一棵很大的树去抱。抱着一棵一两百年的古树,10分钟以后你就会感觉到这个树是有生命的。想想它历经狂风暴雨,严寒酷暑,而岿然不动,挺立在土地上一两百年,个人的痛苦在它面前显得不是微不足道吗?

4.照镜子

夜深人静的时候,一个人,不要开灯,坐在镜子面前,一直望着镜子里面的自己。10分钟以后,就会感觉到镜子里的人不是你自己,感觉到肉身好像跟灵魂分离了一样,这是一种很奇妙的感觉。

这四种做法其实都是借用大自然的力量来舒缓自己的压力,是一种修身养性,对缓解压力及保持身心健康都有很好的作用。

(四)体内革命,保护自己,增强抗压性

生活中许多日常的细节对减轻压力能起到重要的作用,这就是我们所说的体内革命。毛泽东讲过一句话,身体是革命的本钱,一个人必须身体健康,才能全身心投入到自己的事业中去。有一个健康的身体,承受压力的能力也会增强。下面有七个方便易行的方法,是很多人从学习、生活中体悟、总结出来的。

1.多吃鱼肉

中国人特别喜欢吃肉,但一个人过了四五十岁以后就要开始注意少吃红肉多吃白肉。所谓红肉就是4只脚动物,如猪、牛、羊的肉;所谓白肉就是鸡、鸭、鹅,尤其是水中游的鱼的肉。鱼身上有多种东西是其他动物身上所没有的,尤其是多种不饱和脂肪酸,对人的大脑和心脏都有很大的帮助。爱斯基摩人很少得癌症,日本人很长寿,很大原因是他们都特别爱吃鱼。听说有人曾把癌症细胞注入到鱼的身上,鱼也不会得癌症。多吃鱼类,一方面可以防癌;另一方面对人的大脑和心脏也有帮助,可以防止心脏病,强化大脑的思维。

2.浅酌红酒

葡萄酒里面含有一种物质,叫作鞣酸。鞣酸被称为血管的清道夫,可以帮助人们扫除血管里面的胆固醇。欧洲人做过一个调查,北欧人的寿命不如南欧人的长,原因是南欧人喝红葡萄酒,吃面包、橄榄油,所以地中海一带的人比北欧的人要长寿。法国人常常吃肉,美国人也常常吃肉,但是因为法国人比较爱喝葡萄酒,所以法国人的平均寿命比美国人长。

3.常用橄榄油

橄榄油是最高档的油,其次是葵花子油与芥菜子油,还有色拉油、花生油,最后是猪油。猪油对人体有害,而橄榄油是非饱和脂肪酸,对人体有益,所以橄榄油在所有食用油里品质最好。

4.带着鲜奶干杯

出去应酬,带上一杯或一盒鲜奶。鲜奶本身有两个作用:第一,鲜奶在胃里形成一层保护膜,抵制酒精的伤害;第二,它有丰富的钙质,既增加钙质,又可以稳定神经。

5.喝茶能免则免

人的胃呈中性,酸碱度是平衡的。有的人一天到晚泡茶喝,结果胃就变成了强碱性,于是胃就要分泌强酸来中和碱。把茶戒掉后,胃就会开始泛酸,因为你的胃已经变成了强酸性,于是不得不每天泡茶喝。

6.别在市里的街道上跑步

早上的空气是都市一天中最脏的,所以尽量不要在市里的街道上跑步,尤其是在早晨的时候。建议人们远离闹市,到城郊或公园中去锻炼。

7.效法动物

人应该常常学习动物,人有很多东西都是跟动物学的。中国古代的一些强身健体的武术和体操就是模仿动物的动作编排而成的。所以不妨学习动物的良好习惯来保持自己身体的健康。

(1)随时随地休息

人常常不能做到这一点,往往喜欢按时休息,结果失掉了很多休息的机会。瑜伽术里面有一套动作,叫作"摊尸"。瑜珈术教我们在躺下去时,冥想放松自己的脖子、手、腰等,直至最后像死了一样地躺在那里。听说这样休息10分钟的效果和正常睡30分钟的效果相同。在机场、汽车、船上,只要有空,我们可以随时让自己"死掉"10分钟,放松每一个关节,完全放松地躺一会。在现代快节奏的生活中,人们需要学会随时随地休息。

(2)不要强忍大便

鸡、鸭、狗等动物都是随时大便的。但人一般一天只大便一次。甚至有些人还因为工作或其他原因而忍住大便。粪便在人的直肠里等待被排放,如果强忍,粪便在直肠里面就会刺激肛门的括约肌,这时候如果你对这个刺激信号不理会,它很快就麻木了,没多久你就不想上厕所了。于是直肠开始回收粪便的水分,就会形成便秘。

(3)伸懒腰

原野上的动物,哪怕是家养的猫狗,站起身来后经常会做个伸懒腰的动作。伸懒腰时血液会快速地循环,心跳加快。人们可以在没有人时,尽量伸伸懒腰。一天多伸几个夸张的懒腰,有益身体健康。

(4)随时随地活动

有的人强调自己非常忙碌,没有时间活动,这是借口。下面是几个简单的可以随时随地活动的方法。

· 做宇宙操

拿一条毛巾用两手拉开,向上伸直双臂,然后踮起脚尖来走路,这样活动大概二三十分钟,你就会出汗。做这个宇宙操不会浪费太多时间。如果连这点儿时间都抽不出来的话,你可以利用平时走路的时间做这样的动作。

· 蹲马步

中国武术里强调蹲马步的功夫,实际上蹲也是一种方便易行的锻炼方法。到哪里蹲马步呢?很简单,上班时在办公室里,椅子不要坐,就蹲马步办公。每天蹲30分钟或者1小时,就会改善你的身体状况。

· 倒着走

逆向操作可以防止智力衰退。倒着走就是一种逆向操作。

下面几项也是逆向操作：洗澡时不要从头洗到脚，可以从脚洗到头；看报时不要从第一个字往最后看，要从最后一个字开始往前看，并且还要看得懂；还可以倒着上楼梯。

案例

钟镇涛修身养性应对破产困境

"我选择积极面对人生，更珍惜周边眼前拥有的。"2002 年 10 月 21 日宣布破产的钟镇涛，选择勇敢面对经济困境，一肩扛起责任，这几年他悟透人性，试着培养不同兴趣，品茗、向佛、欣赏书画，可说性情大变，已经年过半百的他犹如重生，愈发年轻开朗。

屹立演艺圈将近 30 年的钟镇涛阿 B 看遍演艺圈繁华，也尝尽人间冷暖，这几年他经历婚变、财务危机，致使 2002 年不得不宣布破产，阿 B 表示，过去太重视物质享受，也太轻易相信别人，跌了这一跤，真的是给自己一次很彻底的反省："宣布破产期限 4 年一过，我就可以恢复自由，有人说这期间我可以得过且过，每天睡大头觉，反正 4 年熬过去就没事了，但我选择积极面对人生，绝不能因此倒下，负起责任，毕竟这是我的人生，我自己面对。"

破产期间，阿 B 所有的工作收入得报缴给香港财产管理局，再由管理局分配给他生活费、小孩教育费等基本开销，其余作为偿债分配。有人认为只要收入不用阿 B 的名字，一样可以逃避债务，不过阿 B 说："我是艺人，不管拍片还是演唱会、广告，任何形式表演都是白纸黑字，财产管理局是会监督的，老实说，这 1 年多以来，我工作虽然不是很满，但没有间断，我已经尽力了，我并没有因为收入要缴库而不开心。"

几年后，阿 B 来到台湾遇到知音，由小虫牵线推出他生平第 50 张专辑，他深刻地感受到歌迷的支持力量，让他受到极大的鼓舞。而过去的几年阿 B 戒烟、戒咖啡、持续爬山运动，保持好身材与健康之余，也开始培养一些修身养性的兴趣。

阿 B 对品茗很有兴趣，到台湾、内地都特别爱"找茶"，收集了不少茶壶，曾长住台湾的他认为台湾的茶叶烘焙技术最棒。此外，平常阿 B 也练书法让自己心情平静，并开始研究佛经，喜欢听梵音音乐，看佛学书籍，逛密纳水晶店。他父亲是收藏家，拥有 40 多幅张大千的字画，阿 B 也跟着欣赏培养雅兴，在台湾录制专辑期间，阿 B 则爱上泡汤，现在只要可以静心思考的，他都显得兴致勃勃。

三、你能帮助你的员工缓解压力吗？

如果员工有压力，作为一名领导，你该怎么办？除了帮助他们缓解压力外，以下几点也可以作为参考。

1. 注意观察异常行为

需要注意观察下属的异常行为，然后采取适当的措施。例如，有一天早晨上班时，经理看到公司李女士脸色不好，就问她："有心事吗？"她笑笑说没有。"身体不舒服？"她也说没有。经理便不再追问，只是邀请她中午一起吃饭。边吃边聊，才知道那天早上她和她老公吵架了。夫妻吵架虽然是私事，但李女士是公司的采购科科长，手上掌握着公司 1 亿元的预算，万一她与老公吵架后，把情绪带到工作中来，那就极容易给公司造成严重损失，所以经理注意到了她的异常行为后，中午有意与她吃饭，其实是聊一聊。经理也好，副经理也好，主任也好，副主任也好，甚至有时连门口的警卫，做领导的也要去关心，因为各个不同的阶层会有不同的想法与意见，可以听听他们说些什么。

2.给下属各种沟通的渠道

既然要跟下属有良好的沟通，就应给他们各种沟通的渠道。一个开明的总经理，办公室的门是永远不关的。原因首先是关门讲话容易让员工产生猜忌心理；其次是让下属随时都可以进来，这样就保持了良好的沟通渠道。

3.要让下属知道你对他有什么希望

下属最害怕的就是被领导冷落，不闻不问。员工努力工作，但不知道领导希望他怎样做，也不知道领导是不是满意自己的工作。这会让员工在工作中产生一种无形的压力，所以作为管理者要让员工知道自己对员工的期望与评价。

4.听取下属的意见

只要情况许可，在做决策时，不妨听听下属的意见。哪怕意见不成熟，也要先给予肯定，让他提出一些他的想法，这对他来讲是一种激励，其实就是一种压力的减轻。

5.给下属适当的压力

不要把员工累垮，也不要让部门内有闲人。很多主管是工作狂，自己加班，还要下属陪着工作，下属如果走了就担心被认为工作不努力，这种想法也会给下属造成一种压力。只要重要的事情做完了，就没有必要加班。员工不能没有工作压力，但压力要适当。领导遇到事情要处之泰然，甚至有重大事情发生时都要泰然自若，让大家感觉到与你一起工作很愉快，而不是一天到晚都很紧张。

6.带领员工改善生活品质

享用下午茶，呼吸一下新鲜空气，到外面走走，这些都是缓解压力的有效方法。

四、职业经理人常常出现的 EQ 问题

（一）不能适应环境，适应环境能力差

每个职业经理人都面临竞争，每一个人都要调整自己以适应新形势下的环境。但在这个过程中许多人的适应环境能力都可能出现问题。

许多职业经理人常常换工作、换公司，如果不满意，就开始冲动、暴躁……甚至抱怨公司对不起他、老板对不起他，什么事情都是公司不对。肯尼迪总统讲过一句名言："不要问这个国家能为你做什么，问问你自己能为国家做什么。"其实完全可以把这句话拿来讲给职业经理人——职业经理人最大的毛病是他的适应环境能力差，而不是公司、老板对不起。

不堪面对困窘环境　清华北大学生寻死各有门道

由北京清华大学转到香港浸会大学的交换生王晋航，疑不适应香港环境，2002 年 5 月 26 日凌晨跳楼身亡。香港经济不景气，各行各业深受打击，不少失业人士不堪面对困窘环境，选择走上死路；未料年轻的内地交换生也选择结束生命。

事实上，自杀事件在中国大学屡见不鲜，清华大学和北京大学平均每年都有自杀事

件。美国总统布什访华时演讲的清华主楼,是清华最高的建筑物,也是清华学生自杀的首选目标。而在北大,由于未名湖风景优美,便成了有些北大学生的求死之所。因此清华、北大学生用毛泽东诗词中的两句话来概括两校学生的自杀方式:清华学生是"鹰击长空",北大学生是"鱼翔浅底"。层出不穷的学生自杀事件,使得学生的心理健康成为现代中国社会密切关注的问题。

上述案例中提到的自杀学生,他们的 EQ 不会太高,因为他们没有适应环境的能力。这从一个侧面为我们职业经理人的成长敲响了警钟。职业经理人在学习文化知识,提高自身知识水平的同时,绝对不能忽视 EQ 的培养。

(二)不能委曲求全,缺乏忠诚度

很多公司在研究企业管理时都会提到以下这些共同的问题:

第一,如何选人;

第二,如何用人;

第三,如何留人。

公司花费了许多精力把人才选了进来,结果发现人才不能用,即使能用,过不了几天就发现他又要走,公司怎么也留不住这个人才。追根溯源就是在同等待遇条件下,现代职业经理人不能够委曲求全,缺乏忠诚度。

现在社会上存在很多有个性的职业经理人,他们讲究所谓"个性",以现代都市白领自居,有独立的生活方式、消费思维、娱乐方式等等,大有引导都市生活潮流的思想,甚至提出口号:"只要我喜欢,没有什么不可以。我喜欢的就是最好的!"在这种口号的指导下,有些职业经理人挥霍浪费、非理性消费行为盛行。试想一想,如果把一个企业交给这样的很有知识、很有才华的职业经理人来管理,他能不能把公司管理得很好呢?可以预见,在他们的内在思想理念的支配下,他所管理的公司经过一段时间以后,可能会出现浪费现象严重、缺乏战略思维等问题。如果公司老板发现这些问题,当然要做出处理,这样这些职业经理人就会离职,抱怨公司对不起他,其实是在错误的思想观念指引下,自己的忠诚度出现了问题,也就是 EQ 出现了问题。

(三)不能顾全大局,缺乏团队意识

现代企业讲究团队效应,仅仅靠单打独斗不能管好一个企业。在当今社会,只有讲究团队效应的企业才能把分散的资源和力量组织起来,提高自身的创新能力和竞争实力,最终才会形成强大的竞争力。

EQ 低的职业经理人,他们最大的问题恰恰就是不能顾全大局:他们把自己看得非常重要,却看不到整个公司的困境与遭遇;他们每天只想着个人单枪匹马、独领风骚,在工作中出尽风头,却从未想过共同进步、集体创优……于是,他们爱自我表现、爱搞个人风头主义而缺乏合作;企业管理者整天为个人利益、部门利益而争权夺利、勾心斗角;在企业危机面前,大家往往是"树倒猢狲散",因团队缺乏真正的大局意识而加速了整个企业的消亡。

(四)不能取得员工信赖,功利主义主导行为

吴晓波因为《大败局》一书而名噪一时,红遍全国!他在该书中写道:"中国企业的失败基因,是缺少对规律和秩序的尊重,缺少个人的修养和社会责任感。这是我们的毛病。"

管理企业时,往往太注意企业家的资产,太注意公司盈利和向国家上缴多少税收,而很少有人注意我们的企业对社会回馈了多少,我们的企业对社会教育资助了多少,我们的企业对中国的科技发展促进了多少。而这样一来,社会的道德水平也就越来越低,因为企业家在片面追求利润和收入最大化的时候,是不会顾及太多道德问题的。

2002年9月14日,南京汤山镇发生了一起特大投毒事件。根据官方后来的报道,汤山镇作厂中学和东湖丽岛工地部分学生和民工因食用了油条、烧饼、麻团等食物后发生中毒,中毒人数达300多人,死亡42人,经化验食物中含有违禁鼠药"毒鼠强"。警方在初步认定此案系人为投毒案后,立刻展开侦破工作。9月15日凌晨5时,犯罪嫌疑人个体饮食店老板陈正平被抓获。9月17日,陈正平交代了作案经过。9月30日上午8:30,南京市中级法院公开开庭审理此案,检方起诉陈正平犯有投放危险物质罪,法院当庭做出一审判决,判处被告人陈正平死刑,剥夺政治权利终身。2002年10月14日,陈正平在南京被执行死刑。

比尔·盖茨在1994年1月与美琳达·法兰奇结婚,他有三个子女。据统计,2003年他的个人财富净值估计是460亿美元,但从1999年到2003年他的慈善捐款估计是230亿美元。这个数字几乎占了他个人财富的一半。

上述两个案例形成了鲜明的对比。比尔·盖茨是最慷慨的慈善家,他几乎把自己财产的一半都捐献了出去,这使我们不得不佩服他。如果一个职业经理人经营一家公司时,具有这样的思维,他所在的企业公众形象就会一日千里,社会公众对企业的信赖程度就会大大提高,这也是管理的最高境界。

五、你能够做到对情绪的察觉和善用吗?

既然EQ对管理者是如此重要,那么到底什么是EQ呢?EQ中的E是emotion,情绪的意思,但它绝不是指情绪的发泄,而是指对情绪的察觉与善用——它要求察觉自己的情绪,同时善用别人的情绪。

(一)低EQ的情绪发泄者

在现实生活中,每一个人都有一本难念的经,都不可避免地会遇到各种逆境、挫折和失败,因而也就必然会产生某些消极情绪。但有许多人往往会受这些消极情绪的左右,无法控制自己的冲动,而很容易成为消极情绪的发泄者。

踢猫效应

公司的老板针对员工上班迟到的行为下了一个命令:以后谁迟到就扣谁的奖金。可是偏偏就在这一命令生效的第一天,老板由于在上班的途中闯红灯被扣住,不仅挨了罚,而且自己也迟到了。老板憋了一肚子无明火不知道朝谁发,又不好意思说。来到办公室

以后,老板正在生闷气,主管向他请示工作。这时老板就把一肚子的无明火朝主管发泄,主管被骂得一头雾水。老板把恶劣的情绪传染给了主管,主管带着一肚子无明火回到部门。一进门,秘书来向他请示问题,主管便把秘书当成出气筒骂了一通。秘书不知道自己为什么挨了一顿骂,又把恶劣的情绪带回了家。她的独生子一见她回来就扑到她怀里,一边喊着妈妈,一边撒娇。秘书把独生子往旁边一推,并责骂儿子。儿子受了委屈,只能朝更弱者发火,正好这时猫在小孩旁边撒娇,小孩遂踢了猫一脚。

以上就是社会心理学上著名的"踢猫效应"。其实,一个人要发泄情绪是很容易的:教师对考试结果不满意,就把学生叫过来批评一通;父母工作上不顺心,就把孩子拉过来打一顿;企业主管挨了上级责备,就把员工叫过来骂一顿……这都叫作情绪的发泄。低EQ者往往会倾向于发泄自己的消极情绪,成为一个"踢猫者"。

但是对于EQ较高者来说,则全然不是这样。他们在自己受到外界刺激或不公正的待遇时,虽然也会产生不快,但是他们往往能有效地察觉出自己的情绪状态,找出促成这种情绪或心境产生的原因所在,因此他们也就总是能够对自己的不良情绪做出恰当的调节和控制,努力克制自己不把气发泄到别人身上。纵使内心愤愤不已、烦躁不安,他们也能对那些与引起自己心情不佳的事毫不相关的人表现出积极的态度。而且,当他们察觉出别人冲撞、冒犯自己只不过是因为其他原因时,更不会被别人的不良情绪所影响,而是以大度宽容的态度容纳别人,并且还会善用别人的情绪,设法帮助对方摆脱消极情绪的困扰。

(二)EQ是对情绪的察觉与善用

1.察觉自己的情绪

察觉自己的情绪,就是要努力控制住自己的情绪,做到"处之泰然"。

察觉自己的情绪,也就是经常提醒自己注意:"我现在的情绪是什么?"例如:一个管理者在因为下属的失误而对下属冷言冷语时,就应该问自己:"我为什么这么做? 我现在有什么感觉?"如果管理者察觉到自己已对下属三番五次的错误感到生气,就可以对自己的情绪进行更好的处理。

当一个人淹没在不良情绪当中,又弄不清原委的时候,他就很难真正地认识和面对自己的情绪,更谈不上适当地表达与处理情绪了。所以在认识、处理情绪之前,应该再加上一个步骤,这就是察觉情绪。察觉情绪,可以在情绪一出现时,马上知道自己身心起了什么变化,这样才能及时、有效地帮助我们处理情绪。因此,善于察觉自己的情绪,是情绪管理的第一步。

诸葛亮的鹅毛扇

三国时期诸葛亮的妻子黄氏,是历史上有名的丑女。她发黄面黑,长得很难看,附近的青年男子都不敢娶她。不过黄氏长得虽然丑,却颇有内才,品德极佳。一日黄氏的父亲黄承彦见到诸葛亮,听说他想找个媳妇,便对他说:"闻君择妇,身有丑女,黄头黑面,才堪相配。"没想到诸葛先生竟然真的重才轻色,当即求亲,于是黄承彦便将女儿嫁给了诸葛亮。这事一下子在当地引起轰动,当地人都拿这件事做笑料。

在戏剧和图画中，诸葛亮总是身披八卦衣，手持鹅毛扇，一副运筹帷幄、决胜千里的姿态。传说鹅毛扇便是黄氏送给他的一件礼物。诸葛亮出山辅佐刘备，行前，黄氏用其父赠给她的一只大鹏鸟翅做了一把扇子，扇柄上画着八阵图，要诸葛亮随身携带，一则不忘夫妻恩爱，二则对行军作战大有裨益，三则告诫他息怒。黄氏对诸葛亮说："你与家父畅谈天下大事时，我发现当你说到你的胸怀大志时，气宇轩昂；当你说到刘备先生想请你出山时，眉飞色舞；但你每次一讲到曹操，就眉头深锁，一讲到孙权，就忧戚于心。大丈夫做事情一定要沉得住气，我送你这把扇子就是给你用来遮面的。"

诸葛亮拿起鹅毛扇一摇，头脑很快就冷静下来。因此，诸葛亮离开草庐后，一直身不离八卦衣，手不离鹅毛扇。

原来"遮面"的意思是说先要沉得住气，然后才能"处之泰然"、保持冷静。如此看来，诸葛亮的EQ其实原来也不怎么高，而是妻子黄氏察觉到他的EQ不高之后，经常提醒与训练他的结果。而诸葛亮自从得到黄氏这位贤内助后也是受益匪浅，后来挂印封侯，成就伟业，莫不得力于黄氏内助。历史上汉高祖刘邦和明太祖朱元璋的成功与吕后和马皇后的相助也都有很大的关系。

女人的EQ一般都要比男人高，而且还能发现男人EQ的不足。难怪西方有句名言："一个成功男人的后面，总是有一位伟大的母亲或伟大的妻子。"这句话是十分有道理的。

2. 善用别人的情绪

聪明的人总是善于扬长避短。因此，企业领导者、管理者不仅要能察觉自己的情绪，规避和处理自己情绪的负面，同时还要善用别人情绪的正面，引导别人的正面，激发别人的正面，并防止别人的负面。

张艺谋的情绪善用能力

张艺谋作为著名导演，很会运用色彩，很会观察人性，也很会调动情绪。在张艺谋的影片里，每一位演员都能把他们的潜能调出来，并且发挥到极致。因此，他拍的电影里面不管用颜色来表示，还是用动作来表示，至少有一种煽情、一种激励、一种情绪在感染着观众。例如，当《杀死比尔》的导演昆汀·塔伦蒂诺在片场指挥中国演职人员而不得要领、一筹莫展的时候，张艺谋出现了。塔伦蒂诺发现周围的工作人员都为之一振，像换了一个人似的工作起来。他非常吃惊地说："张给我的剧组带来了活力，能不能请张艺谋导演每天都来10分钟？"

正因为张艺谋具备了这种善用别人情绪的能力，所以他对影片的质量和市场起着极大的保障作用。尽管一部影片的成功离不开有的放矢的商业运作，但就影片本身来讲，演职人员们的全身心投入才是最重要的保障。

无论是伟大的文学家、剧作家、军事家、政治家，还是成功的企业家、管理者，都是善于捕捉、利用别人情绪的高手。只有善用别人的情绪，各种各样的人才会被他的情绪所感染并跟随他风起云涌。

3. 善于控制情绪

善于控制情绪与投资盈亏关系密切,下图可以形象地说明。

图 2-3 是投资"EQ"曲线图,其中横轴代表快乐和痛苦,纵轴代表盈利和亏损。从该图中我们可以发现,一个人心情越好,他盈利的机会就越大;相反,一个人心情越忧郁,亏损的机会越大。

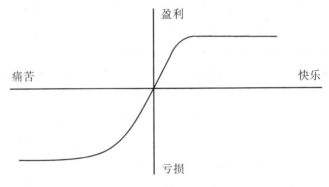

图 2-3 投资"EQ"曲线图

一个人能不能够控制自己的情绪,就决定了他这一辈子跟财富有没有缘分。尽管我们不能够拿财富来衡量一个人的成就,但是从管理企业的角度来讲,凡是能够做大生意的老板或企业家,一般都不会乱发脾气,使自己的情绪影响到整个公司,他们都是善于控制自己情绪的人。

六、如何提高你的 EQ?

EQ 对管理者如此重要,那么应该怎么样才能改善自身的 EQ 呢? 可以从 5 个方面入手。

(一)觉察自身的情绪

自我觉察是进行清晰自我定位的基础,也是个人职业与事业生涯的起点。自我认知能力的提高体现在以下几个方面:自己的价值观得到自我认知、人生方向和目标得以确定,清楚自己的性格特征,能觉察自我的情绪变化及原因等。

我们常说的高情商的一个重要标志就是作为一个职业经理人能习惯性地觉察自我情绪的变化,并根据环境条件积极主动地调适自己的心理、判断情绪的影响、做出合适的行为反应。

主动察觉自己的情绪,可以帮助自己迅速化解不良感觉,是职业经理人进行情绪管理的第一步。同时因为自身觉察能力的增强,更能了解和我们互动的人的情绪。

职业经理人常见的四种基本情绪:快乐、愤怒、恐惧和悲哀。在这四种基本情绪之上,可以派生出众多的复杂情绪,如厌恶、羞耻、悔恨、嫉妒、喜欢、同情等。依据情绪发生的强度、速度、紧张度、持续性等指标,可将情绪分为心境、激情和应激。

(1)心境——是具有感染性、相对稳定而且能持续存在的一种情绪状态。当你处在一种心境之下,你就会不自觉地受到这种心境氛围的影响,而以相同的情绪体验来观察看待周围的人、事、物。

"感时花溅泪,恨别鸟惊心。"这句唐诗很形象的表现了情绪的作用。当心境情绪好时,看什么东西都顺眼,而当心境不好的时候,再好的景色也觉得伤感。花鸟本是让人心情愉快的事情,但是诗人的情绪不好才产生了如此感觉。

(2)激情——是一种爆发性的、强烈而短暂的情绪反应。暴跳如雷、捶胸顿足、勃然大怒、喜极而泣等都是这种情感的外在表现。

《儒林外史》讲了个范进中举的故事,当穷困潦倒的范进看见红榜上写着自己的大名时,突然"噫嘻"一声,拍拍手掌说道:"哇呀! 我……我中了!"话音刚落便向后一倒,晕了过去。范进高兴得发了疯之后,幸亏他老丈人的手狠才把他打得清醒了过来。可见,无论是高兴还是悲哀都注意不要过度,在激情的状态下,要避免过分的冲动,要能够调控自己的情绪。

(3)应激——是在意外或突如其来的刺激下所产生的一种适应性的反应。例如,当人面临抢劫、事故等危险或突发事件时,人的身心会处于高度紧张状态,并由此引发一系列生理反应,如肌肉紧张、心率加速、腿脚颤抖、瞠目结舌、脸色苍白、血压上升等。应激是人的正常生理与情绪反应,但这种反应不能过长,长时间处于应激状态会导致疾病的发生。

一位行政主管的经历

有一天,行政总监在全厂大会上宣布:"工装工牌的整齐划一是企业形象的外在标志,从明天起,上班时间不穿工装、不戴工牌的一律罚款并通报批评。"并指定我负责这项规定的监督抽查。

第二天检查时,我发现六七个没有戴工牌的主管,其中就有我的顶头上司。没有办法,我写了一份罚款通知请总监过目,他当时正在忙着与老板说话,草草地看了一眼说:"哦,还有我啊! 罚就罚吧。"接着我将罚款通知送交财务科,又将罚款通报贴在了大门口的公告栏内。

谁知,不一会儿,总监把我叫了过去,怒气冲冲地指着我说:"小伙子,你想和我过不去啊,不想上班了?"我知道自己惹了祸,忙解释说:"您亲自宣布的规定,您不带头执行,这规定不是白定了吗?"总监也自知理亏,便说:"罚款就算了,为什么还把我的名字公布出去?"我理直气壮地说:"这是您说要公布的啊!"总监这时暴跳如雷,拍着桌子说:"我不戴工牌,你提醒我一下让我戴上不就行了,干吗让我这么没面子?"我不知从哪儿来的胆子,当仁不让地回敬说:"提醒你? 一个人裤子掉了,如果他是我儿子,我可以提醒他甚至帮他提裤子都行! 对于你,我认为我没有那个义务吧?"说完,我甩门离去。

第二天,我就被炒掉了。这真是"小不忍则乱大谋啊!"事后我也仔细反思了这件事,尽管我的上司也有他的不对,但我还得从自己身上找原因,并给自己总结了四大教训:一是领导就是领导,下属就是下属,要懂得为下之道;二是在公司不是在家,在家你可以任

性,有父母迁就着你,在公司就不行;三是提醒上司就是下属的职责,就如同上司指导下属一样,这是上下级关系的一个方面;四是遇事一定要冷静、冷静,忍耐、忍耐,不然吃亏就在眼前。

既然情绪如此重要,那么作为一个职业经理人,如何才能提高情绪自我觉察能力?一般而言,以下五种态度和四种方法可以帮助一个职业经理人察觉自身的情绪:

(1)五种态度

• 愿意观察自己的情绪:不要拒绝这样的行动,不要认为那是浪费时间的事,要相信,了解自己的情绪是重要的领导能力之一。

• 愿意诚实面对自己的情绪:每个人都可以有情绪,接受这样的事实,才能了解内心真正的感觉,更适当地去处理正在发生的事情。

• 问自己四个问题:我现在是什么情绪状态?假如是不良的情绪,原因是什么?这种情绪有什么消极后果?应该如何控制?

• 给自己和别人应有的情绪空间:容许自己和旁人都有停下来观察自己情绪的时间和空间,才不至于在冲动下做出不适当的决定。

• 替自己找一个安静定心的法门:每个人都有不一样的途径使自己静心,每个人都需要找到一个最合适自己的安心方式。

(2)四种方法

• 情绪记录法。做一个记录自我情绪的有心人。你不妨抽出一至两天或一个星期的时间,有意识地留意自己的情绪变化过程,可以将情绪类型、时间、地点、环境、人物、过程、原因、影响等作为项目为自己列一个情绪记录表,连续记录自己的情绪状况。回过头来看看记录,你会有新的感受。

• 情绪反思法。你可以利用情绪记录表反思自己的情绪,也可以在一段情绪过程之后判断自己的情绪反应是否得当。思考为什么会有这样的情绪?有什么消极负面的影响?今后应该如何消除类似情绪的发生?如何控制类似不良情绪的蔓延?

• 情绪恳谈法。通过与你的家人、上司、下属、朋友等恳谈,征求他们对你情绪管理的看法和意见,借助他人的眼光认识自己的情绪状况。

• 情绪测试法。借助专业情绪测试软件工具或咨询专业人士,获取有关自我情绪认知与管理的方法建议。

(二)控制自己的情绪

作为职业经理人,察觉到自身的情绪还是不够的,还需要控制自己的情绪。控制情绪应做到以下几点:

(1)寻找情绪产生的原因。

(2)尊重生理规律。加州大学心理学教授罗伯特·塞伊说:"我们许多人都仅仅将自己的情绪变化归因于外部发生的事,却忽视了它们很可能也与身体内在的生物节律有关。我们的饮食、健康水平及精力状况,甚至一天中的不同时段都能影响我们的情绪。"塞伊教授所说的身体内在节律就是我们通常所说的人体生物钟规律。生理学家和心理学家经过长期的实践和临床研究认为,人的大脑记忆力和情绪与时间有着极其密切的关系,而情绪的变化,是由人大脑里的一种活化酶的增减数量和活跃程度高低决定的。活化酶的数量越多越活跃，人的精力就越集中，情绪就越好。一般情况下，在每天的 24 小时内人体生物钟有三个明显的波动曲线，最佳的波峰值时间段为：上午 9:00—10:30、下午 3:00—4:15、晚上 7:40—9:00。在一周内，最佳的生物钟周期是前两天，接着中间三天降到最低点，在最后一天出现最高值。所以，我们要尊重并善于利用生物钟规律，在情绪和心情最好的时间段做最重要的事情，比如做计划、思考和讨论重要的问题、处理重大事务、会见重要客户等，而在生物钟的低潮时段则用来处理一些琐碎的工作事项，稍事休息，养精蓄锐。

另外，尊重生理规律，还要求我们要保证充足的睡眠。长期睡眠不足会导致精神萎靡不振，免疫力下降，精力不集中，记忆力减退，且容易莫名其妙地发火、烦躁等。所以，在平时工作中，偶尔加班熬夜过一天就会很快调整过来，如果频繁熬夜，就应该引起足够的重视了，熬夜带来的不良情绪可能会抵消你加班带来的工作效果。

（3）调节自己的情绪

下面介绍几种方法：

• 情绪转移法。一般情况下，能对自己的情绪产生强烈刺激的事情，通常都与自己的切身利益相关，要很快将它遗忘是很困难的。但是，我们可以采用转移技巧，或者主动去帮助别人，或者找知心朋友谈心，或者阅读有益的图书。要使自己心有所系，不要处于精神空虚、心灵空旷的状态。凡是在不愉快的情绪产生时能很快将精力转移他处的人，不良情绪在他身上存留的时间就很短。

• 情绪解脱法。解脱就是跳出原来的圈子，迅速从不良情绪的深坑中逃离出来，俗话说"退一步海阔天空"就是这个意思。有的人遇到问题总是想不开，但总是不由自主地去想，结果越想越想不开，越想越郁闷，心中的疙瘩越想越大，越结越多，这样的人最后的结局不是跳楼就是得癌症。其实，与其钻进牛角尖，于事于己无补，不如把心思放在自己更为远大的目标与理想上，抛开眼前的琐碎细节，跳上更为宽阔的舞台。外面的世界很精彩，蜗居在自己阴暗潮湿的心理陋室而不能自拔，只能是庸人自扰。请记住：任何人都不能伤害你，除了你自己！

• 情绪升华法。水珠在沸腾的竞争中而升腾万里长空，乌云在追逐太阳的光芒中而化作美丽的彩虹。事实上，每个人的一生只有两条道路，一条通往人生的天堂，一条通往人生的地狱。升天堂的办法只有一个，就是转悲为喜，把自己的消极情绪引向积极的方向，化被动为主动，化悲痛为力量，化绝望为希望，化阻力为动力。世界推销大师乔·吉拉德的父亲从小就对他没有信心，从来就不支持他的理想，而且断定他将一事无成。乔·吉拉德就是不信邪，每当遇到推销失败而万念俱灰的时候，他就想起了父亲那鄙视的目光，于是他又一次次从挫折与失败中奋起，缔造了世界推销史上的神话与传奇。

• 情绪利用法。利用，就是我们常说的"坏事也能变成好事"。一些外界的刺激和干扰可能是上帝在有意考验和磨炼我们的意志力与自制力，如果我们善加利用，这就是上帝带给我们的成功的礼物。有一次，年轻的歌唱家帕瓦罗蒂在住旅馆时，隔壁的婴儿总是一直大哭不停，让他实在难以入睡，想到明天的演出他更是愤怒。当他准备起身找服务员换房间时，一个灵感突然而至：婴儿的哭声与自己的歌唱不正是很相似吗？婴儿啼哭了一两个小时为什么声音还是这么洪亮？老师总是说自己的发声有问题，也许从婴儿哭喊会学到些东西。帕瓦罗蒂转怒为喜，于是他躺在床上甚至走到室外开始认真地倾听琢磨起来，

等到天亮时,他终于从婴儿时断时续的啼哭中悟出了发声的技巧。

• 情绪发泄法。将不良情绪的能量释放出去。比如当你发怒时,要么赶快去其他地方,要么找个体力活干一干,要么跑一圈,这样就能把因盛怒激发出来的能量释放出来,从而使心情平静下来。在你过度痛苦时,不妨大哭一场,而笑也是释放积聚能量、调整机体平衡的一种方式。

案 例

林肯控制情绪的技巧

有一次,美国前陆军部长斯坦顿怒气冲冲地来到林肯的办公室,说一位少将指责他护短,并且对他进行了人格侮辱。林肯平静地说:"是吗? 这个家伙的确很可恶。你应该写一封尖酸刻薄的信回敬他,把他臭骂一顿才对。"

斯坦顿也真的很听话,他当即就写了一封措辞严厉,而且充满火药味的信。林肯看了这封信后,连声叫好:"太好了,斯坦顿! 就是这样,骂得他狗血喷头才叫过瘾,这样才能狠狠地教训他。"斯坦顿随即把信叠好装进了信封,这时,林肯却叫住了他:"你准备干什么?""当然是寄给他呀!"斯坦顿急不可耐地说。

"不能胡来,斯坦顿!"林肯大声说:"这封信你不能发,快把它扔到炉子里去。当别人激怒我或侮辱我的时候,我都是这么做的。你写了这封信不是已经解气了吗? 如果还有气儿,那么就把这封信烧掉,再写一封!"

• 语言暗示法。语言是一个人情绪体验强有力的表现工具。通过语言可以引发或抑制情绪反应,即使不说出口也能起到调节作用。林则徐在墙上挂有"制怒"二字的条幅,这是用语言控制、调节情绪的好办法。比如,你在发怒时,可以暗示自己"不要发怒","发怒会把事情搞砸";陷入忧愁时,提醒自己"发愁没有用,于事无补,还是面对现实,想想办法吧"。在松弛平静、排除杂念、专心致志的情况下,进行这种自我暗示,对情绪的好转将大有益处。

• 环境调节法。环境对人的情绪、情感同样起着重要的影响和制约作用。素雅整洁、光线明亮、颜色柔和的环境,使人产生恬静、舒畅的心情。相反,阴暗、狭窄、肮脏的环境,会给人带来憋闷和不快的情绪。因此,改变环境也能起到调节情绪的作用,当你在受到不良情绪压抑时,不妨到外面走走,大自然的美景能够旷达胸怀、愉悦身心,对于调节人的心理活动有着很好的效果。

(三)提高自我激励的能力

1.自我激励的重要性

所谓自我激励,就是通过激发人的行为动机,使人处于一种兴奋状态。这种状态不仅能够使我们充满激情地面对工作、迎接挑战,而且可以让我们在平凡的工作中做出不平凡的业绩来,因为成功总是属于不懈努力和不断自我激励的人。

激励是很多经理人经常采取的管理措施。按照马斯洛关于人类需要的五个层次,最高的层次就是自我实现,自我实现是个人价值发挥的最高境界。作为职业经理人,在激励所率领的团队成员的同时,你做到经常自我激励了吗? 你养成自我激励、阳光每一天的职业习惯了吗?

德国人力资源开发专家斯普林格在其所著的《激励的神话》一书中写道："强烈的自我激励是成功的先决条件。"美国哈佛大学的威廉·詹姆斯发现，一个没有受过激励的人，仅能发挥其能力的20％～30％，而当他受到激励时，其能力可发挥至80％～90％，即一个人在经过充分的激励后，所发挥的作用相当于激励前的3～4倍。

1991年，一位名叫坎贝尔的女子徒步穿越非洲，不但战胜了森林和沙漠，更通过了400公里的旷地。当有人问她为什么能完成这令人难以想象的壮举时，她回答说："因为我说过我能。"问她对谁说过这句话，她的回答是："对自己说过。"

2．提高自我激励能力的四种情况

(1)情绪低谷时需要自我激励。对"情绪低谷"这个词我们每个人都不会陌生，它像蝗虫一样，可以一瞬间冲散你的理智，让平时温文尔雅的你在刹那间失去控制，掉入情绪黑洞。

事实上，人的情绪就像股市的K线图一样，在各种外界环境的刺激和作用下，时而舒坦平缓，如涓涓溪流；时而跌宕起伏，如汹涌波涛；时而又高开低走或低走高开，如悬崖峭壁。人在职场的竞争就如人在股市的竞争，其实都是一场旷日持久的心理竞争，比的就是谁的心理素质好，谁的心理抵抗力强，谁的心理柔韧性好。"人生在世不如意十有八九"，当我们意识到自己陷入情绪低谷的时候，是任由情绪的洪水猛兽将我们吞噬，还是奋起反击，自我激励，迅速走出不良情绪的陷阱，冲破黎明前的黑暗？不同的选择决定了不同的命运，也许人生的成功与失败正由此而来。

(2)挫折失败时需要自我激励。请假设一下：你投入最大精力去做的一个计划书，被老板否决了，此时的挫折感是否会导致你一醉方休？你的对手春风得意地升任你的上司，你是不是请了一个下午的假，漫无目的地游走在大街上，甚至产生万念俱灰、世界末日的念头？

这些事过后你可能会觉得自己好笑或愚蠢，但事实上，你正在危险情绪的边缘。就在当时，你别无选择，因为你需要激励自己，帮助自己从坏情绪中走出来。

驴子的智慧

一头驴子不知为什么掉到了一个陡峭的深坑里，它声嘶力竭的叫喊声终于唤来了它的主人。主人尽管想尽了所有办法，但还是无法将自己心爱的驴子营救上来。半晌过去了，眼看天就要黑了，看着在深坑的驴子也没有了声息，实在没招儿的主人只好含泪将它埋葬。

填了一阵土之后，主人似乎发现驴子离他越来越近了。他怀疑自己看走了眼，仔细地又看了一下，是真的，驴子真的离地面近了。他又用一锨土投在了驴子身上，想看看驴子的反应，只见这头驴子猛烈地抖落掉身上的泥土，并将泥土迅速地踩在了脚下。原来如此。主人兴高采烈地回到村子里，叫来了邻居帮忙往坑里填土，驴子仍是如法炮制，没有多少工夫，驴子便升到了接近地面的位置，它与主人愉快地回到了家中。

其实,现实生活中,我们不可避免地会掉入失败的深坑,而且各种挫折和打击会如泥土一样接二连三地落在我们的头顶,这时候,我们就应该学习驴子的坚强和智慧,让那些困难和打击自己的尘土变成脚下的台阶和坦途,风雨过后自然会有绚丽的彩虹。

(3)信心不足时需要自我激励。信心是一个人生活的基本信念,也是一个人不断进步和发展的动力之源。人的信心犹如汽车的汽油,当我们疾驰在人生的高速公路上的时候,信心的汽油会在不断的燃烧中消耗而减少。所以,当我们在前进的道路上感到信心不足时,一定要记住用自我激励和自我肯定的方法为自己加油!我们不妨每天都检查一下自己的"信心油箱",看看是否饱满而充分。每一天的早晨,当你迎着灿烂的朝霞时,你要将那冉冉升起的旭日当作是自己,你一定要对自己说:"我热爱我自己,我今天要做世界上最精彩的人!"

(4)自卑失落时需要自我激励。自卑是人生的大敌,是一种自我设限和自我萎缩的心理状态。自卑的人整日生活在自我否定与自我打击的心灵自虐之中,因为自己个子矮一些就不敢在别人面前挺胸抬头,结果自己显得越发矮小;因为自己红颜已过就忧心忡忡,结果自己越来越显得暮老垂年;因为自己口齿不太伶俐就自暴自弃,结果一次次错过职场竞争的大好时机。自卑犹如一条阴险的毒蛇始终在缠绕着那些意志脆弱的人,直到他们在自我怀疑中,让自己仅有的一点勇气丧失殆尽。

自卑的对立面是自信,自信就是自己信得过自己,自己看得起自己。别人看得起自己,不如自己看得起自己。美国作家爱默生说:"自信是成功的第一秘诀。自信是英雄主义的本质。"人们常常把自信比作发挥主观能动性的闸门、启动聪明才智的马达,这是很有道理的。

"尺有所短,寸有所长"。每个人都有自己的优势和长处。而且,优点和缺点都是相对的,在这里是缺点换个地方就是优点。

(四)提升认知他人的能力

1.尊重他人

被人尊重是一种权利,尊重他人是一种美德。敬人者人恒敬之。

温莎公爵的情商

风流倜傥的温莎公爵因为不爱江山爱美人而名扬世界,而他善解人意、温文尔雅的绅士风度更是赢得了人们的赞誉。有这样一个故事。

19世纪的印度成为英联邦成员之后,有一天,印度各大部落首领前来拜见英国王室。为了缔结友谊,实现英国在印度的顺利统治,英王室决定举行一个盛大的宴请招待会,当时还是王位继承人的温莎公爵奉命主持这次宴会。

席间,宾主双方你来我往,杯光盏影,觥筹交错,气氛热烈。可是在宴会即将结束的时候,发生了一件意想不到的事。服务员为每一位客人端来了洗手水,印度人看到精致的器皿中盛满了水,以为这是给客人的茶水,便纷纷端起来一饮而尽。此情此景,令在座陪客的英国贵族们目瞪口呆,不知道如何是好。他们不约而同地把目光投向了坐在主陪位置的温莎公爵。

这时,只见温莎公爵不动声色地一边与客人交谈,一边端起他面前的洗手水自然大方地一饮而尽。众贵族绅士们自然不敢怠慢,都若无其事地将自己的洗手水喝完了。一场看似不可避免的尴尬场面就这样被温莎公爵巧妙而得体地化解了。

印度部落首领受到了热情款待自然很高兴,宴会取得了成功,温莎公爵也用自己对他人的尊重和令人佩服的情商与智慧为英国赢得了更大的国家利益。

人人都有自尊心,都希望得到他人的尊重。俄国教育家别林斯基曾说过:"自尊心是一个灵魂中的伟大杠杆。"当人的自尊心得到了满足时,他就会心情愉快地去做一切事情。

21世纪是一个多元化的时代,经济与科技的发展,使个体独立面对社会、面对世界的机会越来越多,人们更加强调的是差异而不是统一。多元化的发展,其最根本的动力是人的自由天性的存在与发展,尊重体现了多元化时代的基本道德取向和价值共识。

2.关怀他人。关怀他人会使自己的存在更有价值,会使自己的生命更有意义。关怀他人是美好心灵的体现,正如特蕾莎修女所说:"我们都不是伟大的人,但我们可以用伟大的爱来做生活中每一件平凡的事。"

关怀他人并不需要轰轰烈烈的举动,诚然救他人于危难之间的壮举值得歌颂,可大多数情况下我们没有这样的机会。生活中职业经理人要做的也许仅仅是一个微笑、一声赞许、一个轻轻的拥抱、一个可依靠的肩膀。不要低估了这些细微的行动,所有这些都有可能给一个人带来温暖和希望。生活中职业经理人都有许多的机会给他人一点关心,让别人因你的存在而温暖。特别是当职业经理人的同事、下属的工作或生活中出现了问题,主动帮助和关心将温暖他们的心灵,也将因此不断地增强影响力。

3.理解他人。人们寻求他人的理解,就像花儿渴望阳光那样迫切。无论是求人办事还是与人交往,理解是很重要的。

职业经理人常常希望下属理解他们,而下属又何尝不需要理解;职业经理人常常希望朋友理解他们,而朋友又何尝不需要理解。所以,无论何时、何地,职业经理人都应该向对方传达你的理解,"我知道你的感觉"或者"我很理解你的心情",请把这些话记在心里,时刻运用吧!

4.帮助他人。美籍华裔女物理学家吴健雄在成名之后,曾给胡适写过一封信。在信中,吴健雄回忆了一桩胡适早就忘记的往事,意思是在她毫无成就之时,胡适的一次演讲给了她鼓励,使她满足了自己的求知欲,得到了人生的真正快乐。胡适在回信中写道:"我一生到处撒花种子,即使绝大多数都撒在石头上了,其中有一粒撒在膏腴的土地里,长出了一个吴健雄,我也可以百分快慰了。"

帮助别人,能让自己感受到"百分快慰",何乐而不为?

驴子和骡子

驴子和骡子分别驮着货物赶路,驴子由于弱小难以负担,非常有礼貌地请骡子帮他分担部分货物。但骡子置若罔闻,毫无同情之心。当它们走到山路上时,驴子滚到山下摔死了,驮夫只好把所有的货物都放在骡子身上。这时它追悔莫及,只有艰难地向前移动。

5.同情他人。同情一般是指对别人遇到的麻烦、不快及意外给予真诚的关心,而不是视而不见、麻木不仁或幸灾乐祸。同情心是一种爱,是一种友谊与理解,是平等而非居高临下的施予。

心理学家亚瑟·盖提斯在那本著名的《教育心理学》中曾说:"同情是人类最普遍的一种需求,小孩子在受伤时,即使是一点点擦伤,也会需要大量的同情和安慰。对于成年人来说,他们之所以会醉心于诉说自己的忧伤、病痛和一切生理异状的细节,全都是基于同样的心理。"所以,你要想说服别人,别忘了先要学会设身处地去替别人想想。

何谓"人"? 一个"人"字,本来就是两个人背靠背站在一起的象征。保留自己的同情心,哪怕不能救人于火海,但只要用同情而不是鄙视的眼光,慰问一下走霉运的人,他们就会感到一种力量。在自己的右手温暖左手的时候,学会用双手去怜惜另外一双冰冷的手。

6.激励他人。成功学大师安东尼·罗宾指出,要想成功,你必须学会调动别人内心深处的积极性,让他们发挥潜能,你必须"给他们的油箱加油"。在一次调查中,要求70位心理学家说出主管人员必须懂得的人性中的最关键东西,有65%的人说"积极性",就是使人行动起来的那种感受和认识。如果你不能调动别人的积极性,你就不能领导他们。如果你领导不了别人,那么你想做的一切事情都要由自己独立完成,而这样做你还是一个称职的主管吗?

7.赞美他人。在某大学中曾经进行过一项实验,所有学生被分为三组:第一组学生经常受到鼓励和赞美,第二组学生任其自由发展,第三组学生除了受批评之外无其他态度。结果任由发展的一组进步最小,受批评的一组有一点进步,而受赞美的一组表现最为突出!

职业经理人应该学会赏识、赞美他人,努力去挖掘他人的闪光点。同是一棵树,有的人看到的是满树的郁郁葱葱,而有的人却只看到树梢上的毛毛虫。为什么同样一件事物会产生两种截然不同的结果呢? 原因就在于有的人懂得赏识、赞美,而有的人只会用挑剔、指责的眼光看待事物。

(五)塑造良好的人际关系

职业经理人要想能够顶天立地,必须要有众多他人的鼎力相助,否则,一败涂地。中外历史上很多英雄豪杰,成在"振臂一呼,应者云集",败在"离心离德,孤家寡人"。

一个职业经理人要想在事业上取得大成功,固然要靠自己的努力,但是,除了自己努力之外,还需要与人的合作。一个职业经理人如果只知有己,不知有人,那么,他努力的成绩会在别人反对与摩擦之中被抵消。华人首富李嘉诚说:"如果利润10%是合理的,本来你可以拿到11%,但还是拿9%为上策,因为只有这样才会有后续的生意源源而来。"

人生有"三成",即:"不成"、"小成"、"大成"。依赖别人、受别人控制和影响的人将终生一事无成;只知有我,不知有别人,孤军奋战,不善于合作的人,只能取得有限的成功;而只有善于合作、懂得分享、利人利己的人才能成就轰轰烈烈的大事业,实现人生的大成功。

所以,职业经理人必须转变观念,彻底打破非输即赢的陈旧思维模式,从"我"走向"我们","好风凭借力,送我上青云",从孤军作战走向团队共赢。

现代人际关系概括起来有六种模式,见表2-1:

表 2-1

模式	表现	价值取向	结果
人输我赢	巧取豪夺	坑蒙拐骗 损人利己	单赢
人赢我输	迫于压力	委曲求全 损己利人	单赢
人赢我赢	送人玫瑰	手留余香 利人利己	双赢
人输我输	杀敌一千	自伤八百 两败俱伤	双输
不输不赢	生意不成情谊在	好聚好散	无交易
孤芳自赏	自扫门前雪	独善其身	单赢

共赢是一种分享，是基于互敬、寻求互惠的思考框架与心意，目的是双方都获得更丰盛的机会、财富及资源，而不是敌对式残酷竞争。

可以看出，在人际交往中，双赢和共赢是人际关系的最好模式和最高境界，即使暂时实现不了共赢，也应该友好礼貌地结束，为今后的共赢埋下伏笔，打好基础。

那么，在日常工作和生活中，职业经理人应该如何建立良好的人际关系，为自己的职业发展打好厚实的人脉资源基础呢？以下是六个具体技巧：

1. 学会宽容

宽容和忍让是人生的一种豁达，是一个人有涵养、有质量、有品位的重要表现。没有必要和别人斤斤计较，没有必要和别人争强斗逞，给别人让一条路，就是给自己留一条路。

什么是宽容？法国19世纪的文学大师雨果曾说过这样一句话："世界上最宽阔的是海洋，比海洋更宽阔的是天空，比天空更宽阔的是人的胸怀。"宽容是一种博大，它能包容人世间的喜怒哀乐；宽容是一种境界，它能使人生跃上新的台阶。我们必须把自己的聪明才智，用在创造最有价值的事情上，集中自己的智商和情商去做最有益的事情，而不要把自己的时间和精力浪费在攀比、争吵、嫉妒和争斗之中。不要事事、时时、处处总是唯我独尊、固执己见。要善于沟通和理解，善于体谅和包涵，善于妥协和让步，这样，既有助于保持心境的安宁与平静，也有利于人际关系的和谐和团队环境的稳定。博大的胸怀才能成就伟大的事业。

曹操的宽容

东汉末年，曹操率兵在官渡大败袁绍，创造了中国战争史上以少胜多的著名范例，为他统一北方奠定了基础。

双方交战的时候，袁绍兵力数倍于曹操，曹操的形势一度岌岌可危。幸亏袁绍刚愎自用，不听谋士许攸的忠言，致使许攸愤而投曹，献计献策，火烧袁军粮草重地——乌巢，曹军获得大胜。

胜利后，曹军发现袁绍的文件中，有大量曹操军中和汉朝的官员写给袁绍的书信，全都是讨好袁绍，以便为自己谋好退路。有人建议曹操彻底追查此事，以通敌罪名论处这些人员。

曹操否决了这个建议,也没看这些信件,当着满朝文武官员的面,叫人全部烧掉。望着燃起的火焰,曹操说:"当时形势危急,我还不能自保,他们这样做也是迫不得已啊!"

曹操的这一做法一举两得:第一,显示了自己宽容博大的胸怀,赢得了高风亮节的美名,有利于招募天下英才;第二,避免了将这些人逼向敌手一边,削弱自己而增强敌人实力。

宽容是什么?宽容就是拥有"让他三尺又何妨"的大度,"宰相肚里能撑船"的豁达;宽容就是拥有"记人之长,忘人之短"、"善则称人,过则称己"的品格;宽容就是路留一步、味让三分,是退中有进,是不争之争。

宽容的人还有以下五大好处:

(1)得到更多帮助:宽容的人总是记住别人的好处与帮助,心存感激,而且乐于助人,所以他也会得到很多人的帮助;

(2)得到更多快乐:宽容的人能与人共名利、共快乐,乐于与人分享自己的财富、成功与快乐,所以他总是快乐的;

(3)拥有更多朋友:宽容的人总能发现别人的优点,肯定别人的长处,所以他的朋友很多,人缘很好;

(4)做成更大事业:宽容的人善解人意,能够体谅别人,尊重别人,总是用双赢的思维与别人打交道,所以愿意与他合作的人很多;

(5)得到更多幸福:宽容的人很少会计较得失,知足常乐,所以他的幸福与快乐指数很高。

2.不要嫉妒。嫉妒是心灵的地狱。嫉妒的人总是拿别人的优点来折磨自己。别人年轻他嫉妒,别人长相好他嫉妒,别人身材高他嫉妒,别人有才学他嫉妒,别人富有他嫉妒,别人的妻子漂亮他嫉妒。德国有一句谚语:"好嫉妒的人会因为邻居的身体发福而越发憔悴。"所以,好嫉妒的人总是40岁的脸上就写满50岁的沧桑。

应该说,嫉妒是一种正常的心理现象,关键是如何认识它并把握它:

(1)正确认识。嫉妒心的产生往往是由于误解所引起的,即人家取得了成就,便误以为是对自己的否定,是对自己的威胁,损害了自己的"面子",伤害了自己的自尊。其实,这只不过是一种主观臆想。一个人的成功不仅要靠自己的努力,更要靠别人的帮助,荣誉既是他的也是大家的,你给予他赞美、荣誉,并没有损害自己。

(2)迅速铲除。嫉妒心一经产生,就要立即把它清除掉,以免其产生祸害。你一定要承认嫉妒心理的存在,因为任何人都会有不同程度的嫉妒心理,不同的是谁能有效地控制和疏导。所以,当嫉妒心理产生时,要告诫自己,这是对己对人很有害的不良心理,必须坚决、马上清除。

(3)正确比较。一般而言,嫉妒心理较多地产生于周围熟悉的、年龄相仿的、生活背景相似的人群中。因此,只有采取正确的比较方法,比上不足,比下有余,懂得自我安慰,烦恼和嫉妒的情绪就会少了。

(4)化嫉妒为力量。适当的嫉妒心理是人进步与发奋的动力,因此,嫉妒心理若善加利用,就会产生正面积极的动力。你的同事因为销量不错,做了主任,这时,即便你不能真心地表示祝贺,也要言不由衷地做一下样子,然后,你可以化嫉妒为力量,搞好自己的事,比他做得更好,以赢得自己想要的荣誉。

3.控制情绪

小男孩的"钉子"

从前,有个脾气很坏的小男孩。有一天,他父亲给了他一包钉子,要求他每发一次脾气,都必须用铁锤在他家后院的大树上钉一颗钉子。第一天,小男孩共在树上钉了37颗钉子。

过了几个星期,由于学会了控制自己的愤怒,小男孩每天在树上钉钉子的数目逐渐地少了。他发现控制自己的坏脾气比往树上钉钉子要容易多了。最后,小男孩变得不爱发脾气了。

他把自己的转变告诉了父亲。他父亲又建议说:"如果你能坚持一整天不发脾气,就从树上拔下一颗钉子。"经过一段时间,小男孩终于把树上所有的钉子都拔掉了。

他父亲拉着他的手来到这棵大树的旁边,对小男孩说:"儿子,你做得很好。但是,你看一看那些钉子在大树上留下的那么多小孔,枝繁叶茂的大树现在已经奄奄一息,再也不是原来的样子了。当你向别人发过脾气之后,你的言语就像这些钉孔一样,会在人们的心灵中留下难以弥合的疤痕。你这样做好比用刀刺向了别人的身体,然后再拔出来。无论你说多少次对不起,那伤口都会永远存在。其实,口头上对人们造成的伤害与伤害人们的肉体没什么两样。"

如果你渴望有一个好人缘,那么,你就要注意并控制好自己的脾气与嘴巴。

总之,一定要记住三条:

第一,"先处理心情,再处理事情";

第二,不要把工作中的不良情绪带回家;

第三,不要把家庭中的不良情绪带到工作中。

4.修炼自己的同理心

猪牛羊的困境

一只小猪、一只绵羊和一头奶牛,被关在同一个畜栏里。有一次,牧人捉住小猪,它大声嚎叫,猛烈地抗拒。

听到小猪无休止的哀号,绵羊和奶牛讨厌地说:"真是娇嫩,他常常捉我们,我们并不大呼小叫。"

小猪听了回答道:"捉你们和捉我完全是两回事,牧人捉你们,只是要你们的毛和乳汁,但是捉住我,却是要我的命啊!"

上述案例可以看出,处于不同的立场和不同环境的人,很难了解对方的感受,因此在与他人的交往中,我们必须要有设身处地的同理心,才能建立彼此之间的沟通、理解和信任,为和谐的人际关系打好基础。

同理心是一个心理学概念,学者们通常是这样来定义和描述的:同理心是在人际交往过程中,能够体会他人的情绪和想法、理解他人的立场和感受并站在他人的角度思考和处理问题的能力。

其实,同理心就是人们在日常生活中经常提到的设身处地、将心比心、换位思考的做法。尽量了解并重视他人的想法,就能更容易地找到解决方案。尤其是在发生冲突或误解时,当事人如果能把自己放在对方的处境中想一想,也许就可以了解到对方的立场和初衷,进而求同存异、消除误解了。

两千多年前的孔子就说过:“己所不欲,勿施于人。”就是说做人要有同理心,要能够“推己及人”:自己不喜欢或不愿意接受的东西,不要施加给别人;自己喜欢的东西,别人却不一定喜欢,也不要强加于别人。无论是在工作还是在日常生活中,凡是有同理心的人,都善于体察他人的意愿,乐于理解和帮助他人,这样的人最容易受到大家的欢迎,也最值得大家信任。

案例

小学生的假发

有一位小学生,被医院确诊为癌症。持续地化学治疗之后,癌细胞的蔓延虽然得到了控制,但是,化学治疗的强烈副作用也随之而来,最明显的表现就是这位小学生的头发开始大量脱落,一直到他的头上不留一根头发。出院的日子一天天地接近,小学生的心中除了欣喜之外,也有着一丝隐隐的忧虑——他在考虑自己是否应该戴上个假发回学校上课。

回学校的那天,他的母亲推着轮椅,送他走进教室的那一刻,母亲和他不禁目瞪口呆,惊喜得发不出声音来。只见全班同学都理光了头发,就连老师也带头理了个大光头,热烈地欢迎他回来上课。这时,小病童兴奋地一把扯去假发,近乎疯狂地大叫大笑,从轮椅上一跃而起,全然没有了重病在身的感觉。

故事中这些同学和老师,真正展现了最高境界的心灵安慰艺术。他们像天使一样,以自己设身处地的行动,细心入微地体察并满足他人的情感需求。什么是同理心?同理心就是别人伤心难过的时候,你能够设身处地留下真诚的眼泪;就是别人为成功兴高采烈的时候,你能够献上真诚的祝福;就是别人孤独无援的时候,你能够付出自己的心力,帮上一把。

5.善于赞美

奥黛丽·赫本,是优雅的同义语,是天使的化身,《罗马假日》是她的代表作。她为世界影坛创造了一个清新隽永、纯洁可爱的形象,并由此赢得了全世界影迷的爱戴。当她的女性崇拜者问她怎样才能使自己更美丽时,赫本说:

第一,拥有美丽的女人,要有一双美丽的眼睛,要善于发现别人的优点和长处;

第二,拥有美丽的女人,要有一双漂亮的双唇,要说好听的话。

其实,赫本的话恰恰是我们现代人际关系的核心所在。

“世上从不缺少美,缺少的是发现美的眼睛。”现在流行一段话:我们通常夸一个女人漂亮;如果她不漂亮,我们可以夸她很有气质;如果她既不漂亮也没气质,我们可以夸她很善良。但是如果我们碰上既不漂亮,也无气质,看上去也不善良的女人时怎么办呢?那你可以夸她"你看上去很健康!"。只要你想赞美她,总能找到赞美的理由!

赞美具有神奇的妙手回春的作用,可以化干戈为玉帛。

6.愿意付出

一个职业经理人能成功并不是他从别人那里获取了很多,但绝对是有很多人愿意支持他。因为他先帮助他们得到了他们想要的,当职业经理人能帮助别人得到他所想要的,他自然会给你想要的。

付出才有回报。成功的职业经理人都是主动付出的人,领导者都是先服务别人的人。然而一般职业经理人都等待别人先付出,都希望别人先服务他。只想获取,不愿先付出,就会失去人群的支持,也自然失去了成功。

建立良好的人际关系,需要职业经理人拥有富足心态,能够放弃,有舍才得,付出才有回报。

职业经理人一定要学会用自身拥有的东西,去换取对自身来说更加重要和丰富的东西,在人与人之间学会交换和分享,这个收获有倍于自身一个人的收获,这是因为自身放弃而得到的,所以,大家想一想,放弃是不是一种智慧?

总之,建立良好的人际关系有一个基本规律,这就是:种瓜得瓜,种豆得豆。

第三章　职业经理人的自身角色定位

> 定位要从一个产品开始。那产品可能是一种商品、一项服务、一个机构甚至是一个人，也许就是你自己。这是一个定位的时代。
>
> ——里斯·特劳特

案例

有一些民营企业和外资企业前两年在互联网热、IT热的时候，聘请了不少从外国回来的MBA。这些MBA刚毕业就被很多企业聘为CEO等，这些人实际上就是"官僚型"的经理，只懂得管理，不懂得行业和业务。他们所谓的管理能力也只是书本上的管理能力，没有经过具体的管理实践，甚至所谓的管理实践也不过是在某些跨国公司某一方面的工作经验，他们的工作经验和管理经验，特别是在管理我们中国企业的能力上还有相当的距离，这种官僚型的经理人是我们所不需要的，他们的管理往往给企业带来不必要的损失。

一些职业经理人在工作中套用各种行政级别，他们大都存在同样的错误——角色错位。很明显，职业经理人的角色错位对企业的发展是有害的。作为一个职业经理人，到底应该怎样去定位呢？本章将从以下几个方面进行阐述。

会开车的朋友都知道，汽车在使用一段时间之后，为了确保安全行驶，一般都会到专业维修站进行四轮定位。进行四轮定位的好处是：第一，减少轮胎不良磨损；第二，车行正直不会自动偏行（转弯除外）；第三，直行时方向盘自动回正；第四，减少底盘磨损及油料耗损。

同理，经理人在职业生涯过程中的首要问题就是定位自己的角色，明白自己在企业运营中处在什么位置，应该做什么，不应该做什么，如何发挥自己的作用，为企业和自己创造价值。角色定位不准或不清晰，就容易造成角色错位、角色越位、角色不到位和角色迷失等现象。结果是"种了人家的田，荒了自己的地"，出力不讨好。轻者产生人际关系不融洽，经常感到莫名其妙的郁闷和烦恼，工作摩擦多，绩效下降；重者则频繁跳槽或被淘汰出局，最终在迷茫的选择中断送了自己的职业前程。

所以，人在职场，就要清晰定位自己的角色。只有角色有了一定之规，才能保证自己不偏离公认和潜在的规则，才能顺利实现自己的职业理想和目标。

一、经理人的职业化

职业经理人就是一群凭品质、能力、业绩吃饭的人，或者说，他们是凭人力资本吃饭的人,而不是凭货币资本吃饭的人。他们将经营管理企业作为长期职业选择,始终保持职业道德和操守;他们具备一定的、满足工作需要的职业素质和能力,接受资本所有者的委托,掌握企业全部或部分经营权;他们是通过实现企业价值以实现自我价值的个人或群体。

因此,职业经理人的自身定位,首先应从"职业"二字开始。既然是职业,就有职业的标准、规则和要求。

1.职业经理人的五个要素

由职业经理人的定义,我们可以看出,职业经理人应具备以下五个要素:

· 清晰的职业目标——以经营管理企业或组织为职业目标。

· 良好的职业资质——具有良好的企业管理等方面的职业教育背景和从事企业经营管理方面的职业经历。

· 基本的职业素质——具备业界公认的职业素养、气质、形象,具有良好的职业道德操守,无不良的职业记录。

· 出色的职业能力——具备业界公认的领导、管理、经营能力,具有稳定而理性的职业思维、行动规范和行为习惯。

· 一贯的职业表现——有优异和连续的职业业绩记录,受到出资人和同行的良好评价。

应该说,在中国正确评价一个职业经理人的条件还不成熟,职业经理人的操守和业绩记录尚缺乏完备的评价、监督、任用系统,但是,这不能成为正在成长中的经理人不历练自己的借口,相反,我们应该真正按照公认的职业经理人的标准严格要求自己。

 案例

万科职业经理素质模型

万科的职业经理人制度对万科的持续高速成长发挥了重要作用,在业界产生了一定影响,下面是万科的职业经理素质模型(根据《万科周刊》整理):

表3-1 万科职业经理素质模型

工作观念	管理技能	专业技能
1.勇于承担工作责任,有进取意识	1.善于激励,有号召力	1.精通本行业的专业技能
2.集团利益至上,具有全局观念	2.能营造有效沟通的氛围,让沟通成为习惯	2.知道如何应用专业知识
3.以积极的态度对待困难和遗留的问题	3.有效授权,控制得当	3.有系统的理解能力
4.有接纳差异、用人所长的宽广心胸	4.善于培养指导下属,鼓励和支持别人学习	4.专业创造力
5.善待客户,一切从市场出发	5.科学决策能力	
6.尊重规范,不断改进	6.压力管理能力	
7.具备开放心态,善于整合资源,善于创新突破,有能力找到解决问题的办法	7.组织管理能力	
8.不回避矛盾,大胆管理	8.时间和会议管理能力	
9.思维严谨,计划性强		
10.敏感把握,控制到位		

2.职业经理人的职业化

职业经理人首先在于"职业"二字。职业经理人与经验型经理人最大的区别在于：经验型或传统型的经理人将工作当作一个饭碗、一个跳板；职业经理人则是将工作当成一项事业、一个平台。或者说，传统经理人是"游击队队长"，职业经理人则是"正规军军长"，传统经理人是"业余选手"，职业经理人则是"职业选手"，具体区别见表3-2。

表3-2 职业经理人与传统经理人的区别

	职业经理人	传统经理人
道德操守	有明确的职业道德规范和底线,价值观清晰,自律意识强	职业操守不明确,自律意识不强
目标	职业目标明确,制订职业生涯规划	职业目标不明确,顺其自然,当一天和尚撞一天钟
角色	有清晰的角色定位,知道自己是谁,明白该做什么,不该做什么	角色定位不准或没有定位,经常越位、错位、不到位,经常打乱仗
行为	有标准的职业行为规范,比如职业礼仪、职业言行、职业沟通等	没有行为规范和意识,凭经验、感觉、好恶、兴趣、性情做事
习惯	有良好的职业习惯,比如文明礼貌、时间管理、善于倾听、善于激励、好教练、会授权等	职业习惯不明显或具有一些不良习惯,比如不拘小节、自由散漫、我行我素等
知识	具备丰富的企业管理知识与专业知识,并具有学习的能力,能够不断进步	知识功底薄弱,没有学习的愿望和动力,不会学习
技能	有扎实的职业管理技能和专业操作能力,如领导决策能力、沟通能力、绩效管理能力、团队管理能力、学习创新能力等	管理能力和专业能力欠缺,一切凭过去的经验办事,工作没有章法和套路
态度	阳光心态,积极主动,情绪稳定,自我调节能力强	情绪和心态不稳定,自我调节能力差,消极和负面情绪多
结果	职业人生,精彩自己,贡献企业	游戏人生,浪费自己,耽误企业

"职业化"就是职业行为与职业操守的固化与习惯化,是职业经理人训练有素的具体体现。在职业素养、行为和技能等方面,职业经理人要满足企业与职场的需要。

"职业化"是国际化的职场准则,是职业经理人必须遵循的第一游戏规则,是职业经理人的基本素质,是在处理与社会、出资人、企业、同事、顾客、合作伙伴、竞争对手等各方面的利益关系时所必须遵守的道德与行为准则。想参与职场竞争,想要成为其中的成功者,想要取得职业生涯的可持续发展,就必须懂得和坚守这些职业准则与基本规范。

所以,作为职业经理人,要把职业追求当成自己人生的最终追求,把自己的职业价值当成最终的人生价值。职业经理人要在知识、技能、观念、思维、态度、心理、行为、道德、资质等方面持续不断地修炼自己,尽力实现工作状态的标准化、规范化、制度化与程序化,在适当的时间、适当的地点,说适当的话,做适当的事,达到"随心所欲而不逾矩"的职业境界。

"孤独"的斯隆

斯隆是美国通用汽车公司的前总裁,在他的精心领导和治理下,美国通用达到前所未有的高度,创造了几十年连续增长的不败业绩,成为世界企业巨人,斯隆也因此被企业界称为"现代化组织的天才",成就了自己辉煌的职业人生。

年轻时的斯隆是个性情中人,他爱好广泛,喜欢交友,为人厚道,深得朋友和同事们的欢迎和尊重。可是,当上了通用公司总裁之后,他好像换了个人似的,工作时不苟言笑,对待同事或下属总是彬彬有礼、不远不近,哪怕是他从前的好友,他也刻意同他们保持一定距离。有些从前的同事和朋友说他当了总裁后地位高了,架子大了。听到这些冤枉自己的话,斯隆说:"没有人喜欢孤寂,我也喜欢交友,喜欢身边有个伴,可是公司给我高薪,不是让我来交朋友的。我的工作是评估公司里的人表现如何,从而做出正确的人事决策。假如我和共事的人有交情,自然就会有好恶之分,会影响我做出决定。因此,职责在身,我不能在工作场合建立私交。"

所以,在外人看来,斯隆是一个刻板严厉、只讲工作不讲感情的人。没有人知道他的爱好,也没有人能读懂他孤独的外表下所蕴涵的丰富情感。正因为如此,斯隆才能不受任何私人偏见的影响,在公事公办的情境下做出科学合理的正确决策。

中国有句古话:"楚王好细腰,宫中多饿死。"说的是楚国的宫女为了讨得楚王的欢心,疯狂地减肥瘦身,结果发生了把自己活活饿死的悲剧。这就是说,上有所好,下必顺之、投之、效之。每个人都有爱好,也有爱好的权利。作为一个自然人,你可以爱、可以恨、可以哭、可以笑、七情六欲、嬉笑怒骂都没问题。但是,作为一个职业人,一个职业经理人,当你进行与工作有关的任何活动时,你就要注意自己的一言一行,因为你的爱好和言行可能会成为别人进攻你的缺口,影响到你的职业作为。

3.职业经理人的价值与自我定位

(1)职业经理人的价值由市场决定

职业经理人的价值不是老板或别人施予的,而是由市场需求和自身能力决定的。

前程无忧工作网CEO甄荣辉先生是这样判断职业经理人价值的:"假如明天我离开了公司,我对公司会有什么影响?不妨假设如果能随便找一个人代替我坐在那个位置上,那我的价值就非常有限;反过来,我的价值就高。"

(2)职业经理人定位迫在眉睫

当前社会上围绕着老板和职业经理人之间的诚信问题展开了争论,由此引发了社会人力资源研究机构、企业界内的连锁反应,职业市场的逐渐规范、职业经理对自身角色的认知,致使社会公议渐渐明朗。简单地说,诚信之争取决于市场需求价值的定位。有识之士指出,职业经理人角色定位迫在眉睫。

据一家长期致力于人力资源开发研究的权威机构的分析,职业经理人的职能在很大程度上已经决定了他的定位。

首先,职业经理人主要是对自己的职位负责,对于企业所有者而言是自由的,是可以选择和流动的,这正是职业经理人的生命力所在。

其次,其市场价值的高低取决于他目前运营的企业规模、当前的业绩表现及职业经理人生涯的业绩记录。有识之士认为,如果一个职业经理人缺乏业绩的支持,他随时都面临被市场抛弃的可能。因此市场价值是职业经理人的生命,失去了职位,没有关系,失去了市场价值,就意味着职业生涯的终结。正因此,职业经理人通过市场手段提高自己的身价的做法是完全合理的。

专家指出,由于我国大多数企业管理者是半路出家,其中不乏成功者,因此许多人认为管理工作并不需要专业技能,实际上这是一种误解。由于市场环境、技术和竞争对手随时发生变化,企业对职业经理人的专业技能要求越来越高,职业经理人还要对自己进行专业定位,职业经理人善于学习、提高自己、使自己的能力符合职位的专业要求势在必行。

一个职业经理人可以拥有公司的股份,但他自己必须明确分清自己的双重身份。作为股东,他有权享受股东的一切权利,但作为职业经理人,他就必须按职业经理人的准则行事。事实上,国外许多职业经理人都通过各种形式成为公司的股东,但董事会并不因此放低对职业经理人的职业要求。

二、经理人的角色分析

(一)职业经理人是各种角色的总和

要当好一个职业经理人其实很不容易,必须克服管理的随意性、自我性和情绪化,历练一身理性、规则性、程序性的硬功夫。

1.角色人与自然人

职业经理人是角色人,受角色所处的特定环境的规范和制约。而自然人是生活与工作在自然状态的人,缺乏社会意识与规则意识,可以像一个不懂事的孩子一样,想哭就哭,想笑就笑,想玩就玩,想吃就吃,基本上不在乎应不应该,允不允许。角色人则具有强烈的社会角色意识与规则意识,具有社会责任感和自我管理能力与约束能力,他们会按照社会角色的要求,根据不同的角色采取不同的行动。表现在职业行为上,自然人是人治,随意管理、随性管理,跟着感觉走,具有突出的主观主义或浪漫主义色彩;角色人则是法治,注重规则管理、制度管理和程序管理。

自然人重感性,重关系,重人性,重伦理;角色人重理性,重秩序,重规则,重责任。比如,自然人容易受到自己情感、情绪、好恶的影响,不同的心情会出现截然不同的工作状态,表现出明显的个人行为;角色人也有自己的情感、情绪和好恶,但他们一切从工作需要和原则出发,不让个人的情感、情绪与好恶影响工作的开展,表现出突出的组织行为。

自然人忠于老板,崇拜权力,为老板两肋插刀;角色人则忠于职业,崇拜权威,为职业舍生取义。自然人表面上看对老板忠心耿耿、俯首帖耳,仿佛与老板同生死共命运,但更多的则是意气用事,缺乏长久的忠诚度,一旦情况有变或心情不好,他们就会随意跳槽,原来的誓言与承诺成为儿戏;角色人则视职业为自己的生命,有时尽管对老板不太顺从,但他们遵从职业道德与职业准则,按照换工作不如换心情的理念调整自己的心态,在忠于自己职业操守的过程中实现了忠于老板和忠于企业的完美统一。

2.代理人与委托人

职业经理人是代理人。第一,股东、董事、职业经理人之间的关系,是公司所有权与经营权分离后的委托—代理关系。股东把自己的这部分财产所有权委托给董事会管理,董事会代理股东行使公司法人财产所有权;董事会把公司财产经营权委托给职业经理群体,职业经理人代理董事会行使公司财产经营权。因此,董事长与职业经理人之间的关系,是公司所有者与经营者的关系,职业经理人是专门和专业的管理者,见图3-1。

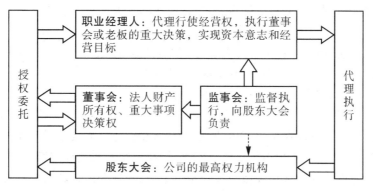

图 3-1 代理与委托关系

第二,董事会、监事会、职业经理人之间的关系,是公司决策权、执行权、监督权三权制衡的关系。董事会作决策向股东大会负责,高管人员执行决策向董事会负责,监事会对董事会的决策和高管人员的执行进行监督并向股东大会负责,股东大会是公司法人治理结构中的最高权力机构,职业经理人是经营决策的执行者。

第三,董事会、监事会、职业经理人之间的关系,是主人与仆人的关系,是大东家与大掌柜之间的关系。股东利益高于一切,这是股份制经济的铁律,职业经理人必须摆正自己的位置,牢牢地树立股东至上的观念和为股东服务的意识。

3.防止角色迷失

中国职业经理人在还没有真正成熟起来的时候,就被历史性地推上了国际化的大舞台,就像一个刚刚领取驾照的新手,还没透彻地了解交通规则,也找不到公路的出入口,就开车上路了。因此,很多职业经理人是在凭经验办事,靠悟性管理,属于没有经过专门职业训练的自然人。

正由于对管理角色的理解、感悟不深,职业经理人在实际执行中常常出现分工不明确、站位不准确、跑位不精确的问题,具体表现就是角色的越位、错位和缺位。

4.谨防掉入"内部人控制"的职业陷阱

在现代公司的委托—代理关系中,多年来有这样一种令人烦恼的矛盾:委托人若给代理人的权力过大,可能代理人会凌驾于委托人之上,而真正的主人反而沦为旁观者和局外人,即主权旁移现象;若委托人给予代理人的权力过小,又会影响企业灵活适应市场变化、及时决策的能力。

经理人的利益和行为目标在很大程度上与企业所有人的利益和行为目标存在着偏差,可能出现"败德行为"以及企业治理上的"内部人控制"等。

所谓"内部人控制"就是经营者获得了支配企业的巨大权力,又没有相应的约束机制,

尤其是在他们的利益需求无法通过正常途径得到满足的时候,一些意志不坚定的经营者就会通过种种不正当手段谋取自身效益最大化,损害所有者利益。

经理人"内部人控制"的表现有:不服从老板的意志,按自己的意愿行事,完全颠倒了委托人和代理人的关系,严重时甚至会出现以权谋私、以职谋私。经理人一旦经不起诱惑,自觉或不自觉地掉入"内部人控制"的陷阱,轻则角色错位,与老板关系紧张,频繁跳槽,始终找不到职业归宿;重则道德丧失,损害职业经理人存在的基础和根本,甚至触犯法律,自毁前程。

在上班时间处理私事,利用公司电话打私人电话,对老板的指示阳奉阴违,甚至建立自己的小集团,别看这些是小事情,其实就属于"内部人控制"的表现。

(二)经理人从非职业化到职业化需要转变角色

如前所述,职业经理就是从不职业的经理走向职业的经理,我们很多所谓的职业经理都是从过去做业务员或技术人员开始的,由于自己在做业务或技术时工作做得非常好,十分出色,最后逐步走向经理的岗位。对我们来讲,我们很多职业经理都面临着从过去做业务或者做技术的角色逐步转变到做经理的角色上来,在这个角色转变的过程中,首先面临着以下七大变化:

1.第一大变化:从做业务到做管理

在公司里,董事会几乎不涉及具体的业务,老板们几乎不从事具体的销售(公关活动除外)和研发(个人爱好除外)。职业经理人不同,既涉及管理,又涉及业务(销售、生产、研发等)。高层管理者可以不懂业务,例如,可以不擅长销售、不擅长生产、不擅长技术,但仍可以是一个出色的老板。职业经理却不可以。他必须是一个销售高手,才能做销售部经理;必须是一个财务高手,才能做财务部经理;必须是一个技术高手,才做技术部经理……许多经理人每天面对大量的、来自下属的业务问题,经理们都必须予以回答和解决,而且,一般来说,职业经理人是最终解决者。需要老板解决的,不可能是一个具体的业务问题,如运用某种语言编程有技术缺陷,某一个区域销售出现了滑坡,某一个零配件不过关等具体问题不应该也不会"上交"给老板解决。但是,类似的业务问题都是职业经理人所必须解决的。

除了这些业务问题以外,职业经理人还会面对比高层多得多的管理问题,如制订计划的问题、对下属的激励问题、追踪下属的工作问题、评估下属的工作问题、与下属的沟通问题、与其他部门的协作问题,以及解决部门之间、部门内部的人际矛盾和冲突问题等。总之,经理们必须懂管理、善管理。

于是,许多经理常常陷入业务与管理的两难。

一方面,经理必须通过下属们的工作才能达到目标,就是说,必须有良好的管理;另一方面,经理又必须是业务带头人,必须在业务上花费许多时间和精力,在有的公司,甚至大部分的业绩是经理直接创造的。

业务重要还是管理重要?许多经理,不能像上司那样只关注"用人"(带队伍)就行了,也不像基层的员工,只要做好业务就行了。出类拔萃的经理可能会做到管理良好,自己的业务也很出色。但是,大多数的经理要么业务水平很高,但不是一个好的管理者;要么管理的水平很高,却业务能力平平。而业务能力平平的经理,一般来说,既得不到下属的尊重,又得不到上司的赏识。

问题从一个业务人员或者技术人员成长起来的经理人,面临从过去只懂得做业务或技术,或者擅长做业务或技术,逐步适应做管理这个工作。随着在企业内职位的不断提高,人员不断增多,跨度不断增大,职业经理人越来越多地要去做管理,那么这就意味着:

第一,职业经理人过去的工作主要是做业务,而现在要更多去做管理。当业务和管理都遇到问题的时候,先做哪个呢? 很多经理人往往是先做业务,先把业务做完、做好了,有时间再去做管理。

案 例

某公司是做跨国公司的业务外包的,每一次当外包的单子来了之后,经理给大家开个会,工作一布置,就加班加点设计软件,自己所管理的部门已经乱成一锅粥了,他也没有工夫管。他觉得:"只要我加班加点将这些工作做好,他们就能够顺了,如果我把工作交给他们做,只会让他们更乱。"

该经理陷入两难:管理没人做,公司乱得一团糟,他管理的下属不知所措,他一个人忙死累死,其他人都闲在那里。他如果做管理,谁做业务呢? 他的业务位置是不可替代的,如果他不去做这个业务,就没有人可以做好。

在具体的事情上,如果业务真的离不开你,你要问问自己:为什么业务必须你做? 为什么没有其他人能够做这件事情? 或者说为什么没有给你腾出时间来去做别的事? 这个是由于你没有做好管理而造成的。

第二,管理是什么? 管理就是通过他人达成工作目标。实际上是为他人提供一个去努力做事情的平台,如果职业经理人没有提供充分的平台让他人去做事情,就是失职,所以我们看到很多经理人整天累死累活,非常努力地在做事情,实际上,严格意义上讲是失职。本来应该首先是做好管理,做好制度,培养好人,带好下属,激励他们,让他们充分发挥作用去做事情。

案 例

某经理讲了这样一件事,说他们公司70%的业务都是他一个人做的,剩下的几十人做不到30%的业务,他太累了。当问为什么他一个人做了70%,其他人做了不到30%,他说:"我们这个行业,说白了是个背叛的行业,交给其他人做,其他人做熟了就会把业务带走,客户、资料都带走,最后什么都带走了。不是我对他们的能力不放心,是对人品不放心,所以我不得不亲自做这些客户。"

上述案例所描述的情况,在很多企业都可能碰到,很多经理人都碰到下属背叛,把客户带走,另立山头的事情。但是在这种情况下,怎么办呢? 是你自己亲自做呢,还是要真正解决这个问题呢? 我们的答案是去解决这个问题,也就是去做管理。经理人首要的问题是解决这个问题,而不是说拼死拼活地去做。当遇到业务和管理两难的时候,就要从管理和业务上优先排序,管理要排在优先位置,也就是先做好管理,为其他人搭好平台,让下

属在能够很好做事情的情况下做属于他自己的事情,然后再去解决业务上必须由自己去做的事情。我们可以通过图3-2四个象限分析管理与业务的关系。

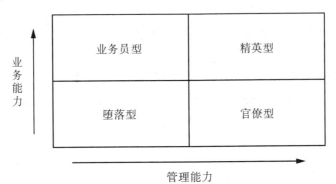

图 3-2　职业经理人角色认知

上图描述了不同的职业经理人的特征,总体来看,有四种类型:

•官僚型经理人

这类经理人管理能力很强,业务能力很弱。在过去传统的国有企业里,很多经理人是政府部门的、带有某种官位或头衔的官僚,实际上是政府的工作人员,只不过他的岗位是在企业罢了,这样的人员往往是从政府部门平调过来的或者派过来的。他们对于管理比较在行,但是业务能力低、行业情况等都不太了解,其管理也只是行政上的管理,缺乏企业的管理能力。前两年,民营企业,包括外资企业也同样犯过这样的错误。如本章开头的案例所讲的职业经理人就属于这种。

•业务员型经理人

就是管理能力很弱,业务能力很强的经理人。这种经理人在企业中通常被称为"人才"。他们的业务能力很强,技术能力很强,正是因为这一点,现在被提拔为"经理人"了,但是他们的思维方式和工作方式往往还是"业务员"或"技术员"型的工作方式。这类人热衷于做业务和技术,对于做管理往往不太在意或者比较忽视,他们最感兴趣的是处理业务上的事情,以自己能处理业务上或者技术上的工作而感到自豪,认为业务处理好,管理上的事情自然而然地就解决了。

业务员型或技术员型经理提拔到领导岗位上来以后,对下属来说是灾难。由于他的业务或技术能力很强,对自己下属的业务和技术方面都看不上,这样会加深他和下属之间的矛盾。由于他是专家、是内行,很容易发现下属在什么地方不足,以他为尺子衡量下属,下属的能力都不如他强,经常发现的是下属的缺点,对下属的指责也多。

很多"业务员"或"技术员"型的经理认为做一个经理如果不懂业务就遭殃了,下属有可能糊弄自己,对下面的人没法管理。很多"业务员"或"技术员"型经理往往认为自己在业务或技术上很强,下属就会服自己,下属就会跟着自己好好干,管理上的很多问题就解决了。这种想法虽然有一定的道理,但是一旦迷信业务能力或技术水平的话,又会误入歧途。由于职业分工的原因,作为一个职业经理人,想在企业里有发展,就必须放弃这种想包打天下,什么都懂,单纯靠业务或技术能力赢得拥护的错误思想。

有很多经理人说:我也不想做"业务员"或"技术员"型经理,但是没办法,上级任务压的很重,我只能天天先把工作做好;我也想做管理,但确实没有时间,我以后有时间再说,先把业务上的事情做好。

这种想法实际上是错误的。其实通过管理能解决业务上的很多问题,即使在只注重业务的公司里面,也有很多的时间和机会去做管理的。

国际上成功的企业都善于管理,从而使企业不断发展壮大。管理不仅有利于企业长期发展,也会给阶段性的目标带来效益。

这类职业经理人是我们最应该避免的。要防止错位成"自然人"或"业务员"型经理后,还沾沾自喜,以业务或技术能力强为荣的心态。

• 精英型经理人

这是职业经理人的榜样,作为职业经理人应成为业务和管理能力都很强的经理,只有这样才能发挥职业经理的作用,成为企业的"人财",才能带领一队人马,为企业做贡献。

2001 年在纽约"财富 500 强"年会上,杰克·韦尔奇曾经说道,企业的管理并没有什么奥秘,说白了就是给企业 20% 的人加薪再加薪,10% 的人淘汰再淘汰。企业的 80% 财富是 20% 的人创造出来的。企业的经理阶层也是一样的,真正给企业创造财富的是 20% 的经理,往往就是"精英型"经理。

• 堕落型经理人

管理能力很弱,业务能力也很弱的经理,称为堕落型经理人。这种经理是"人裁",是企业不需要的人。

2.第二大变化:在实现方式上,从"野牛型"走向"雁群型"

16 世纪以前,野牛是南美大草原的主宰,当时有几千头野牛甚至几万头野牛形成一个野牛群。野牛群行动起来浩浩荡荡,其他猛兽都远远躲开。当时西班牙人来到南美的大陆,看到野牛群的时候也很害怕,都要躲起来。后来就想猎杀这些野牛,怎么办呢? 开始没有什么办法,后来发现一个特点,就是这几万头野牛只有一个首领,所有野牛都对这头野牛首领忠心耿耿,首领去哪,野牛群跟着去哪。发现这个特点以后,西班牙人就去猎杀这头野牛首领,一枪打死这头野牛首领后,所有野牛都站在原地不动,不知所措,然后一枪一枪将所有野牛打死。最后野牛群就在南美大陆消失了。

企业与野牛群也类似。如果整个企业只有一个首领最精明,最正确,所有的人都跟着他走,他决定着企业的命运,把企业压在一个人的身上,那是十分危险的。由于中国企业大多是在非常艰苦的条件下不断创业发展起来的,在发展起来之后,许多经理人往往有个错觉,觉得自己非常英明,永远是正确的,按照自己的想法去走,才能不断发展。这种情况下企业的发展就十分危险。

领头雁不是永远地在前面,那样的话,由于领头雁承受的空气阻力最大,体力消耗最大,如果一直靠自己领飞,飞不了多远就会掉下来。所以,雁群是交替领飞,发挥整个团队的作用,这样才能飞得很远。作为经理人,关键不是自己多么高明,而是能发挥团队的作用,成为"雁群型"领导。

3.第三大变化:在组织方式上,从个性化向组织化转变

由于许多经理人是做业务或者做技术出身的,其工作方式往往是个性化的。即本来

一个企业有组织的设计、组织的分工、组织的角色,有各个岗位的设置和职责,但是许多职业经理人不习惯于按照组织的分工,在组织的框架内由相关的部门或者相应的岗位去履行各自的职责,许多事情都是以自己的判断为标准,什么都自己说了算。导致公司的部门设置、岗位设置、职能描述等形同虚设。

案例

　　某公司在年初制定了一个员工的发展目标,要求在年度内对全公司的经理及员工进行能力提升和素质的培训。目标制定了,当根据公司设定的目标制订具体计划的时候,人力资源部经理找了一些外面举办培训班或者说课程的资料,向老总请示汇报:"根据今年定的目标,要对公司的经理进行培训,现在外面有几个培训班,能不能让他们先去听听课,如果觉得合适的话,我们再进一步引进?"老总看着这些培训的资料说:"不错不错,只不过老师的实战工作经验不够,能不能找一些实战经验丰富的老师来讲?"人力资源部经理根据老总的指示,回去又找了些资料。找了一些实战经验更强的老师的资料,又拿给老总。"老总你看这个行吗?"老总又看了说:"不错不错,但是咱们公司经费有点紧张,这个是不是有点太贵了些,能不能找几个便宜些的课程来参加?"人力资源部经理又根据老总的指示去找了些材料,又向老总请示。老总说:"不错不错,但是咱们公司最大的问题是绩效考核方面,能不能咱们的培训就围绕绩效考核开始?如果有绩效考核的课程都让他们参加,让大家学习学习,其他的课程还不是当紧的。"人力资源部经理又回去找新的课程,等等,如此反复。该公司的人力资源部经理前后向老总请示了6次,最后派几个经理去参加外面培训的事情才算定了下来。

　　在这个案例当中,该老总的工作就是典型的个性化的方式。既然公司设置了人力资源部经理,设定了企业在人力资源方面的目标后,就应该授权让人力资源部经理去做,谁该去谁不该去,关于课程筛选、价格等方面事情,这些事情本来是人力资源部经理职责。另外,从专业分工来讲,人力资源部经理比老总更懂行。

　　在一个企业的发展中,部门的设置、岗位的设置实现了专业的分工,通过专业的分工,高一层级的经理就不如下一个层级的经理更加专业。组织的设置本来就是要发挥各个部门的作用,如果这个时候没有发挥,大事小事还是自己说了算,整个公司就会处在一个大事小事不断请示的状态。在企业的发展初期还可以,但随着企业的发展,要尽快从个性化的管理方式向组织化的管理方式转化,发挥各个岗位、人员的作用。

　　4.第四大变化:在人际关系上,要从感情关系走向事业关系

　　很多职业经理人在企业发展的初期或者在开展工作时出于各种原因的考虑选择了感情关系而非事业关系。职业经理人最大的责任就是为公司创造价值、提高绩效,而不是搞好人际关系。离开事业关系,单纯的人际关系是没价值的,甚至往往对事业关系造成损害。有很多职业经理人为了照顾人际关系、感情关系,以牺牲事业、组织目标为代价。所以作为职业经理人,应该从过去的感情关系尽快向事业关系转变。

　　5.第五大变化:在工作力度上,从守成走向变革

　　职业经理面临着守成与创新的两难。

　　所谓创新,就是面对不断变化的市场、产品、服务和业务,在管理上必须有所创新,其

至时时创新，墨守成规将无法提升竞争力。在信息化时代，在知识经济面前，不创新、不变化就意味着等死，就可能随时被淘汰出局。所谓守成，就是面对不断变化的市场，甚至不断变化的上司，职业经理人必须"墨守成规"，必须坚持公司既定的规章制度和既定的市场、客户、渠道、管理方式、价值观，做到不变、不走样。

这一"两难"在管理上表现得最为突出：一方面面对市场挑战和国际竞争，企业需要在产权、机制、组织、观念、管理上全面创新，才能应对这一挑战，其中管理创新的压力很大，甚至以一种混乱的、被动的形式迫使管理不断创新。另一方面，职业经理人只是公司管理的一个环节、一个层面，职业经理人不能"乱说乱动"，想怎样做就怎样做，在没有得到高层的认可、各部门的同意和下属们的理解之前，必须维护已有的、现行的制度和规范，即使错的、可笑的、明显过时的，也必须维护。

"两难"意味着职业经理人既容易成为公司创新的推动力，也容易成为创新的障碍。由于职业经理人创新与守成的不对称性（创新的个人成本比守成的个人成本要大得多），由于公司创新，一般来说要求打破原有的内部利益格局，而职业经理人常常是既得利益的失去者，所以许多职业经理人倾向于守成。在公司中常常出现的现象是：平时谈论创新最多、牢骚最多的是经理们，一旦公司推行一种新的管理制度、新的机制或方法，明里暗里抵触的、反对的常常也是经理们。

6.第六大变化：在管理方式上，面临着从指挥走向授权

很多职业经理在其成长初期，由于是从业务员或者技术员逐步做起来，所以很多人习惯于指挥式的管理方式：以自己给下属下达命令，让其按照自己的某些做法去做的方式来管理下属，对下属的评价是直观的判断，看下属努力干活与否，以眼见为实的方式对下属的工作做出评价。这样的管理方式现在越来越不能适应组织发展的需要。

人的本性决定了不太喜欢让别人呼来唤去。每个人都希望按照自己的意愿、自己的想法去做事情。只有有效授权，下属才有成就感，才能把他的主观能动性、智慧发挥出来。而很多经理人认为下属能力低，对下属就是不放心，对下属不敢授权。

7.第七大变化：在目标上，面临从个人目标向团队目标的转变

业务员或技术员完成个人的任务即可，而职业经理不是一个人在做事情，而是在领导一队人马，领导一个团队来做事情，其工作的首要目标就不是自己完成工作任务的多少，而是团队完成任务的多少。不是考虑个人目标实现多少，而是团队的目标怎么实现。

显然此时还像做业务员或技术员时那样，仅仅考虑个人目标是没有用的，是不可能达到团队目标的。作为一个职业经理人，整个工作的重心和方式要发生根本性的改变，为实现团队目标而努力。

三、经理人的角色定位——横向定位

通过上述角色分析，从职业经理人的职责范围来讲，可以从以下四个方面进行横向定位。

1.职业经理人是职业人

职业经理人主要是对自己的职位和职业行为负责，他们不依附于某个企业和个人，而

是依靠自己的职业素质、职业能力、职业操守和职业业绩取得职业市场的认可与评价，进而获得企业和老板的委托与信任。他们擅长企业经营与管理，并以此为业，精于此道。他们对自己的职业充满神圣感和敬畏感，将它视为自己的第二生命，对它忠诚，对它负责。

而对职位和职业负责在实际工作中则具体转化为对授权人、老板和企业负责，只有达到两者的有机结合和统一，才能顺利地完成自己的职业使命，体现自己应有的职业价值。

2.职业经理人是专业人

经济学家、清华大学经济管理学院教授魏杰提出，在以知识经济为背景的新经济时代，职业经理人和技术创新者两种人正以"人力资本"的形态登上历史舞台。

中国人民大学彭剑锋教授也指出，职业经理人与企业的关系，从本质上说，不应该是经营者与所有者的关系，而应该是资本与资本的关系，即货币资本与人力资本的对等关系。这就与打工的概念有了本质的区别，打工者是以自己的劳动获得相应的报酬，而职业经理人是以自身的人力资本和智力资本与企业的货币资本进行融合合作，因此在待遇方面也不应该是过去简单的从属和被动接受的关系，而是有权分享企业利益的回报。

也就是说，老板是"资本家"，职业经理人是"知本家"。老板靠资本吃饭，职业经理人则是靠智慧和能力吃饭。所以，职业经理人应该是企业经营管理方面的专家，他们拥有经营管理企业所需要的特殊专业技能。比如，有的擅长资本运作和财务管理，有的擅长市场运作和营销管理，有的擅长人力资源的开发与管理等。他们一方面是"通才"，即通晓企业经营管理的基本规律和知识，另一方面又是"专才"，在某一个具体的领域或行业，他们具有自己独特的核心知识和能力，有着自己独到的"金刚钻"。

3.职业经理人是企业和老板的替身或代言人

经理人虽然不是真正的老板，但是在许多员工看来，他就是"老板"，因为他总是在前台冲锋陷阵，左右着公司和每一个员工的发展前景，引领着整个企业的发展方向。经理人承担着法人财产的保值、增值责任，全面负责企业的运作，如财务、人事、经营等。高级职业经理人在公司里处于"一人之下、万人之上"的地位，有时，他们的建议甚至会左右老板的决定。中层经理人则负责企业某一方面的业务和工作，替上司和老板承担着团队管理、经营决策等任务，当然也担负着企业确定的绩效责任。

所以，职业经理人在客户、供应商、经销商、零售商、政府、媒体等外部事务方面，代表企业行使法人职权并承担相应义务；对内则代表董事会或老板、上司，被授权管理不同层级的事务与团队，并对职权范围内的决策与绩效负最后的责任。

职业经理人作为企业和老板的替身与代言人，背后是巨大而沉重的职业责任。

4.职业经理人是执行者

话又说回来，职业经理人终归是个"打工者"，因为大多数经理人并不拥有企业的所有权，与普通员工相比，同样属于老板聘请的员工，只不过身份高级一些罢了。也就是说，职业经理人只能在董事会或老板授权的范围内"开天辟地"，绝不能"踢开老板闹革命"。尤其是遇到与老板的想法不一致的时候，若难以说服老板，而且又想留下来继续工作，妥协是经理人无奈的选择，毕竟是老板决定着经理人在企业中的命运。换一种说法，经理人就是一个"笼子"里的舞者，如何在既定的"笼子"里跳出优美又卖座的舞蹈则是每一个经理人的能力所在。

老板是领导者，是指明方向的人，经理人则是按照既定方向讲求资产安全、速度和效益的人；老板是搭梯子的人，经理人则是爬梯子的人。当然，这并不是说，职业经理人不能修炼自己的领导才能，不能参与领导的过程，但有一点是铁律：公司或老板决定了的事情，职业经理人的任务就是不折不扣地执行，除非选择离开。不过，就一个团队来讲，无论是高层还是中层经理人，他又是一个领导者，或者既是领导者又是管理者。

所以，高效执行能力是职业经理人的一项最基本的能力。经理人只能影响、参与董事会或老板的重大决策，一旦决定做出，经理人的任务就是不折不扣地执行。正确的要执行，错误的也要执行；理解的要执行，不理解的也要执行。同时，在执行过程中，经理人有责任和义务及时、全面、准确地向上司或老板反馈执行中遇到的或可能遇到的问题，由决策者做出继续执行或者撤销的决定。当然，涉及违法乱纪的，另当别论。

四、经理人的角色定位——纵向定位

从职业经理人所处的公司的上下级关系角度来定位就是职业经理人的纵向定位。

（一）成为一个有领导力、有凝聚力的上司

1. 作为上司的职业经理，首先是管理者

所谓管理者，就是"通过他人达到目标"的人。所以，职业经理人的首要任务是：如何让下属去工作。因而，职业经理人需要做以下事情：制定年度工作目标和年度计划；向下属分解部门工作目标，并帮助下属制订工作计划；制定部门政策；设定下属的绩效标准，评估和反馈下属的绩效，帮助下属提升和改进；审查日常和每周、每月生产、销售或工作报告；选择和面试员工（配合人力资源部）。

作为一个管理者，当然也要明确自己的管理对象。

• 人力资源

包括人员的数量、学历、经验、年龄、能力、态度等，下属之间的人际关系和工作关系。你管理的人力作为一种资源，不是体现在人事统计表和人事档案中，而是体现在你能否很好地开发和利用上。

• 固定资产和无形资产

设备、工具、原材料、电脑、传真机、打印机、库房、办公室、办公用品……这些固定资产不归经理所有，但有权使用它完成工作。

公司的品牌、商誉、知名度、美誉度、在行业的影响力、在客户那里的影响力……这些无形资产虽然公司没有分配给经理，但却是他可以使用的，是开拓业务时必不可少的。

• 财务与信息

包括成本预算、费用支出、折扣、回款、返点等。这些都是经理开展业务必不可少的，是公司按一定的权限给他的资源。

公司有专门的部门向经理提供行业信息和客户信息，公司还通过会议、报告、报表等让他及时了解公司及其所负责业务的信息，以便他决策。

• 客户

对于业务部门来说，客户关系、客户档案、客户满意度等，都是十分重要的资源。对于

职能部门来说,各类供应商,如广告公司、快递公司、印刷公司、会计师事务所等,都是保证工作顺利进行的资源。

• 时间

时间是最容易被忽视的资源。将一年的工作放在一百年去做,可能谁都能够完成,可惜你只有一年时间,所以时间的资源是平等地分配却不平等地使用的稀缺资源。

同时,明确了管理对象以后,下一步就是,职业经理人将通过以下职能运用这些资源,以实现组织目标:

• 计划

确定部门的目标和发展方向,并为实现目标和发展方向制订最佳的行动步骤,这就是计划。计划将涉及:有助于达到目标的相关政策;各个下属的目标和计划;经理的行动计划和时间表;关键点的控制;预算、人员、组织方式等。

• 组织

一旦职业经理人确定了目标,制订了实现这一目标的计划和步骤,就必须设计和制订一项组织程序,以成功地配置资源,实施这些计划。这项工作往往被职业经理人所忽视,因为他们总以为这是公司的事。组织将涉及:部门内的组织图、指挥链和管理关系;各个职位的描述和设置;工作流程,包括外部工作流程和内部工作流程;为了有效地发挥所有下属的作用,需进行一定的授权,必须决定需要授权的人员、权限和时限;必须在下属之间建立良好的工作关系和联系,使下属之间能够相互协作和配合;本部门与其他部门之间可能的关系。

• 控制

当本部门或某些下属的工作目标或实际绩效偏离预先设定的目标时,将大家拉回来,回到正确的轨道之内。控制涉及:工作追踪,及时掌握工作进展情况;诊断,将实际效果与预设目标比较;检查计划的执行情况;纠正措施。

• 协调

职业经理人要在三个维度上进行协调:按照指挥链,与上司和下属协调;水平方面的协调,以取得公司其他部门的良好支持;公司外部资源的协调,帮助下属协调外部资源,是中层管理者的一个很重要的职能。

2. 领导是职业经理人十分重要的角色

通常人们会将上司称为"领导",但是,领导实际上不是一种职位概念,而是上司的一种行为方式。

在公司里,设备、材料、产品、信息、时间需要管理,而人却需要领导。小企业做事,大企业做人。职业经理人的角色不只是对所拥有的资源进行计划、组织、控制、协调,关键在于:发挥你的影响力,把下属们凝聚成为一支有战斗力的团队,同时,激励下属、指导下属,选择最有效的沟通渠道,处理成员之间的冲突,帮助下属提升能力。这就是领导。这是职业经理十分重要的角色。

3. 要想提高员工绩效必须做好教练角色

下属的能力不能提升,就是职业经理人的失职。而且这也可能是部门绩效无法达标的原因。

职业经理人感到下属的能力不足以应付工作的挑战时,他可能会责备公司的人力资源部没有招聘到合格的人才,可能会责备公司没有安排专门的培训。其实,一项国际调查表明:员工的工作能力70%是在直接上司的训练中得到的。

所以,如果想让下属们有很高的工作绩效,想顺利地通过下属们完成工作,就必须成为教练。充当教练的角色,不断地在工作当中训练下属,而不是只知道用他们。

4.做好变革者

在世界经济一体化的今天,整个社会已经进入一个"十倍速"变革的时代,一个"快鱼吃慢鱼"的时代,谁跑得慢,谁就会被市场所抛弃。世界500强企业的平均寿命也只有40岁,而长寿的企业无一例外是不断变革的企业。

不要以为变革是公司老总们的事,不要以为职业经理人要做的仅仅是上面做出决定你来执行就可以了。国际企业的先进经验表明:职业经理人在企业变革中处于一个至关重要的位置。首先,在公司中,一个变革型的职业经理人会及时将来自下属变革的声音和变革的思路传递给上面,从而引发公司自下而上的变革;其次,公司层面的变革需要职业经理人传递下去,从而引发公司自上而下的变革;最为重要的是,职业经理人在客户、市场和管理层面有着比公司高层和一般员工更大的信息量,因而更容易抓住变革的突破口和操作点。

5.职业经理人与下属是绩效共同体

职业经理人不是高高在上,向下属分派完工作就等着要结果的"官",下属做得不好就训斥一顿。职业经理人与下属之间是绩效伙伴关系。这就意味着:

职业经理人与下属是绩效共同体。职业经理人的绩效有赖于下属,下属的绩效有赖于职业经理人。

既然是伙伴,就是一种平等的、协商的关系,而不是一种居高临下的发号施令的关系。你通过平等对话、良好沟通帮助下属,而不是通过指责、批评帮助下属。

既然是伙伴,就要从对方的角度出发,考虑下属面临的挑战,从而及时为下属制订绩效改进计划,提升绩效。

(二)成为一名优秀的下属

1.遵守四项基本职业准则

• 准则一:职业经理人的职权基础是来自上司的委托或任命,应对上司负责

• 准则二:职业经理人是上司的代表,其言行是一种职务行为

在工作当中,作为一个职务代理人,应该站在上司的角度去看待问题,而不能只站在部门利益上、局部利益上或个人的利益上。

• 准则三:执行上司的决议

作为一名职业经理人,其中很重要的一点就是要坚决执行公司或上司做出的各项决议和决定。一旦决定做出,那么就要坚决地贯彻和落实。

另外,职业经理人与上司的想法不一致的时候,该怎么办呢?如果认为上司的想法很明显的不合理,或者很明显的有重大漏洞或问题,会对业务造成重大损失的时候,你怎么办呢?是执行还是不执行?请注意:这时候要坚决去执行。因为上司的错误或者决策错误的这种现象是少见的或者罕见的,而由于不执行或者不落实决定,而造成公司制度松弛等,给公司造成的危害却是常见的。和上司之间如果有分歧,任何的争论都是没有意义

的。作为下属应该说:没有了,坚决地去完成。然后在执行的过程当中,如果我们还有自己的看法,可以通过拿出一些证据来逐步影响上司,以便使上司能够采纳我们的建议,最后做出更为正确的决定。

• 准则四:在职权范围内做事

作为一名职务代理人,很显然职业经理人要尽职尽责做好职责范围内的事情。这里所说的尽职尽责,其基本意思就是要按照我们委托人的期望去做事情,要为了组织目标去做事情。在职权范围内做事,还意味着作为职业经理人首先是要做职权范围内的事情,也意味着超越自己职权范围的事情,除非公司提出特殊的要求或和自己的职责的履行有密切的关系,否则的话,不去介入。

2.防止角色错位

作为一名下属的职业经理人,在企业经常出现错位现象,由于这些错位,影响了很多经理人自己在企业中作用的发挥,自己做了很多事情,却没有得到别人应有的评价和肯定。

• 错位一:民意代表

有些经理人,往往把自己错位成民意代表,好像他是他的部门、他的公司群众选举出来的领袖,代表民意。当公司制度推行、制定目标、有新思路的时候,代表自己的部门、群众意见,要和上司谈一谈。这个时候,很多经理人主观愿望是良好的。他们要关心他的下属,要替他们的下属向上级反映情况,反映来自基层、来自群众的呼声,但是,由于没有正确认知自己的角色,因而发生了角色的错位,结果不但没有很好地履行自己的职责,也没有很好地反映来自员工的呼声。

正确的做法是代表公司、代表上司,对于来自群众的呼声,从公司的利益角度予以解释或者予以说明。

案例

员工认为现在公司的考勤制度不合理,迟到10分钟就扣30元,跟你发牢骚、抱怨,你怎么办呢?

正确的做法:

作为一名职业经理人,首先应该站在公司立场解释。

你首先应该站出来解释,请大家理解,公司之所以定这样的考勤制度是有它的道理的,是考虑到方方面面的因素后制定的,我们要理解它的合理性。另外我们应该告诉员工,公司的制度都是在逐步的发展中不断完善的,公司将会在适当的时候,根据公司的发展需要加以调整。

然后在这种前提下,如果你认为你下属的想法有道理,群众呼声有合理性,那么你就去和上司谈,根据个人的想法、判断和认识去和上司谈。

错误的做法:

如果你作为同情者,说公司的制度确实不合理、不好,迟到10分钟就扣30元,这样严格,谁还干活呀!另外,晚上加班加点,第二天稍微迟到就不行,还有一些人的工作时间是弹性制,其实在家里工作的时间很多,喜欢夜间工作,不喜欢白天工作,对他们的工作时间,就要弹性地去安排……这样随随便便去迎合你下属的想法的话,这就错了。

• 错位二：领主

领主错位的三种情况：

第一，善意的错位

也就是善意地想把工作做好，结果客观上形成了领主的错位。有些经理人往往把公司计划不当一回事，在实际工作当中仍按照自己的想法去做，认为计划不合理，还是按照自己的方案工作更好。

案例

一个球场上的队员，必须执行球队的纪律，当球队打的是防守反击的时候，那么你必须按照打防守反击的策略在球场上踢球。你没有按照打防守反击策略踢球，而是发扬你的个人英雄主义，想快速进球就去快速地突破。本来是先防守，然后抓住机会去进球，而你是想进球却不防守，你把整个策略都打乱了，很可能导致后卫的吃紧，导致你的竞争对手先进球，这样整个球队就打不了胜仗了。即使你偶然进了一个球，但在很多时候你不是进球，而是漏球，导致球队失败。

公司制定的战略、计划有其长期的考虑。经理人主要是做好执行，在某个环节、某个时期、某一方面或者某个领域内去执行好上司的决定，履行好职责。这样整个公司才能整体地实现全盘的战略和管理。

总之，为了避免这种善意的错位，作为一个职业经理人，不管主观愿望是多么的美好，都必须去实现上司的意图。

第二，无意的错位

有一些经理人无意当中错位成领主。这种无意主要是由以下两个方面造成的：

首先，由于公司的授权。当上司把公司或部门交给职业经理人的时候，该职业经理人就认为既然你给了我相应的授权，那么这个部门或者公司就应该我说了算，只有树立了我的权威，才能将这个部门或者公司管理好，才能够保持良好的运转，所以，有一些经理对上司或者其他职能部门的要求，如工作上相互配合或者管理上相互监督等，有时候是很反感的，往往认为是给自己的工作添麻烦，或者是和自己过不去，等等。

其次，由于考核。现在很多企业考核实行的是目标管理的方式，有的搞的是"类承包"的方式。有些经理人当实行目标管理的时候，认为："你现在给我制定一个目标，最后向我要一个结果，那么我最后给你实现了这个结果就可以了，我怎么去做、怎么实现、人怎么管，都由我来安排，你就不用管了。"

有些"类承包"的考核中，考核是二次分配式的或者是切块式的，也就是公司对部门或公司进行考核，根据考核结果将奖金或绩效工资二次分配到部门或分公司，部门或分公司根据自己的考核结果再分配。二次分配的方法造成公司很多部门"类承包"了一个基数，在承包期（考核期）内本部门或本公司的资源、人事、制度等的变动受到抵制。

很多公司推行新的制度的时候，各个部门或者分公司都会有很强的抵触情绪，认为这样做会影响其目标的实现承包的基数、奖金和绩效。这就在客观上形成一种领主的倾向。

很多经理人这样的错误是无意的，客观上造成了很多负面的影响。

为了避免这种错位,作为职业经理人,应该首先明白既然是"职务代理人",使命主要是为了实现上级的目标,或者是为了完成组织的目标。

上级需要抽调,组织目标需要调整,公司的资源需要重新安排的时候,支持和服从上级的安排。当其他相关部门需要配合,需要做出某种牺牲的时候,要予以鼎力支持。首先实现组织的目标,促进公司总体目标的实现;其次是实现自己的目标。这种顺序是不能反的。

第三,有意的错位

有些人是有意识地把自己错位成领主,过多考虑自己的利益,时间一长个人利益至上、部门利益至上。如果公司的新制度与他个人利益或者小团队的利益相冲突的时候,就以"我们有我们的实际困难,我们有我们的具体情况"等借口来作为挡箭牌,使得公司的很多目标在他那里就落实不下去了。

案例

在某公司,有一个员工找老总反映意见。该公司规模比较大,一般员工是不会找老总的,但是这名员工向老总反映情况,认为下面公司某种做法不合理。老总接待了这名员工,感到很奇怪:"你反映的这个情况,公司有了新制度,早就不能做了,你怎么还反映这个情况呢?"员工说:"没有呀!我们那里还是这种做法呀!"这位老总觉得很奇怪,然后就下去查,结果一查发现,虽然这个事情公司开了会,发了文件,定了制度,但是下面公司的经理将文件拿回去后放在自己的文件堆里,早就给忘了。

有很多经理人往往以自己的部门或公司有很多实际困难为由,对公司定的很多东西拖延执行甚至不理睬的方式,造成很多公司上面制定了一套东西,而下面实行的却是另一套东西,即所谓"两张皮"的现象。

其实这就是典型的"领主"倾向,这将使得公司的管理效率大大降低。一个规范的企业,是绝对不容许这种情况出现的。职业经理人如果有这种倾向的话,就快当到头了。一次次强调部门的利益,一次次地因为你部门的特殊情况表示拒绝或不去执行的话,上司肯定会不满。

错位三:向上错位

有一些职业经理人常常出现向上错位的倾向。即自己部门的事没处理好,还要操心其他部门或上司的事。

应该说关心企业的发展,关心自己在企业的发展,出发点是对的。但是,我们应该怎么来关心?是当一个旁观者呢,还是通过正常渠道讨论,献计献策呢?

作为一个职业经理人应该知道一个基本的原则,就是超出职权范围内的事情,没有权利随便地议论,应该保持沉默。

如果真想向上司反映,应该通过正常的渠道,说出我们的想法和建议,别人能听得进去是件好事,听不进去,也不要感觉不舒服。

• 错位四:自然人

第一种表现:同情

在部门或在私下里,当下属抱怨公司的高层领导,或抱怨公司的制度、措施、计划时,有的经理跟着一块骂，表示同情。

第二种表现：沉默

以某种方式沉默，既不同情，也不反对。

第三种表现：反对

公开站出来反对大家的这种议论。

第四种表现：支持

充当"代言人"（民意代表）向公司高层反映。

第四种表现是错误的，这在"错位一"中已经做出说明，在后面的"作为上司的职业经理"中还要充分说明。公开站出来表示"反对"需要勇气，另外还需要分析事情的轻重和场合。

例如，有些人在私下进行人身攻击，说一些很不好的"闲话"，或者说一些明显违反原则和规范的话，职业经理人可以出面反对。如因为公司过了发薪日几天了，还没有发工资，有人就在下面当着某经理的面议论说："公司还不发工资，我们手里的事先停下来，等公司什么时候发工资什么时候再干吧。"此时职业经理人一定要站出来表示反对，即使大家不高兴，也要表明自己的态度，因为他是公司的代表。

通常沉默是可以的。有时候，大家也就是议论一下，也没有过激言论，所议论的事情也非原则性的。这时可以保持沉默。

又如，几个员工议论考勤。但他们几个人可能都不是经常违反者，也不是受到处罚而愤愤不平者，他们只不过找个话题议论罢了，经理听着就行了。

这些表现里，充当同情者是最糟的角色。原因是：

• 如果下属们的议论是对的，对公司的发展是有益的，那么职业经理人应当是大家意见的听取者。不要急于表明自己的态度，不要急于评价，不要急于和大家所不满的事情"划界线"，而是采取中性的立场，鼓励大家将自己的意见讲出来。总之，虽然说你也是雇员，但在这种场合下，你的角色自然而然地应当是代表公司听取大家的意见，而不是同情者。

• 同情者的角色是模糊的。

职业经理人如果表示同情，下属们可能的反应是：

反应一　下属们将经理与公司"划清界限"了。他们不再把他看成是公司的代表，而是看成同类人。职业经理的人得到的好处是：大家不把他当外人了（这正是许多职业经理人所希望的）。

反应二　认为这代表了一些经理的看法，这样，就会给下属们造成一个错觉："公司的这项规定就是不好，你看，连×经理都不同意。"员工们如果认为经理层对一项规定都有不同看法的话，就会更加坚定自己的看法。显然，将造成员工思想上的混乱。

反应三　认为经理代表公司的观点。这更糟。大家会以为新的办法问题很大，公司准备改。

有的经理会这样认为："我本来就是打工的嘛，我本来就和他们一样嘛，我为什么不能表示同情？"

其一，你完全可以在许多别的方面让员工把你当朋友，当自己人；

其二,员工之所以尊敬你、重视你,很大程度上是因为你是经理,你的职位高,说话分量重、影响大,说到底,你的这种影响是组织给予你的。一旦角色错位,不履行和代表赋予你这种职位和影响的组织的意志,组织要你干什么?

其三,你要考虑:组织希望你做什么?

你可以认为自己是雇员,但是,你作为中高级雇员的一个重要职业要求,就是随时考虑:在这种情况下,公司希望我做什么?我的职责要求我做些什么?团队的最大利益是什么?

此外,还有一种情况,随随便便把自己的好恶在下属、客户面前表现出来。

在下属面前职业经理人代表的是公司,其言行是一种职务行为。作为上司的"替身",经理人有责任去稳住军心。公司有困难希望大家理解,此时应该鼓舞下属,一起渡过难关。对公司的抱怨,可以直接和上司谈,和下属谈就是错位了,这是自然人的行为。

其部门经理和客户沟通的时候,其中一件事涉及公司另外一个部门,该的经理当着客户的面就说:"这件事好办,我们部门都没有意见,但公司其他部门就说不准了,能不能和你们配合好,我们就很难讲了,如果其他部门不配合,这些事情我们也不好办。"

案例中该经理把自己错位成自然人了,在客户那里你代表的是公司,是一种职务行为,应该维护公司的形象,不应发泄你对公司其他部门的不满,如果你对某些部门的确有看法,你应该跟其他部门经理去谈,而不应该当前客户的面,对公司内部的事情评头论足。

有的经理在自己的部门里面有以下的抱怨:

唉!我们今年年初上当了,公司老总在给我们制订目标的时候,大家在一起开会,情绪提起来了,去年做得又不错,当时年终总结又喝了不少酒,我们大家一高兴目标就定出来,结果第二季度我们发现,目标定高了,我们上当了。你看公司里面这个条件不具备,那个部门也不配合,根据公司的实力根本达不到目标,老板在那头脑发热想当然,都是他在天天做梦,搞得我们也受累。所以我们今年定的目标根本就是不合理的……

这又是一种把自己错位成自然人的表现。公司给你定目标可能会高,可能会低,但是不管怎样,关键是当制定出目标时,实际上是一种承诺,是你对你上司的承诺,不管在目标的实现过程当中有什么样的困难出现,你不能抱怨,而只能想办法解决。

综上所述,作为一个职业经理人,首先要做的事情是坚决执行,其次在执行过程当中和上司沟通。目标的制定就相当于你和上司建立合约一样,当这个合约没有更改的时候,我们应该尽量地去履行这个合约,然后在过程当中影响上司,有可能的话让他做出改变。在没有做出改变决定之前,第一不应该在下属面前抱怨,第二要坚决执行。这才是一种职务行为,这才是职业经理人的本分。

(三)成为一个合格的、具有团队精神的同事

1.职业经理之间是内部客户关系

职业经理人在与自己平级的或平行的经理面前是什么角色呢？最常见的说法是同事。

同事，应当说没有错。同事同事，一同做事。只要在一同做事，就可以说是同事。但是，这是一种相当含混不清的说法，不但没有说清楚中层经理的角色，反而掩盖了其中的问题。

应当说，在公司里，职业经理之间的矛盾、冲突是最多、最让人头疼的，如：

• 一点小事情扯来扯去

恨不得过了三年了还不时的翻出来说，相反，其他部门对自己的帮助却一点儿也不记得了。

• 一件很重要的事情踢来踢去

明知这件事情对于对方的部门，甚至对整个公司来说都是十分重要的，但还是一副公事公办的样子，非要搞清楚是谁的责任再说……

• 本位主义

都只想本部门的事，关心本部门的利益。一旦有"伤害"本部门利益的事情，马上找这个找那个，多年的同事马上变成"敌人"，横眉冷对，甚至恶言相向。许多中层经理抱定的哲学是"事不关己，高高挂起"，"各人自扫门前雪，莫管他人瓦上霜"。

• 别人为自己做什么都是应当的

到财务部门报销，"你财务部的职责之一就是给各部门及时报销费用。"到工厂催货，"你们厂子里的人干什么吃的？还要别人催？"让销售部催回款，"你们不催回款，我们可不管，反正将来又不用回款考核我们……"

上述做法和表现很明显对企业的团队建设和总体效率没有任何益处。那么如何处理和正确对待职业经理人之间的这些问题或者矛盾呢？时代光华管理学院的专家们是这样给职业经理人之间的关系定位的：职业经理人之间是内部客户关系。如果公司的全体经理都能够以对方为客户，都将对方的满意度视为自己职责履行好坏的标准，根据对方实现工作目标所需要的相应支持安排自己的工作，那么，这将是一个不可战胜的、高绩效的团队，一个"梦之队"，一支胜利之师。

2.职业经理人要克服对待内部职业经理人之间关系的几种倾向

• 外部客户是我们的"衣食父母"，得罪不起，至于同事之间无所谓

许多职业经理人把外部客户看成自己的衣食父母，而看待内部同事之间的关系则不同。一些销售部门认为是自己养活了别人。"给你们这些职能部门发工资的钱是我们业务部门一分一分地挣出来的。是我们养活你们，你们应当搞好后勤保障工作，服务好才对……"而许多职能部门的经理却认为："是老板给我发工资，又不是你们发工资，我是上司任命的，当然要尽职尽责。再说，谁说是你们养活了公司？公司是一个整体，研发、质量、生产、储运、营销、售后服务、财务、人事、行政……谁离开谁都不行。没有好的产品，累死你们也销不出去；质量不过关，客户也不会买；没有财务管理，说不定销的越多，公司亏损越大呢……"

总之，在内部，几乎没有人认为其他部门是自己的"衣食父母"。

• 同事要我做事，是在管我，同理我也要管他们

许多职业经理人很容易把同事之间的关系比作"管"与"被管"的关系。公司作为一种组织，权力结构是自上而下的，作为下级应该服从上级，这是强制性的。至于职业经理人之间，一般来说是平等关系，没有权力的强制性。

• 自己职责价值最大，其他部门无所谓

几乎所有的经理都认同自己的部门，认识到本部门在公司中的功能。但是，由此认为别的部门没有自己重要，由此从心里看不起某些部门，显然是一个很大的错误。

某公司的部门价值之争

某公司是一家实业公司，长期以来，部门之间的关系处理得不好，产生了以下问题：

生产部门认为没有他们就没有生意。他们常说："我们从事生产工作，每天很辛苦，工作环境又不好。公司的产品是我们生产出来的，业务部门及财务部门的人常找我们的麻烦，他们不体谅我们的困难，我们任劳任怨地工作，却得不到应有的肯定。毕竟是有我们，才有产品；如果没有我们，公司又能做什么生意呢？"

其他部门则认为："生产部门喜欢起哄、诉苦，又做不好事情，他们封闭在以自我为中心的世界，根本不关注顾客真正的需求，现在早已经是买方市场了，早不是生产什么卖什么的时代了，没有我们，他们生产得越多，公司亏损就越大。他们一天到晚被交货期限、生产日程、原料、品质管理所困，不知道他们还懂些什么？"

市场部门则这样看待自己的部门："公司的前途都要靠我们，我们看得准市场的方向，制定明确的决策，并且引导公司走向成功，我们还有很好的眼光应对变化中的世界，并策划未来的成长。在内部，我们还必须与那些狭隘短视的财务人员、销售人员及生产人员打仗，幸好有我们在，公司的未来才不会出问题；幸好有我们在，公司才有了品牌，公司的产品才被消费者了解，销量才能不断增加……"

其他部门则予以还击："他们是一群不切实际的幻想家，只仰望天上的星星，却看不见脚下的大坑；他们与日常工作的实际脱节，却忙着策划一个个的广告、一个个的什么活动；他们不应好高骛远，而应该脚踏实地，好好地做些正经事才对。"

人力资源部门更认为自己的价值是最高的："人是第一位的，市场竞争不是产品的竞争，不是技术的竞争，实质是人才的竞争。没听世界上优秀的企业家在说，企业生产的不是产品，实际上是生产人吗？我们就是公司生产人的大本营。我们整天做的是选人、用人、留人、激励人、培育人的事情，公司的各岗位上的人才都是我们千辛万苦生产出来的。试想，如果没有我们，研发部能有优秀的研发人员吗？销售部能有优秀的业务员吗？厂子里能有优秀的工程师吗？"

其他部门则不满地说："他们不就是公司的一个衙门吗？平时神神秘秘，定这个制度，立那个规矩，找这个了解情况，找那个谈话。有事找他们，严肃那个劲，要多难受有多难受。其实他们常把无能的人招进公司，以势压人，搞薪酬制度不合理，考核时鸡飞狗跳，公司的不少事就是他们把小事搞大的，把事搞乱了。他们生产人？开玩笑！我们不是人才能进公司吗？还用他们生产？他们只要不给我们添乱就算烧高香了……"

……

这样，由于各部门之间的关系难以有效处理，结果，该公司由于缺乏团队精神，公司的绩效、利润大幅下滑。

可见，工作中的许多麻烦、冲突，源于对部门价值的错误理解，最终成为企业内部沟通、团队协作、角色认知的障碍。

• 我只做好自己的事，没有必要讨好其他部门。

有的职业经理人认为，组织给他规定了所在职位的职责，他就应该做好自己的事情，没有必要跟其他部门搞好关系，讨好其他部门没有必要。

事实上，这种想法是错误的。部门之间是存在联系的，需要合作和资源共享，如果"各人自扫门前雪，哪管他人瓦上霜"的话，势必造成部门之间的不配合，这样就会影响工作效率，甚至由于平时关系不好，到了关键时刻，会出现部门之间打击报复的现象。

3. 转换和改善内部职业经理人之间关系和角色的原则——内部客户原则

如果职业经理人将其他经理和同事看成是自己内部的客户，经理与同事之间的关系和角色就会发生重大的转换和改善。掌握内部客户原则的要点是：

(1) 把职业经理人之间的关系看作客户与供应商的关系

职业经理人首要是为自己定位，把自己定位成供应商，然后把公司其他同事定位为自己的客户，这样建立起同事之间的客户关系，一旦定位了这样的关系，那么同事之间的服务理念就建立起来了，当同事向你寻求支持或者帮助时，就等于你要向他们提供产品，当上司给你下达指标或期望时，就等于上司向你订购了产品。这样一来，内部关系就会变得很融洽。

(2) 把同事看作自己发展的重要条件

自己在公司的发展离不开同事的支持，从这一方面讲，把同事看作自己的"衣食父母"实不为过。

显然，部门之间的相互依赖和联系是每个职业经理人职位赖以存在的理由。公司的利润、收入是公司所有部门从外部客户那里赚来的，你自己的工资奖金福利等要从这里拿出来，从这个角度讲，职业经理人的个人工资不是老板发的，实际上是同事们发的，离开他们，你的职位就会一文不值。

(3) 把同事当作外部客户

如果你能够转变观念，把同事当作自己的客户，进一步的问题就是，把同事当作什么样的客户最有效率？

事实上，在公司内部，向同事们提供的服务的质量和效率是十分低下的，远远不如我们为外部客户所提供的产品和服务。同时，由于每个公司内部没有两个相同的部门，所以存在垄断的思维，这也造成了恶劣的习惯和作风，这样就会产生无效率的服务。

总之一句话，如果你还转变不了观念，搞不清内部客户的理念的话，就将你的同事都当成外部客户好了，你可以给自己订立这样一条标准：凡是与我相关的同事和部门，我提供的支持和服务不低于把他们当作外部客户看待时的水准。

(4) 克服"客户陷阱"

在公司内部，有两种现象需要克服：

一个现象是："我埋单、我花钱，所以我是大爷；想让你做什么就做什么……"

另一个现象是："在公司内部嘛,大家互为客户,不能只让我们部门'伺候'他,怎么看不见他把我们也当作客户的时候?"

克服第一种现象很简单:在公司内部和在外部一样,当你是客户时,应当是一位礼貌、文明、善于合作、善于替他人着想、懂得规矩的客户,而不是一位蛮不讲理,只顾自己不顾别人的客户。

第二个现象也是可以克服的。公司内部和公司外部一样,有一个供应链。职业经理人如果能够掌握供应链的情况,客户陷阱就能迎刃而解。

在供应链中,后面的企业是前面的企业的客户,前面的企业是后面的企业的供应商。一般来说,在企业链条中的所有企业都既是供应商又是客户,也就是说,只要是企业,都既要向客户提供产品和服务,又要采购产品和服务。

对于内部供应链,主要应该区分以下几种:

• 第一种:内部物流

例:采购供应部—生产厂—储运部

依据原材料和产成品增值方向流动。这种供应链形式和外部供应链完全一致。

• 第二种:服务流

包括:行政部向公司向部门提供办公室管理、办公用品采购、安全保卫、后勤保障(订票、邮件寄发、工作午餐、交通、通讯等)。

人力资源部为员工办理保险、人事档案及为各部门招聘、培训……

财务部为相关部门办理报销、预支、结算、汇总、托收……

技术部向业务部门提供技术支持和服务。

………………

服务流的特征有二:一是供应一般不是以物流形式,而是以服务形式向内部客户提供(行政部向各部门提供办公用品也是一种服务,而不是提供产品)。二是这些服务供应常常会被向别人提供服务的部门或人员以公司规定、上司指示的形式所掩盖。

• 第三种:信息流

包括:各销售部门向财务部、总办、研发部提交的报告、报表和其他销售信息等;研发部向人力资源部、技术部、财务部提交关于研发工作的设想、进展、人力、资金、技术的需求计划等;其他用于决策、安排工作计划的必要的计划、统计数据、方案、报告等。

通过对内部信息供应链的分析表明:

其一,内部客户是循内部供应链次序而形成的。像外部供应链一样,前端是后端的供应商,后端是前端的客户。这种次序不能颠倒,所以,在公司内部,谁是谁的客户这种关系也是颠倒不了的。

其二,这三种形式的供应链交织在一起,特别是服务供应链和信息供应链交织在一起,容易引起人们对内部客户关系的误解。

(5)以客户内部需求为中心

单纯以职责为中心安排工作是有缺陷的,许多职业经理只把眼光盯在"履行自己的职责,达成自己的工作目标上",却不管他的内部客户的实际需要。就相当于你整天在生产却不管客户要不要你的产品一样。

实际上，根据职责分解出工作目标掩盖了一个真实的情形。那就是：向你下订单（工作）的是你的直属上司，但是实际上用户却是其他部门和其他经理。这就相当于签订单的人不是用户，用户不签订单。其他部门（用户）使用你的工作成果（产品）时，由于不是他们自己订的货，所以，他们的需求没有被充分了解和考虑，常常出现他们所需的你不给，你给他们的他们又不需要的尴尬局面，并且常常因此发生冲突和纠纷。由于其他部门没有同你签订"合同"的权力（你的工作目标由你的上司来定，他们无权干涉），所以，你的工作成果（供货）好不好，需不需要都必须要，不要就是他们的问题，不是你的问题，反正你已完成工作目标（生产任务）。

然而，这样怎能形成一个高绩效的管理团队，怎能形成一个有强大竞争力的公司呢？所以应该转换思路，以内部客户需求为中心来安排工作。一般来讲有两种方式可以实施。

第一，让用户订货。过去是上司订货（制定你的工作目标），把实际用户排除在外，现在，让其他部门参与到你的工作目标的制定中来。你要根据其他部门经理的工作目标和工作计划，相应地制定出你的相关工作目标和工作计划。你的工作目标和工作计划是以配合和支持其他部门经理的工作目标和工作计划为前提的。

对于此，国际上成功企业的通行做法有两点：一是共同制定公司目标，让所有的中层经理参加，共同制定公司的年度目标。这种共同制定也不仅仅是各部门经理介绍关于本部门的工作设想，而是共同研究公司的状况、优势、劣势、机会和威胁（SWOT 分析），从而充分了解公司和其他部门的期望和需求。二是目标对话，在制订工作目标时，与定的内部客户进行目标对话。充分了解其他部门的工作目标，并介绍自己的工作目标，从中了解其他部门的工作方式、工作进程和期望的支持，然后以此为基础制定出自己的工作目标和计划，并向有关的经理通报。

通过与研发中心颜经理进行目标对话，人力资源部任经理了解到：

研发中心今年的研发计划是……这一计划可能因……原因提前，可能因……原因而推迟，他们最大的挑战是……在这种情况下，他们在人力资源方面的需求有两个，而这两个方面对他的研发目标的实现有重大影响。一是能否在计划时间内招聘到合适的系统工程师；二是如何将核心技术人员留住，别让人挖走。

那么，我们人力资源部应当作的是……

人力资源部任经理就是在与各个部门经理进行这样的目标对话中，最终制定自己的工作目标和工作计划。

第二，从客户那里发现商机。"商业机会是从客户那里发现的"，工作的目标和工作的内容也是从外部和内部客户那里发现的。显然，你工作时做什么，不仅仅来自上司的指示，更多的来自你积极地去发现你的内部客户（上司、下属，特别是其他部门的中层经理）的需求。看看他们需要你做什么，然后，根据他们的需求调整或制定你的工作目标和工作计划。

目前成功企业的做法有以下几点值得借鉴：让职业经理明白人如果不能从内部客户那里，特别是从其他中层经理那里发现其工作重心和工作内容，那么，为什么还要工作？

或者,为什么还要他工作?通过科学的绩效考核,使中层经理的工作成果指向其服务的对象,而不仅仅指向上司;建立定期的、有效的沟通机制,帮助中层经理们互相了解对方的需求。

(6)让内部客户满意

将同事看成是内部客户,最终要落在"让内部客户满意"上。也就是说,你做的好不好,行不行,不是由你自己说了算,而是由你的内部客户说了算。你不能说:"我已经尽到了责任""我做了我分内的事""该我做的我已经做了,不该我做的,我也做了不少"。这些说法还是以你自己为中心,以你自己对自己的评估为标准,显然是不行的。

你也不可以说:"老总都说我做得不错""上司交办的工作都做完了""年初制定的工作目标都圆满完成了"。即使你完成得很好,也只能说你向重要的内部客户——你的上司可以交代了,这个客户满意了。但是,这样是不够的。

只有你也让其他部门、其他职业经理人也满意了,才算是你"尽到了责任",达成了工作目标。所有的内部客户满意是你工作成果优劣的标准。

• 评价内部客户满意的方式

方式一:日常性工作,按照内部供应链,用"好"或"不好"来评价。

例如,财务部为公司各部门报销费用,这项工作做得怎样呢?其他部门的当事人用"好"或"不好"或分五档评价即可。

许多经理会说,这种评价方式太主观:一是可能有一次"没伺候好",他们可能就否定多次的好,给你评个"不好";二是其中会有一些其他的个人恩怨影响评价;三是有些人有无理的要求怎么办?不满足就可能"不好";四是可能在其他事情上怕财务部,所以不好也不敢说"不好",而只能说"好"。

其实,这种评价方式是科学的,并且被国际上普遍采用的方式:

原因之一:"一次否决"是十分有道理的。想象一下,当我们买了一台电脑,没用几天就坏了,厂家迟迟不来修,想退又不给退,你一定会说"这个电脑公司糟透了"。在客户服务上,现实就是这样残酷。内部客户为什么就要降低评价标准呢

原因之二:个人恩怨影响评价是有的,但是,不会影响对你的总体评价,不会影响所有内部客户对你的评价,更不会影响长期的评价。

原因之三:大凡无理的要求,是缺乏事先的沟通所致。想想你们是如何对待外部客户的无理要求的。

原因之四:利益上的制约、人情上的影响都是有的。但是,对于一个已经能够在职业经理人、在所有员工中间建立起内部客户理念和机制的公司来说,这种负面影响将会降低到最低程度。管理是一个系统工程,如果公司没有建立良好的沟通机制、考核机制,职业经理人没有获得相应的能力,单一地去做"内部客户满意"的评价,当然会出现不利的后果。

方式二:共同设定的目标,用事先约定的标准衡量。

例如,为了配合研发中心的研发工作,人力资源部与研发中心进行目标对话后,设定的工作目标是:在研发项目启动前30天,符合招聘条件的5名系统工程师必须到岗。

评价的标准是:

日期：项目启动前 30 天

人数：5 名

任职资格：见《职位说明书》

这种方式的客户满意标准与上司性对下属工作目标达成的评价方式是相同的，均是以事实评价为基础。

· 内部客户服务的四个特性

在公司内部，如果我们真心将其他部门当作自己的内部客户，从而向对方提供良好的服务的话，这种服务有以下四个特性：

特性一：内部服务的无形性

你在年初制定工作目标时，信誓旦旦，要为销售部提供良好的支持，要解决研发部门的某某问题，要配合某某部门的工作等都是无形的。只有你做到了，大家感受到了，经历过了，才会对你当初的目标、承诺、计划做出相应的判断。

这就意味着：内部客户满意，关键在于做到所说的，而不是说到所做的。

特性二：内部服务的不可分性

公司内部，各个部门都很容易原谅自己："哪能每件事都做好呀，只要我们将主要的工作做好，就已经很好了。"岂不知，你为内部客户提供的支持和服务是不可分的。你不能因为某一件工作做好了，就自认为内部客户应当满意了。

特性三：内部服务的可变性

由于在许多公司里，内部客户的意识都比较淡漠，所以，为其他部门提供的支持和服务可变性特别大。在各部门，有的人员素质高、意识强，让你遇上了，协作就会很容易，换一人，就可能差了不少。

这意味着：不能坚持如一，不能体现在每一位下属身上，内部客户的意识和行为就难以形成。

特性四：内部服务的易消失性

优质的服务最容易消失，最不容易保有。有了一定的制度，优质的服务一旦消失，就会受到制度的惩戒，一旦长期保有，将会受到制度的奖赏和内部客户的认可与赞美，从而以一种外部的强制力，限制内部客户行为。

仅有制度还不行，还必须不断训练，养成一种正确的行为习惯。让你为内部客户的优质服务形成习惯性动作。比如，你会养成习惯，在制定下季度工作计划时，总是与各个相关的部门经理沟通一下，了解他们的工作计划及对你部门的期望，在此基础上，你才制订相应的工作计划，制订出来后，你把与其他部门相关的计划反馈给对方。

第四章　职业经理人的时间管理

时间管理是企业管理当中一个财富的大漏斗，但我们很多企业视而不见，或者说很多企业从来没有接触过时间管理，也没有应用过时间管理，他们还不了解时间管理将给企业挖掘开一个财富之源。

——罗斯·杰伊

人在职场，身不由己，人们一见面，问候之后通常的第一句话就是："最近忙吗？"回答者大都是："嘿，别提了，最近真是晕头转向，快忙死啦！这日子真不是人过的。"说完之后，仍然过着"不是人过的日子"。

在正式进入本章的讨论之前，首先分析一下李宗盛写的一首歌曲《忙与盲》：

> 许多的电话在响，
> 许多的事要备忘，
> 许多的门与抽屉，
> 开了又关关了又开如此的慌张。
> 我来来往往，我匆匆忙忙，
> 从一个方向到另一个方向。
> 忙忙忙盲盲盲，盲的已经没有主张，盲的已经失去方向，
> 忙的分不清欢喜和忧伤，
> 忙的没有时间痛哭一场。

这首歌从一个侧面道出了一个人在工作生活中的状态。说到这里，或许有很多职业经理人都这样感慨：人在江湖，身不由己。自己很难控制工作的时间，上班的时候，既要安排跟上级接触的时间，还要安排与下属交流沟通的时间，更要安排与客户谈判的时间，等等，一天下来忙得不亦乐乎，自己简直成为时间的奴隶。

事实上，时间是可以控制的，关键在于你如何通过角色的互换，合理利用时间管理的技巧。作为一个初级的职业经理人，进入公司以后，由于没有经验，时间的管理就显得更为重要。本章将从职业经理人的时间黑洞入手，具体介绍几种时间的管理方法和时间盘点分析方法。

一、反思时间——职业经理人的时间黑洞

时间，按自身的特点一般可以分为整块时间、零星时间、固定时间、弹性时间、交通时

间等;按运用和消费对象可以分为工作或学习时间、休闲时间、家庭时间、个人时间等。

很多职业经理人在实际工作中都存在不同程度的时间浪费,时间的浪费是时间管理技能差的重要表现,比较低的时间管理技能导致较低的效率,效率越低,越感觉到时间不够用,这样就形成了时间黑洞的恶性循环。

在具体介绍职业经理人的时间黑洞产生的原因之前,我们首先看一个职业经理人一天的工作时间日志:

"黄经理的一天"

8:30　部门例会

9:00　看资料、文件

9:15　接听和打了几个电话

9:30　下属来请示工作

9:45　与财务部经理讨论费用问题

10:20　替上司营销总监去开会

10:55　给外地办事处打电话

11:10　与行政部经理聊天

11:30　替下属修改销售报告

12:00　吃饭

13:00　接待一个客户

13:30　准备向营销总监汇报的资料

14:30　下属来谈其工作中的困难、抱怨

14:50　与人事经理谈某下属的奖金问题

15:20　接到顾客投诉电话,很恼火

15:30　打电话询问投诉之事,教训了下属一顿

15:50　老总找去

16:20　下属又来请示工作

16:30　撰写招聘计划

17:00　发现招聘计划中有好几个问题需要与人事经理协商。去找人事经理协商

18:30　与人事经理协商完毕,下班

从黄经理一天的日志来看,不难看出,职业经理人的时间黑洞来自以下因素:

1. 来自上司的干扰

来自上司的干扰往往是最难控制的。这恐怕是大家的一个共同感觉。如果你摊到一个不好的上司,他本身工作起来就没有计划,没有主意,你就倒霉了。因为他随时随地会向你发号施令:"你先别干这个,赶快走,去干那个。"过段时间,他又问你:"这件事情怎么没干完? 又去干那件事情了? ……不对呀,这两件事情都要干。"所以来自上司的干扰是最大的威胁。

大家往往觉得来自上司的干扰,你是没办法控制的。事实上是有办法的,你可以管理

你的上司。

每一个人都应该设法让上司清清楚楚地知道自己的工作及工作目标。通过沟通、年度工作计划或者一些会议，一定要让上司知道，工作职责是什么，这个礼拜、这个月、这个季度、今年的工作安排是怎样的。上司知道了你的工作目标和意图，就会少来干扰你。

在一个现代化的企业里，一个职业经理人的工作目标和工作任务是自己定的。根据对整个公司的战略意图和战略目标的理解，以及所处的具体的工作部门工作的理解，职业经理人自己定目标，定任务，做工作计划。职业经理人主动约见上司告知自己的计划，即可减少上司的干扰，达到管理上司的目的。

这就是管理上司的文化，我们把它叫作香蕉文化。

有一个总经理，在他的门上贴了一张条，说不许随便把问题带进他的办公室。下属觉得不理解。总经理就给他们解释说："如果每个下属有解决不了的问题就来找我，就好比你牵了一只猴子到了我的办公室，说报告老板，这猴我管不住你看怎么办？这猴就是那个问题。假设有十个下属牵了十只猴进来，那我这个总经理就变成什么了？变成耍猴的了。你们有问题解决不了可以来找我，但是必须有一个前提条件，就是要带三根香蕉来。三根香蕉就是你对于这个问题的看法、见解和方案。猴子有香蕉就乖了，问题有了方案就好办了。有人说我工作能力差，资历也浅，我做不了一根香蕉怎么办啊？没关系，你哪怕有个芭蕉也行，慢慢地你就会做香蕉了。"

所以我们每一个人都要管理好自己的上司，这样会节约大量的时间。而且这么做会帮助你得到一个很好的晋升机会，不管是管理职务上的晋升还是技术职务上的晋升。这是一个非常有效的时间管理的方法。

2. 来自同事的干扰

来自同事的干扰，跟来自上司的干扰的性质不一样，大家都是同事，这种干扰最难推却。同事的干扰往往是即兴的，没有预谋，很容易把你的时间分割掉。

3. 来自下属的干扰

经理人常常忽视来自下属的干扰，因为他们认为下属对自己的干扰是天经地义的。下属是来汇报工作很正常。而且有很多管理者，往往很喜欢那种芝麻大点小事都要报告的下属，他们认为这个人很不错，什么都报告，说明他忠心耿耿；反过来，如果有人不这样做，那么职业经理人就会对他有意见。

很多管理者不喜欢独立工作的人，喜欢一天到晚向他汇报的人。这就是反授权，就是说你把权利给他了，他不用，过一段时间又还给你了。

领导说："小王过来，给你二十块钱，去给我买个西瓜。"一会儿小王回来了："报告老板，二十米外，有一个西瓜摊，四十米外，还有一个西瓜摊，请问买哪一摊的？"领导说："买近一点的吧。小王答应着，又跑出去了，一会儿又回来了："报告老板，买大的还是买小的？买黑皮的还是买绿皮的？买红瓤的还是买黄瓤的？"他什么都不自己做主，什么都向领导报告,结果把给他的权力又还给领导了。

总之,作为上司,不应将凡事都由自己做主视为有尊严,事无巨细地处理下属交上来的事情,反倒成了事件的奴隶,被下属所制约。

4.来自朋友的干扰

跟朋友一起出去玩,吃吃饭,聊聊天,都是应该的。但是很多时候,朋友的一些事情,未必是一定要你帮他做的。

5.来自自己的干扰

还有一些干扰来自自己。这种干扰往往是最难察觉的。比如没有目的的游荡,有些人在公司里面到处走来走去,好像是在视察工作,但到底在干什么,连他自己也不清楚。还有的管理者去跟下属闲聊:你妈妈的身体最近怎么样啊? 你小孩读书怎么样? 好像是体察民情,其实呢? 假惺惺,没有任何意义。还有的经理人喜欢闲聊、发呆、拖延;这些都可能干扰到正常工作。排除来自自己的干扰的有效方法,就是要学会管理和控制自己的习惯,并且争取做到"己所不欲,勿施于人"。

6.对干扰的判断

要排除干扰就需要对干扰与非干扰有所区分。判断干扰要从以下方面入手:

• 是否经常会有人打扰你的工作

这是判断干扰是否存在的前提条件,经常有人打扰,就有干扰存在。

• 是否清楚别人打扰你的目的

明白别人打扰的目的,就能分清这个人是来工作的,还是来侃大山的。

• 目标、程序、制度是否明确

有了明确的目标、程序、制度,就能有效地避免干扰的出现。

• 紧急突发状况是否经常出现

紧急突发状况不应经常出现,如果紧急突发状况很多,就要警惕干扰的存在。

每天工作十分繁忙的职业经理人,时间到底都花在哪里了? 基于以上的论述,你可以针对以下内容进行时间的盘点分析来发现自己工作中的黑洞:

> 我的时间价值几何?
>
> 哪些时间是必须花的? 哪些时间是不必花的? 哪些时间是可花可不花的?
>
> 别人是如何浪费了我的时间? 如何排除?
>
> 我是如何浪费了别人的时间? 如何避免?
>
> 我的时间运用与目标是否接近?
>
> 我处理事情的顺序是……
>
> 处理事情真的要花那么长的时间吗? 能不能缩短?
>
> 哪些事是非常紧急、需要马上处理的?
>
> 哪些事是十分重要的?
>
> 我是否进行了充分的授权?
>
> 我的高效益活动有哪些?
>
> 我的低效益活动有哪些?

　　每次会议都是必需的吗?

　　每次公出效益如何?

　　每次会见都是必要的吗?

　　都是哪些因素干扰着我?

二、职业经理人的时间盘点分析技术

　　彼得·德鲁克说过:"卓有成效的管理者懂得,要使用好他的时间,他首先必须要知道自己的时间实际上怎样花掉的。"因此,做好时间管理的前提是对自己的时间进行科学的分析。也就是说,要知道如何盘点自己的时间,这是减少时间黑洞的有效方法。

　　1.时间价值分析方法

　　你的时间(单位可以是小时,可以是天)值多少钱?进行时间价值的计算,可以帮助你理解时间对你、对公司意味着什么。

　　时间价值有两种计算方法。一种是成本价值法。即用你的年薪(或年度人工成本总额)与工作时间之比计算。假如每周工作5天,每天工作7小时,每年242个工作日。货币单位为人民币元,结果见表4-1。

表 4-1　成本价值计算

年薪(人工成本)	每天的价值	每小时的价值	每分钟的价值
15 000	62.0	8.86	0.15
25 000	103.3	14.76	0.25
35 000	144.6	20.7	0.34
45 000	186.0	26.6	0.44
55 000	227.3	32.5	0.54
65 000	268.6	38.4	0.64
75 000	309.9	44.3	0.74
85 000	351.2	50.2	0.84
100 000	413.2	59.0	0.98

　　第二种计算方法是收入价值法。即用你的销售目标(年销售额或年利润额)与工作时间之比计算,见表4-2。

表 4-2　收入价值计算

单位:万元

销售额	每天的价值	每小时的价值	每分钟的价值
1 000	4.13	0.59	0.0098
5 000	20.66	2.95	0.049
10 000	41.3	5.9	0.098
20 000	82.6	11.8	0.2
50 000	206.6	29.5	0.49

分析你的时间价值时你应该知道：

首先,每一天、每一小时、每一分钟都有很大价值。一寸光阴一寸金,如果你浪费了这一段时间,就意味着你增加了公司的成本,减少了收入或利润。时间浪费了,以后你无论如何也弥补不了损失。

其次,钱是一分一分挣来的,或者说,是在每一分钟、每一小时、每一天的努力工作中挣来的。当你一天中浪费(不管什么原因)1～2小时的时候,就意味着其他时间中挣钱的效率要提高10％～30％,显然,这是十分困难的。

再次,你一定要用上面的两个表计算一下自己的时间价值,并牢牢地记住:当自己浪费了1分钟时,浪费了多少钱。

最后,规划你的时间,以便使你将宝贵的、有限的时间用在可以产生最大收益的活动上。

2.时间清单分析

如果你想知道每天(或每周或每月)的法定工作时间都是怎样用掉的。可运用时间清单分析表进行分析,如表4-3。

表 4-3　时间清单分析表

时　　间	活动事项	计划用时	实际用时	浪费/超时	原因
8:30—9:00					
9:00—9:30					
9:30—10:00					
10:00—10:30					
10:30—11:00					
11:00—11:30					
11:30—12:00					
12:00—12:30					
12:30—13:00					
13:00—13:30					
13:30—14:00					
14:00—14:30					
14:30—15:00					
15:00—15:30					
15:30—16:00					
16:00—16:30					
16:30—17:00					
17:00—17:30					
17:30—18:00					
总　　计					

(1)这一分析方法的步骤是：

将一天的法定工作时间，按照每30分钟为一段，进行分段。然后，逐一按时间段填写实际活动事项。

跨时段的活动，填入开始时段即可。由于有"实际用时"栏，所以可以很清楚地了解跨时段活动的时间。

在"活动事项"后，填入该活动事项相应的"计划用时"、"实际用时"、"浪费/超时"及"原因"。

(2)按照上述步骤填完表格后，可以分析以下几个问题进行时间诊断：

• 你的工作清单计划性如何？

如果原本无计划，自然就无法填写"计划用时"和"浪费/超时"两栏了。

• 在你的清单中，有多少时段记不起来做什么？

如果这样的时段多的话，说明你的时间管理状态很糟。

• 浪费/超时多少？

由于每天安排20%的法定时间作为机动的、防止不可预见事情发生的时间，所以，浪费/超时不超过20%即算正常。超过50%的话，你就要将手头的工作全部停下来，先管理管理你的时间了。

案 例

让我们把"黄经理的一天"的日志转换成时间清单进行举例分析：

时间	工作项目	占用时间	优先次序评估
8:30	例会	30分钟	必要性不大，可取消
9:00	查看文件	15分钟	较重要应提前做
9:15	接听电话	15分钟	可委派下属接听
9:30	下属请示	15分钟	可以授权或指导
9:45	与财务部经理讨论费用问题	35分钟	很重要
10:20	紧急事项	35分钟	有必要
10:55	电话	15分钟	必须照办
11:10	与行政经理聊天	20分钟	要加以拒绝
11:30	替下属修改报告	30分钟	既然放手就由下属做主
12:00	午餐		
13:00	接见一个客户	30分钟	可让下属做
13:30	准备汇报材料	30分钟	最后期限，很重要
14:00	汇报工作	30分钟	重要
14:30	下属找	20分钟	锻炼下属去做
14:50	与人事经理谈话	30分钟	可适当推迟，不太重要
15:20	接投诉电话	10分钟	较紧急

续表

时间	工作项目	占用时间	优先次序评估
15:30	询问投诉	20分钟	紧急处理
15:50	老总找	30分钟	肯定重要
16:20	又是下属	10分钟	给予指示
16:30	拟定计划	30分钟	头等重要,可惜时间仓促
17:00	与人事经理协商	90分钟	重要,但为什么会出现这个问题呢?

对肖经理的时间清单进行分析,我们发现以下几个特点:

特点一:他的重要工作是在快下班时才做的;

特点二:他被分心和干扰的事项较多,有来自下属、同级、外部等,时间是两小时左右;

特点三:他完全不被干扰的时间很少,只有30分钟;

特点四:他最有效率的时间应是上午九点左右,却没有得到充分的利用;

特点五:在工作效率低的时间,向上司汇报工作,由于准备不充分和精力不集中,效果不令人满意。

3.工作清单分析

分析一个法定工作日内都做了哪些工作事项,用时如何,可运用工作清单分析表进行分析见表4-4。

表4-4 工作清单分析表

姓名: 日期: 年 月 日

工作事项	计划时间	实际时间	延误/浪费	无计划用时	原因
总 计					

（1）具体步骤

将一个法定工作日内的所有工作填入"工作事项"栏。包括累计用时超过 10 分钟的工作。不超过 10 分钟，可不填入。如"给客户打电话"，可能你在上午打了两个电话，用时 5 分钟，下午打了 3 个电话，用时 10 分钟，将此累计在"给客户打电话"这一事项中。

填入具体事项。如销售部肖经理一天中的具体工作事项有"向营销总监汇报工作"、"拟定招聘计划"等。

"原因"栏目的填写。只要说明浪费、延误的原因即可。如"向营销总监汇报工作"，你原来预计 30 分钟，但在汇报开场时你没有与营销总监确认本次汇报的用时，结果花了 50 分钟，超过 20 分钟。

案例

前任惠普公司的总裁格拉特把自己的时间划分得清清楚楚，他花 20％的时间和客户沟通，35％的时间用在会议上，10％的时间用在电话上，5％的时间用在看公司的文件上，剩下的时间用在和公司没有直接或间接关系，但却有利于公司的活动上，例如，接待记者采访，预备商界共同开发的技术专案，或者参加有关贸易协商的咨询委员会。当然每天要留下一些空当的时间来处理那些突发事件。

（2）问题诊断

• 时间利用率。工作清单中各个工作事项的用时之和是多少？

如果你的工作清单用时之和与法定工作时间（8 小时或 7 小时）之比不足 70％的话，表明你应重视另外的 30％时间哪里去了。

案例

工作清单中"实际时间"之和为 5.5 小时，则你的"时间利用率"为：

时间利用率＝工作清单用时之和/法定工作日时数×100％＝5.5/8×100％＝68.8％

这一分析说明你一天中有 2.5 个小时，即 31.2％的时间"不知去向"，应予以重视。不超过 30％则为正常。

• 各个工作事项，延误/浪费了多少时间？与计划、与你的预期相比一个工作日中总共浪费延误了多少时间？在"总计"栏中表示。

• 寻找原因与对策。

4.工作紧急性分析

分析每天（每周、每月）的工作紧急程度，根据紧急程度安排工作的先后顺序，可以运用工作紧急性分析表进行分析，见表 4-5。

表 4-5　工作紧急性分析表

姓名：　　　　　　　　日期：　　　年　　月　　日

紧急性 工作事项	非常紧急 （马上要做）	紧急 （短时间内要做）	不很紧急 （可从长计议）	不紧急 （无时间要求）
频　次				
时　间				

注：在紧急性的四格中选择"√"即可

- 将工作事项的紧急性分四档,其标准如下：

非常紧急　　　马上要做（马上放下其他事情开始做）

紧急　　　　　短时间内要做（一般是当天要做的）

不很紧急　　　可从长计议（可以纳入计划中做）

不紧急　　　　什么时候做都可以,不用计划

- 统计"频次"。

即不同紧急程度的工作事项各占多少（每天、每周或每月）频数。

- 统计"时间"

即不同紧急程度的工作事项各占多少时间。

- 时间分析

你每日、每周、每月最紧急的是哪三项工作？

非常紧急的工作事项如果频繁发生,即应考虑授权式管理。制度、营销策略、产品品质等重大问题,与时间管理无关。

"紧急事项"越多,时间管理问题越大。

"紧急"、"非常紧急"和"不很紧急"事项,时间比重越大,时间管理问题越大。

除"非常紧急"之外,要分析所谓"紧急"事项是否真的那么急。

5.工作重要性分析

分析出每天(每周、每月)的工作重要程度,根据重要程度安排工作的用时,可以运用工作重要性分析表进行分析,见表 4-6。

表 4-6　工作重要性分析表

姓名:　　　　　　　　　　　日期:　　　年　　月　　日

重要性 工作事项	非常重要 (绝对要做)	重要 (应该做)	不很重要 (可做可不做)	不重要 (可不做)
频　次				
时　间				

注:在重要性的四格中选择"√"即可。

• 将工作事项的重要性分四档,其标准如下:

非常重要　　绝对要做(即其他事情都可以不做,这个也要做的事项)

重要　　　　应该做(你不做就要出问题)

不很重要　　可做可不做(做比不做好一点)

不重要　　　可不做(做也不见得好)

案例

黄经理的工作事项如下:

某地断货　　　　　非常重要

竞争对手降价　　　非常重要

撰写销售报告　　　重要

向几名下属问候　　不很重要

替下属修改报告　　不重要

• 统计"频次"

即不同重要程度的工作事项各占多少?(单位:日、周、月)

在一个工作日内,在黄经理的工作事项中:

非常重要	2件
重要	2件
不很重要	6件
不重要	2件

• 分析哪几个问题?

你每日、每周、每月最重要的是哪三项工作?

非常重要的工作,如果很紧急,则与时间管理无关。

重要的工作事项所占时间越多,时间管理就越合理。

一定要消除"不重要"的工作事项,通过授权压缩"不很重要"的工作事项。

特别注意对"重要"的工作事项进行分析。

6.高效益活动分析

单位时间内投入产出比最大的(较大的)活动就是高效益活动。你应当清楚在你所有的活动(工作事项)中,效益相对较高的是哪一项(几项)?通过运用高效益活动分析表(表4-7),分析出每天(每周、每月)中的高效益活动,为根据活动(工作事项)的效益高低使用时间提供依据。

表 4-7　高效益活动分析表

姓名:　　　　　　　　　日期:　　　年　　月　　日

活　动 ＼ 分　析	目标(职务) 贡献排序	必要程度 排　序	所需时间 排　序	高效益活动 排　序

(1)判断活动效益的高低的指标

活动的效益高低,判断起来比较复杂。一般来说,对于不同职位、不同行业、不同企业类型、不同发展阶段,有三个指标可以判断活动效益的高低:

• 指标一:目标(职务)贡献度

某项活动对工作目标或工作职责的履行贡献大小。

案例

例如黄经理的一天工作事项的贡献度排序依次为:

与财务部经理讨论费用问题

撰写招聘计划

与人事经理协商招聘计划

接待一个客户

汇报

打电话

给下属指示

准备向营销总监汇报的资料

接待投诉

替下属修改销售报告

……

• 指标二:必要程度

即该项工作应由你还是你的下属来做。也就是该项活动由你来做的必要程序。必要程度越高,你来做这项工作的效益就越高,反之就越低。

案例

例如黄经理的一天工作事项的必要程度排序(必要→不必要)依次为:

与财务部经理讨论费用问题

与人事经理协商招聘计划

打电话

汇报

给下属指示

准备向营销总监汇报的资料

撰写招聘计划

接待一个客户

接待投诉

替下属修改销售报告

• 指标三:所需时间

同类活动(工作事项)花费的时间越少,效益就越大。

案例

例如黄经理的一天工作事项的用时排序(少→多)依次为:

接待投诉 10 分钟

接待客户 30 分钟

准备汇报资料 30 分钟

撰写招聘计划 30 分钟

替下属修改销售报告 30 分钟

与财务部经理讨论费用问题 35 分钟

给下属指示 45 分钟

打电话(含打电话询问投诉之事)55 分钟

汇报(向营销总监和老总)60 分钟

与人事经理协商招聘计划 60 分钟

(2)时间分析

首先,通过分析以后,比较三项指标的排序,高效益活动分析表可以对活动(工作事项)的效益大小做出基本的判断,保证优先做高效益活动。例:黄经理的高效益活动分析表如表 4-8。

表 4-8　高效益活动分析表

	目标(职务)贡献度	必要程度	所需时间	效益高低
与财务部经理讨论费用问题	1	1	6	1
与人事经理讨论招聘计划	3	2	10	4
打电话	6	3	8	5
汇报	5	4	9	7
给下属指示	7	5	7	8
准备汇报资料	8	6	3	6
撰写招聘计划	2	7	4	2
接待投诉	9	9	1	9
替下属修改销售报告	10	10	5	10
接待客户	4	8	2	3

其次,应对你每年、每月、每周、每天的高效益活动进行分析,以便心中有数。一项活动对于目标(职务)的贡献越大,自己做的必要程度越高,花费时间越少;这项工作效益就越高。

7.授权分析

分析各项工作的授权程度,以便采取相适应的授权策略,可以运用授权分析表,见表 4-9。

表 4-9 授权分析表

姓名：　　　　　　　　　　日期：　　　年　　月　　日

授权程度 工作事项	不应授权	可以授权	应该授权	必须授权	没有授权的原因
件　数					
比　重					

注：在授权程度的四格中选择打"√"

• 将工作事项的授权程度分四档，其标准如下：

不应授权	自己做
可以授权	自己可以不做，也可以做
应该授权	不应该自己做，但有时因某种原因未能让下属做
必须授权	无论如何自己不要做

 案例

黄经理的工作事项如下：

不应授权的　　　　销售计划的制订

销售管理制度的制定和改善

销售人员的考核、奖惩

销售人员的在职培训

总经理交办的工作

可以授权的　　　　签订销售合同

客户管理

促销管理

应该授权的　　　　应收款回收

渠道管理

必须授权的　　　　销售统计、核算

销售文档管理

产品储运

• 通过分析,重点搞清没有授权的原因,其次搞清授权中所出现的问题。

在分析过程中你应该注意的问题是:

把可以由下属做的事情,一定要交给下属去做,这样你才能有更多的时间做更重要的事情。

大多数工作,下属绝对没有你做得好,并不等于下属永远没有你做得好。

授权刚刚开始时,会花费你较多的时间,但是,一旦下属能够胜任,你就会节省很多时间。管理者要通过别人完成工作,就必须将时间花在辅导(教练)下属上。

自己做应该由下属做的事情的原因常常很可笑的。

美国第二大电脑公司的总裁库拉特每年有 2/3 的时间都不在公司。他怎么会有时间和客户沟通?关键在于授权。他聘用一些退休的主管来担任这项工作。他把与客户的电脑沟通工作都授权出去了,所以虽然他不与客户直接沟通,仍然可以掌握客户需求。库拉特还授权别人替代他到外界去演讲。因为他有授权,所以他才有更多的时间。

越来越多的高级主管,让别人来掌握自己的时间表。这并不代表失去了自我控制,相反的,主管可以自由地针对目标和策略做更广阔的思考。当然,这必须有一位得力的助手才行。美国东南航空公司的最高执行长官凯勒赫,他授权一位副总裁(是他的法律秘书)全权管理他的时间表。每天副总裁都会给他一张待处理的单子,里面的事情分成两类,一类是立刻完成的,一类是最迟可以延长到明天早上完成的。这个效果非常神奇。

8.会见分析

公司里有太多的会见和会谈,在这种情况下,你可以先使用会见分析表(表 4-10)分析出会见中所浪费的时间,为提高会见效率提供依据。

表 4-10 会见分析表

姓名: 日期: 年 月 日

会见分类	会见人	计划会见时间	实际会见时间	延误时间	原因分析
每日必须会见的人					
经常要见但不是每日必见的人					
不定时但是必须经常会见的人					

续表

会见分类	会见人	计划会见时间	实际会见时间	延误时间	原因分析
会见不经常往来的人					
不速之客					

(1)首先将你所有的会见分成五类:

第一类:每日必须会见的人

第二类:经常要见但不是每日会见的人

第三类:不定时但是必须经常会见的人

第四类:会见不经常往来的人

第五类:不速之客

案例

销售部经理肖经理会见分类:

每日必须会见的人:行政部助理(签到)、销售部秘书

经常要见但不是每日必见的人:下属各大区经理、销售部内辅助人员、营销总监

定时但是必须经常会见的人:公司营销副总、市场部经理、财务部经理、人力资源部经理、行政部经理、总办主任、生产厂厂长、大客户、大经销商

会见不经常往来的人:中小客户、二级经销商、行业协会人员、其他部门的其他人员

不速之客:什么人都有,主要是投诉的和亲朋好友

(2)延误时间分析

会见中时间的延误主要原因有以下几个方面:

• 原因一:会见前或会见开始时,没有约定会见用时。

这是会见中的最主要的问题。许多中层经理认为无法安排会见时间,其实,这五类会见中,几乎都可以安排会见用时。

与其他部门的经理、经销商等,只要是正式的会见都可以事先约定用时。

• 原因二:事先没有约定会见的具体目标。

只约定了会见的时间、用时、议题,但是没有事先界定会见时所要达到的目标,结果在会见时,讨论涉及范围可能会很大,结果时间根本不够用。

• 原因三:对于会见的无故或故意拖延,缺乏足够的应对决心和方法。

(3)时间管理启示

• 不良的会见极容易浪费时间,而且还冲击和打乱其他时间安排,所以,要坚决克服。

• 学会约定会见用时。

- 尽可能事先确认会见目标,以便较为准确地预估用时。
- 学会对付故意拖延的方法。

9. 会议分析

分析会议的必要性及其浪费、拖延的原因,寻求相应的解决办法,可运用会议分析表进行分析,见表 4-11。

表 4-11　会议分析表

姓名:　　　　　　　　　　日期:　　　年　　月　　日

日期	会议名目	会议倡议	计划用时	实际用时	原因分析	会议必要性评估			
						必需的	目的明确的	目的不明确的	可不开的

(1)分析步骤

- 首先,分析会前准备情况

——有无会议计划、目标、议程、用时安排?

——时间和地点是否恰当?

——参加人是否适当和必需?

- 其次,分析会议过程

——是否准时开会? 为什么?

——是否跑题?

——是否按计划进行?

——秩序是否正常?

——是否有人中途出去?

——是否按时结束?

- 会后分析

——会议纪要有没有? 发给与会者没有?

——会议决议的执行情况。

——会议必要性评估。

以上三步分析,主要用于对浪费时间严重的"马拉松"会议或严重无效会议的详细分析。一般情况下,按照上表中的项目分析即可。

（2）注意事项

第一，根据统计，中层经理用于会议的时间约占工作时间的20%，如何利用好这20%的时间，是时间管理的重要环节。

第二，中层经理自行主持召开的会议主要是"部门例会""业务总结会""专题讨论会"等。对于自己可以决定是否召开的会议，一定要事先评估开会的必要性。

第三，事先准确通知参会人员，即使是部门里只有几十人或十几个人。最好养成以简明的书面形式通知大家会议计划的习惯，而不要简单一句"下午开会"就把大家召集起来。

第四，严肃会议纪律。

第五，参加别人召集的会议，可请示召集人确认会议规则，以免浪费时间。

10.公出分析

对于公出的必要性和用时情况进行分析，从中寻求节省时间的措施，可以运用公出分析表进行分析，见表4-12。

表4-12 公出分析表

姓名：　　　　　　　　日期：　　年　月　日

日期	事由	公出必要性评估				计划用时	实际用时	原因分析
		必须亲自出面	可去可不去	可顺便前往	不必去			

（1）分析步骤

• 分析公出的必要性

公出的必要性等级分为四级：

必须亲自出面　　　　　谈判、签订协议

可去可不去　　　　　　协同拜访、各种行业座谈会

可顺便前往　　　　　　致谢、看望

不必去　　　　　　　　合作的设想，提出建议（可用电话或其他方法）

• 分析用时情况

公出的用时集中在三个环节。

环节一：途中。由于途中交通的不可预见性，造成提前时间：为了履约而不得不设法提前到达；交通中用时；等待的时间；外出准备时间。

环节二：拜访用时。

环节三：拜访后剩余时间。

在这三个环节中,浪费时间的顺序是:拜访后剩余时间＞途中时间＞拜访时间。

(2)时间管理注意事项

第一,外出频繁的中层经理,应进行公出必要性评估,以便压缩公出时间。

第二,公出中最浪费时间的环节是拜访时间。

减少拜访后时间浪费的方法有:

• 方法一:合理安排拜访线路

国际上的一些成功企业,外出频繁的中层经理均被要求科学、合理地安排拜访线路。

• 方法二:合理安排拜访时间

• 方法三:剩余的时间回公司

凡是有充足的剩余时间,如还有一个半小时工作时间,40 分钟可以回到公司,应坚持回公司,养成良好的习惯,充分利用时间。特别重要的是:你一个月只会碰到一两次在剩余时间赶回公司的情况,看起来节省不了多少时间,但是养成的严谨工作作风可以极大地影响你的下属和部门。

11. 干扰因素分析

分析都是哪些因素干扰了正常的时间安排,以便寻求治理的措施,可以运用干扰因素分析表(表 4-13)进行分析。

表 4-13　干扰因素分析表

姓名:　　　　　　　　　　日期:　　　年　　月　　日

分 析 干扰因素	干扰者	排 序	后 果	对 策
缺乏自律				
文件杂陈				
工作拖延				
不会说不				
职责混淆				
突然约见				
想干的事太多				
经常救火				
条理不清				
计划不周				
无效会议				
不速之客				
电话干扰				

(1)分析步骤

• 列出干扰因素

干扰因素很多,可以分为两大类:一类是突发性干扰;一类是拖延性干扰。

突发性干扰 不速之客

      电话干扰

      突然约见

      经常救火

      职责混淆

拖延性干扰 缺乏自律

      文件杂陈(用时找不到)

      工作拖延

      不会说不

      想干的事太多

      条理不清

      计划不周

      无效会议

• 对干扰因素排序

通过对干扰因素的排序,每次找出排在前三位的干扰因素加以克服。至少找出排在第一位的干扰因素加以克服。每次不要多,但求找出干扰最大的因素,坚决克服掉。

• 对突发性干扰的分析

突发性干扰是影响中层经理工作时间的最大障碍。由于中层经理角色的特殊性,会遇到上、下、左、右全方位的干扰。研究表明,干扰者顺序由大到小依次为:下属、上司、同事、客户、朋友、自己。

• 罗列出干扰所带来的后果

• 寻求对策

寻求前三位干扰因素的对策,其他则可以缓一步。

(2)时间管理注意事项

第一,通过对干扰性因素排序,找出最需要克服的因素。

第二,在拖延性干扰中,最需要而且最能够克服并且容易产生良好结果的是克服"缺乏自律"。因为在拖延性干扰中,许多因素你可能无法把握,但是,你应当可以把握你自己。

第三,在突发性干扰中,最需要克服的是"突然约见"。

第四,都是谁干扰了你的时间安排,偷走了你的时间? 不同的人、不同的行业、不同的企业可能会有不同的顺序。你一定要清楚,谁对你的干扰最大:下属、上司、同事、客户、朋友,还是你自己?

三、职业经理人的时间管理方法

1.德鲁克时间管理法

管理大师彼得•德鲁克关于时间管理的论述和方法,值得我们借鉴:

• 记录你的时间

时间如白驹过隙，稍纵即逝。经理人担负着为企业创造价值的重大责任，你的每一天、每一小时、每一分钟都关系到企业的生存和发展，所以，经理人必须把自己的时间用到能够为企业带来最大价值的事情上。那么，如何才能判断和检查自己的时间究竟花在了什么地方？养成记录时间的习惯是一个很好的方法。这个方法很简单，就是连续三四个星期记录时间去向，这样的记录每年至少进行两次。这件事最好由自己亲自做，就像记流水账一样，记录每天从早上起床之后一直到晚上睡觉之前，自己在每一个时间段究竟干了些什么事。随时记录当然更好，如果这样做不方便，晚上睡觉以前一定要把当天的时间去向回忆清楚。还有，如果你确实没有时间记录，可以请你的秘书帮忙，详细记录你的时间与行程。三四个星期之后，当你回顾与检查自己的时间记录时，你可能会大吃一惊，也肯定会有不少感慨和收获。

这种方法很简单也很有效。它能使你发现自己时间管理上的漏洞，帮你避免将宝贵的时间花费在无关紧要的事情上。通过不断地练习与反省，你就会养成良好的时间管理习惯，这是确保自己工作卓有成效的前提和基础，也是许多优秀的职业经理人必备的技能。

- 排除根本不必做的事

时间记录的目的是检查与改进，所以，当你完成一段时期的时间记录之后，你要抽出专门的时间对流水账上的所有活动进行仔细认真的审查与反省。在审查时，你要问自己一个问题："如果根本不做这件事，将会怎么样？"假如答案是"没有关系"的话，以后这类事情就不要再做了。很多人忙于一些自认为难以割舍的事情，诸如参加无休止的会议、宴会、演说、论坛等，有时也确实不想参加，可是碍于情面又不好推脱。其实，这类事情只要果断地说一个"不"字就解决了。

一个几乎每天都参加饭局和宴会的经理人曾告诉我们，在分析之后，他发觉至少有三分之一的宴请根本不需要公司的高级管理人员出席。有时他甚至觉得有点哭笑不得，因为主人并不真心希望他出席，他们发来邀请纯粹是出于礼貌，如果他真的接受了邀请，反而会使主人感到手足无措。

- 问自己一个问题

你可以问自己这样一个问题："记录上的哪些活动可以由别人代为参加而又不影响效果？"还是以饭局为例，检查之后你会发现，约有三分之一的正式宴会并非你亲自去参加不可，因为主办单位只是希望把公司的名字列在客人的名单上。管理者把那些别人可以做的事情交付出去，也就不用再去"委托"他人，自己则可集中精力做好该做的工作，大大提高自己的工作效率。

- 再问自己一个问题

你还可以再问自己一个问题："我常做哪些浪费下属、同事和上司的时间而又不产生效用的事情？"敢于问这样的问题，不怕了解事情的真相，是卓有成效管理者的一个标志。

不少经理人都有这样的体会，公司的很多会议其实并不需要所有的人都参加。可是，会议召集者出于礼貌、面子和摆平关系的目的，每次开会都是全班人马"一个都不能少"。结果，接到通知的人明明知道这次会议与自己部门的工作完全没有关系，根本没有参加的必要，可是碍于情面不得不撂下繁忙的工作准时赴会。既然参加了会议，为了显示自己部

门的重要,为了表现对公司大局的关心及显露自己的聪明才智,每个人又不得不头头是道地说一些与会议主题无关,但大家又认为很有必要的话,结果短会变成了长会,小会变成了大会。

为了改变这种既浪费自己又浪费别人时间的会议陋习,一位经理人在开会前先在下属中传阅一份通知,上面写道:"我已邀请刘明、王燕和马宾星期三下午三时前来四楼会议室参加会议,讨论有关明年的预算拨款事项。如果哪位觉得在这方面有兴趣或想参加讨论,也欢迎前来参加会议。不过,不管是否参加会议,会后不久有关人员都会收到一份详细的讨论纪要,介绍会议所做出的决定,同时还会向你征求对这些决定的意见。"

原来由十多个人花半天时间研究的问题,现在三个人再加上一个做会议记录的秘书,不到一个小时就解决了,而且没有人会觉得自己受到了冷落。

· 找出因"危急现象"而浪费的时间

"危急现象"有一个共同的症状,那就是会反复出现。如果这种危急现象发生了第二次,那就绝不能让它再发生第三次。

比如每年出现的库存盘点就是个例子。不少企业总是等到年底财务要数字的时候,加班加点,甚至彻夜灯火通明,结果越急越出错,越急越盘不清,甚至一些基层人员为了掩盖问题、应付差事而将错就错,匆匆编造一些数字上报了事。其实,制定一个日清日结、月清月结的制度并检查落实,就能彻底地解决这一浪费时间而又影响管理效率的事情。

这种反复出现的危急现象是可以预测的,因此,也是可以被预防的,或者可以用一套普通员工都能掌握的常规办法来加以处理。

2. 第二象限时间管理法

案例

一位教授为商学院的学生上时间管理课。他说:"这一课大家不用记笔记,只要跟着我做一个小实验就行了。"说完,他拿出一个大口的玻璃瓶子放在了桌子上。

之后,他从桌子底下取出一袋鸡蛋大小的石块,一块一块地把它们放进玻璃瓶里,直到瓶子放不下才停止。这时,教授问道:"瓶子满了吗?"学生齐声回答:"满了。"教授又问:"真的满了吗?"说着,他又从桌子底下取出一袋小石子,并分几次将它们倒进了瓶子里。教授问:"现在满了吗?"有的说:"满了。"有的说:"还没有满。"

教授又从桌子底下拿出一袋沙子,缓缓地倒进了瓶子里,直到沙子溢满瓶口。教授问:"现在满了吗?"有的说:"满了。"有的说:"还没有满。"这时,教授又从桌子底下拿出了一瓶水倒了进去,直到水溢了出来。

教授开始提问:"这个实验说明了什么道理?"

有的说:"说明时间像海绵,只要你肯挤它,就能挤出来。"有的说:"在有限的生命里,只要我们努力就可以做很多事情。"大家七嘴八舌地议论起来。

教授最后总结道:"刚才同学们说的都有一定道理,但却不是我们今天做这次实验的真正目的。我做这个实验是想告诉大家,我们有限的生命就像这个瓶子,它只能放进去有限的东西。如果我们不把生命和工作中最重要的事情——这些大石块——先放进去,那么,你的一生可能就会浪费在一些毫无意义的琐碎事情上,让小石块充满自己的生命空间,这是多么悲哀啊!"

有学生问:"老师,什么是生命中的大石块呢?"教授回答:"比如你的价值观、目标、健康、学习、家庭等,这些都是大石块,你们要优先考虑并把它们放在最重要的位置。"

在实际工作中,所有的工作都既有紧急程度的不同,也有重要程度的不同,根据这两个维度,我们可以把工作和生活中的事情归类到如表 4-14 所示的四个象限中。

表 4-14　时间管理的四个象限

	紧　急	不紧急
重要	第一象限:又紧急又重要 　突发的危机事件 　有时间要求的工作计划 　事关大局的急迫问题	第二象限:重要但不紧急 　制订计划、未雨绸缪的工作 　改进流程、挖掘机会、关注变化 　学习、健康、家庭、休闲
不重要	第三象限:紧急但不重要 　下属的请示汇报 　不速之客 　某些会议、电话、信件、邮件 　某些宴会、论坛、演讲	第四象限:不重要又不紧急 　某些烦琐的事 　某些应付差事的会议 　某些推销或闲聊的拜访或电话 　有趣但无意义的活动

你将时间投入到不同的象限,就会成为不同的人,事实上所谓成功和失败也因此而来。

偏重第一象限事务的人是"救火队长"式的高压人,他们由于方法不当,缺乏规划和计划,抓不住工作重点,不善于科学授权,因而在工作中漏洞百出,整天陷入似乎既紧急又重要的事务之中。这些人压力巨大,超负荷运转,但工作成效有时却微乎其微,即使取得了一些工作业绩,也是用自己的精神压力、身体健康或家庭幸福换来的。

偏重第三、第四象限的人不是一个失败者就是一个平庸无为的人。这些人急功近利,缺乏自制和自律,对工作乃至对自己的生命不负责任,随波逐流,偷懒耍滑。要么整日忙碌一些琐碎但毫无意义的事,有苦劳但没有功劳;要么得过且过,碌碌无为。

作为职业经理人,最需要做的是第二象限的工作。第二象限的事情尽管很重要,但是往往不紧急,可它们却是我们生命中的大石块,我们经常会忽略它们或是不断被拖延,比如关心家庭、孝顺父母、制订计划、坚持学习、提升能力、锻炼身体、休闲娱乐等。因此,我们应该做到:

• 将自己的工作按紧急和重要程度合理地划分到不同的象限中去;

• 将大部分时间和精力用于属于第二象限的工作;

• 许多第一象限的工作,实际上也是由于没有按照第二象限工作法去做而产生的,应注意纠正;

• 不要被第三象限中的一些工作假象所迷惑,它们没有你想象的那么严重,要学会授权;

• 根据第二象限的工作制订计划;

• 用 80% 的时间做第二象限和第一象限的工作,20% 的时间做其他象限的工作。

3. ABC 分类法

这种方法由意大利经济学家帕累托首创,又称帕累托分析法。它是根据事物在技术或经济方面的主要特征,进行排队分类,分清重点和一般,从而有区别地确定管理方式的一种方法。由于它把被分析的对象分成 A、B、C 三个类别,所以又称 ABC 分类法。这种方法从原理上来讲与德鲁克的时间管理法有异曲同工之处。

为了提高管理者的工作效率,使经理人的时间得到充分的运用,我们也可以将这种方法用于经理人的时间管理。

依据系统原理把自己的工作组成一个有机的整体,把每一项工作与其是否能够使系统达到最佳结合状态进行系统分析,使自己每一天杂乱无章的工作系统化,按照工作的轻重缓急、在所面临的系统上起作用的程度、贡献的大小分为 ABC 三类,把它们排好先后次序,抓住影响全局、对整个系统有举足轻重作用的工作,重点突破。这是一种集中精力打歼灭战的思想。

下面具体说明一下操作步骤:

(1)收集自己一段时间来所做的工作及花费的时间等数据。对原始数据进行整理并按照要求进行计算,如计算自己花在最重要的事情上的时间比例,花在不重要的事情上的或者不必要做的事情上的时间比例。

(2)绘制 ABC 分类表。在总数不太多的情况下,可以用大排队的方法将全部工作逐个列表。按照所花时间的多少,由高到低对所有工作按照顺序排列;将必要的原始数据和经过统计汇总的数据填入;计算累计工作数、累计各类工作在所有工作中的百分数、累计时间、累计各类工作所花时间占总时间的百分数;将累计所花时间为 60%～80% 的若干工作定为 A 类,将累计时间为 20%～30% 的若干工作定为 B 类,其余的定为 C 类。如果工作数很多,无法全部排列在表中或者没有必要排列在表中,可以采用分层的方法,先按照时间的多少进行分层,再根据分层的结果将关键的 A 类工作逐一列出来进行重点研究。

(3)以累计工作的百分数为横坐标,累计所花时间的百分数为纵坐标,根据分类表中的相关数据,绘制 ABC 分析图。

(4)根据分析结果对 ABC 三种类型的工作采取不同的管理策略。

4.5W1H 时间管理法

5W1H 时间管理法简单地讲就是对时间的使用进行合理的计划。从理论上来讲,计划有广义和狭义之分。广义的计划工作是指制订计划、执行计划和检查计划执行情况三个阶段的工作过程;狭义的计划工作则是指制订计划,也就是说,根据实际情况,通过科学的预测,权衡客观的需要和主观的可能,提出未来一定时期内要达到的目标及实现目标的方法。要对时间的使用进行计划必须明确决定要做什么(what)、确定何时做(when)、何地做(where)、何人做(who)、为什么这样做(why)和如何做(how),即所说的5W1H,我们对时间的使用有了清楚地把握,在工作中按图索骥,提高自己的工作效率。

5.80/20 时间管理法则

80/20 时间管理法则的意思是,抓住工作时间的 80% 的价值,集中在工作的 20% 部分,运用关键的事情占少数,次要的事情占多数这一普遍规律,根据其价值不同而付出的努力不同来定量自己的时间支出,其目的在于用一分的努力达到八分的效果。

这一法则广泛用于生活中。"大道周行,万物一理"。它可以应用到营销、管理、投资、谈判、交际、追求幸福、时间管理等领域。

这一法则告诉我们,在投入产出、努力收获、原因和结果之间,普遍存在着不平衡的关系。抓住关键 20% 的条件和因素,往往就可以获得最大的效益和成果。如果我们能够知道产生 80% 收获的,究竟是哪 20% 的关键付出,那我们就事半功倍了。

在时间管理的实际应用中,要做到以下几点:

第一,转变我们的观念,不要追求十全十美,不必事必躬亲,要明白生活中的事情是有所取舍的,有舍才有得。这样,我们的工作中就有了另外一种选择:在少数事情上追求卓越,不必事事都有好的表现;寻求捷径,而非全程参与;只做最能胜任,而且最能从中得到乐趣的事情,不学无价值的东西,不与无价值的人为伍……

第二,运用这一法则,根据自己的工作时间记录,以一周或更长的时间为周期,把自己的工作按照轻重缓急进行排序,把自己的主要精力放在最重要的 20% 的工作中去。

第三,"工欲善其事,必先利其器",做到这一法则的灵活运用必须深刻领会它的精神,经常进行冷静的思考,需要在实践中不断地完善提高。

6.时间管理的 12 个策略

培根曾说:"真正的敏捷是一件很有价值的事。因为时间是衡量事业的标准,如金钱是衡量货物的标准,所以在做事不敏捷的时候,那事业的代价一定是很高的。"如何培养我们做事敏捷的习惯,创造人生的价值,下面是一些策略和方法:

• 确定明确的目标

目标的制定并不仅仅限于工作、事业、金钱,还有更重要的东西。目标的确定应该涉及人生的八大领域:健康、工作、心智、人际关系、理财、家庭、兴趣爱好、休闲。

把你所有的目标分割、量化,确定你的健康目标和家庭生活目标要达到何种状态,你的工作目标是如何等。

• 坚持 PDCA 循环

有了明确的目标,还要有明确详细的执行计划,必须白纸黑字地写下来。如果你没有计划,很多事情就不太容易完成。一个有成就的人永远知道要做计划,有了计划要去执行,这就是自我管理的 PDCA 循环法(见图 4-1)。我们每天、每周、每月、每年、每一个人生阶段都要不断地计划、执行、检查、修正,从一个循环进入下一个循环,从今天的循环进入明天的循环,从本周的循环进入下一周的循环……以此类推,循环往复,不断实现一个个人生的小目标,进而累积优势,成就成功的事业、精彩的自己和幸福的人生。

• 太阳落山法则:日事日毕,日清日高

沃尔玛有个著名的太阳落山法则:员工或顾客的任何要求必须在太阳落山前得到答复。当天的目标和计划必须完成,绝不允许拖到第二天。"昨天是张作废的支票,明天是张信用卡,只有今天才是现金,要善加利用。"因此,你每一天的目标都要想尽办法去达成,因为所有的大目标都是由小目标累积而来,一天一天逐步地去完成,你才能够实现大目标。

• 在固定时间做计划和检讨

成功的第一步在于计划,因此要养成一个良好的习惯——每天晚上睡觉之前或者每

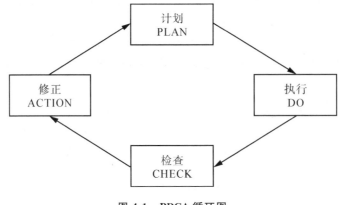

图 4-1　PDCA 循环图

天清晨,必须习惯性地安排第二天或当天的工作,甚至有哪些可能会遇到的障碍也要列到行程表上面。

另外,检讨是成功之母。每一天你都应该检讨,你当天所做的每一件事情,在工作上、家庭上、人际关系上、理财上,有没有偏离你的目标和计划,有没有做得不到位的地方,应该如何修正和改进。

• 每一件事都要设定期限

巴金森在其所著的《巴金森法则》中写下了这段话:"你有多少时间完成工作,工作就会自动变成需要那么多时间。"如果你有一整天的时间用于某项工作,你就会花一天的时间去做它,而如果你只有一小时,你就会更迅速有效地在一小时内完成它。

给工作或事情设定期限,是前述目标管理 SMART 原则中一项十分重要的要求。SMART 原则规定:目标必须是具体的、可衡量的、可达成的、合理的、有时间期限的。没有时间期限的目标不叫作目标,充其量不过是梦想而已。

把时间管理到分钟的人

有这样一个人,他对自己的时间管理要求特别严格,在一般人看来似乎有些过分甚至不近人情。

每一次活动,他都会要求提供一份详细的日程计划表,计划中的时间安排必须细致到分钟。比如:几点几分从酒店门口出发;从一个城市到另一个城市有几趟航班,哪一趟航班最节省时间,如何接送;中午两点以前不安排任何活动,以保证下午和晚上活动时精神饱满;不和不相干的人一起吃饭,如果非吃不可,要确定好时间,时间一到立刻走人;某个活动几点几分开始,几点几分到达休息室,从休息室到达会场需要几分钟等。每次活动前,即使你已经提前告诉了他几点几分在大厅接他,他仍然会咨询楼层服务员,他从房间到大厅需要几分钟,然后他会准时从房间出来,一分钟也不浪费地准时到达。

他的这种习惯让接待方有些吃不消,甚至有时十分尴尬。因为他的名气大,宴会的时候接待方请到了地方上的领导作陪,但是他吃饭有严格的时间限制,说好两个小时,时间一到,即使宴会正在进行,他也马上告辞,让作陪的领导十分没趣。

接待记者采访的时候,他同样对时间非常苛刻。如果是报刊的记者,他会问清楚你想发多大版面;如果是电视广播记者,他会问清楚你想做多长时间的节目,然后,他会在采访中突然停止,告诉你他说的内容已经足够版面安排了,再说下去就是浪费时间。

如果是出席一个签名活动,他会告诉主办单位,让他们把让他签名的书放在去现场的车上和他住的房间里一些,他会利用休息和路上的时间签名,以节约时间、提高效率。

这个人不是别人,正是大名鼎鼎的台湾作家刘墉,他以精致典雅的散文随笔成为全球华人中创作数量最多的作家之一。我想,除了天生的才气之外,刘墉的成就恐怕与他严格的自我管理是分不开的。你也许觉得把自己捆得这么紧,人生还有什么乐趣和意义,但是,如果你不想浪费自己的生命,你想在某个方面做出一些成绩,你想提高自己的生命质量,恐怕还真得向刘墉好好学习不可。

• 马上行动,拒绝拖延

许多人都习惯于说:"待会儿再说",却一拖就不知到何时。积极的人,满脑子转的永远是四个字:马上行动。所有有成就的人都很了解一件事:把时间用在最有价值的地方。拖延是消极的代名词,只有一个结果——一事无成。

案 例

不到长城非好汉

"不到长城非好汉",这句话影响了一代又一代的中国人。一个风华正茂的少年在他18岁时立下誓言,要在自己高中毕业时到长城去看一看。紧张的高考结束了,之后是等待分数、等待录取通知书,哪还有去长城游览的心情。他想,等上了大学,在相对轻松的时候再去长城。大学四年一晃就过去了,由于种种原因他一直没能成行。大学毕业之后就是东奔西走地找工作,他对自己说,等有了稳定的工作和收入,就一定要登上长城实现自己的诺言和"好汉"的梦想。

名牌学校加上优异的学习成绩,他很快如愿以偿地找到了一家不错的公司,并得到了一个很好的职位。可是,新的环境、新的工作岗位和巨大的工作压力,使他又暂时放弃了自己的梦想。之后,他谈恋爱了,他想,和女朋友一起去长城该多美好啊!但是,他的时间总是与女朋友的时间凑不到一块儿,不得不一次次地推迟他的游长城计划。有两次,他出差到北京,想找机会去一趟长城,结果不是事情紧急,就是参加会议、约见客户,根本没有时间去。再之后,他结了婚,建立了家庭,有了自己可爱的小宝宝,没完没了的工作和柴米油盐的家庭琐事,使他又一次次打消了圆梦的念头。

正当他幻想着一家三口高高兴兴地去一趟长城的时候,天有不测风云,他患了白血病。他躺在病床上,眼泪汪汪地对妻儿说:"我对不起你们,我可能没有办法再照顾你们了。我也对不起自己,因为我要登上长城的夙愿始终没有实现,看来,我这辈子真的当不成好汉了……"

这个案例告诉我们,人生中会有很多梦想和理想,当我们确定要做的时候,一定要排除一切外界的干扰和诱惑,马上行动。否则,即使再美好的梦想也仅仅是幻想而已,到头来只能是说不出的遗憾,甚至抱憾终生。比如,有的人总想等到工作不忙了再去检查一下

身体,等到有空了再抽时间看书,等到出差了再顺便回家看望父母,等到下个月一定要陪孩子去一趟公园……结果,总是没有时间,总是在等待中错过了自己最重要的事情。

• 对事情进行优先排序

辨别清楚事件的重要性和紧迫性,将其分为 ABCD 四个等级。重要紧急的事情,你要在有限时间内去处理;重要不紧急的事情,你应该安排适当的时间去处理;紧急但不重要的事情,你可以交给别人去做;不重要又不紧急的事情,你必须坚决拒绝或者缓做。具体的做法是:

首先,列清单:

将每天或每周的工作及其他安排逐条列出,越详细越好。

然后,排序:

本周(日)核心事务:从上面的清单里选出你认为最重要的三件事;

将清单上的事件按紧急程度排序(在后面标上 1、2、3……);

将清单上的事件按重要程度排序(在后面标上 1、2、3……);

综合考量,确定本周(日)时间安排的优先顺序(在行事历上记录 1、2、3……)。

最后,列日程表。

• 手表法则:一个时间专注于一件事情

手表法则是指一个人有一只表时,可以知道现在是几点钟,而当他同时拥有两只时间不一致的表时却无法准确确定时间了。两只表并不能告诉一个人更准确的时间,反而会让看表的人失去对准确时间的信心。你要做的就是选择其中可信赖的一只,尽力校准它,并以此作为你的标准,听从它的指引行事。

现实生活和工作中,我们很容易掉入两只手表的陷阱——正在干的和心里想的不是同一件事,或者同时干两件事,或者一件事没有做完,又开始做另外一件事。结果,脚踩两只船或多只船,使我们的行为陷于混乱,最后一件事情也没有彻底做好。

一段时间要专心处理一件事。比如:当你集中精力撰写报告的时候,就不要想着下午开会可能发生什么问题;与家人休闲度假的时候,就不要再想工作上的事情,以免破坏美好的时光和心情。

伯利恒钢铁公司总裁查理斯·舒瓦普曾会见效率专家艾维·利,会见时,舒瓦普说他自己懂得如何管理,但事实上公司不尽如人意。他说:"应该做什么,我们自己是清楚的。如果你能告诉我们如何更好地执行计划,我听你的,在合理范围内价钱由你定。"艾维·利说可以在 10 分钟内给舒瓦普一样东西,这东西使他的公司的业绩提高至少 50%。然后他递给舒瓦普一张空白纸,说:"在这张纸上写下你明天要做的最重要的六件事。"过了一会儿又说:"现在用数字表明每件事情对于你和你的公司的重要性次序。"这花了大约 5 分钟。

艾维·利接着说:"现在把这张纸放进口袋。明天早上第一件事情就是把这张纸条拿出来,做第一项。着手办第一件事,直至完成为止。然后用同样方法对待第二件事、第三件事……直到你下班为止。如果你只做完第一件事情,那不要紧。你总是做着最重要的事情。"艾维·利又说:"每一天你都要这样做。你对这种方法的价值深信不疑之后,叫你公司的人也这样干。这个实验你爱做多久就做多久,然后给我寄支票来,你认为值多少就给我多少。"整个会见不到半个钟头。几个星期之后,舒瓦普给艾维·利寄去一张25万美元的支票,还有一封信。信上说那是他一生中最有价值的一课。

五年之后,这个当年不为人知的小钢铁厂一跃成为世界上最大的独立钢铁厂。

• 坚持二八法则,学会关键掌控

要时刻牢记:用80%的时间和精力去做影响、决定你工作和生活的20%的重要事情。也就是说,你要时刻抓住并做好那些关键的少数的事情,而不是相反。

假如我们静坐下来,开一张账单给自己,仔细计算一下就会发现,虽然我们天天忙碌不已,其实花在有效工作上的时间并不多。许多经理人在白天无法完成全部工作,于是天天晚上加班到深夜,有时还牺牲休息日,被人称为"工作狂"。这样不仅影响到与家人共度的时光,还损害了身体健康,降低了生活质量和人生乐趣。

为了达到有效利用时间的目的,我们必须遵守这样的原则:将精力集中在能够获得最大回报的事情上,别将时间花费在对成功无益的事情上。我们每天都要面对许多事,因此制定优先顺序是最重要的。日程表上的事项并非同等重要,不应对它们一视同仁。不掌控事情的关键,必然导致劳而无功或劳而少功。

二八法则成就欧瑞莲总裁陈海琳

2006年9月12日,欧瑞莲化妆品(中国)有限公司成为中国第一家取得直销经营许可证的欧洲直销企业。2007年3月,这家欧洲最大的化妆品直销企业正式亮相广州,其中国区掌门人就是土生土长的广州女人陈海琳。

陈海琳获得美国新泽西州立鲁特格斯大学EMBA后,于1986年至1987年,在广州花园酒店管理人事档案,后被提升为总监秘书;1987年至1988年,担任桂林喜来登文华大饭店总经理办公室行政秘书;1990年至1994年,任职雅芳(中国)产品有限公司广州分公司经理;1995年至1999年,任职美商莎莉(中国)日用品有限公司华南区域销售总监;2000年至2004年,任职如新(中国)销售副总裁;2005年至今,担任欧瑞莲化妆品(中国)有限公司执行总裁。

陈海琳在接受采访时,有记者问她成功的秘诀。陈海琳从时间管理上透露了她的管理技巧。她信奉"二八"法则。在企业管理上,80%的收益来源于20%的客户。花20%的精力可能获得80%的收益;所谓"好钢要用在刀刃上",一定要把较多的时间花在重要的事件上,事业和家庭皆如此。她说,作为职业女性,如果说买苹果,那可能并不如家里的保姆。"既然可以找到那个为我买苹果的人,为什么我还要浪费那么多时间去买苹果而不去做我自己更专业的事从而创造更高的价值呢?"她认为,身为高管,合理安排时间就是要懂得放权。一个人的能力是有限的,且不可能在工作上面面俱到。因此应该把更多的时间、更多的事情交给合适的人,自己才有可能去实践"二八"定律,把事情做得更完美。

• 第一次就把事情做对

做事要有一种非常专注的意识,第一次就要把它做好。从很简单的事情开始,最后你

就可以把大事情一次做好。亡羊补牢、下不为例的观念害人害己,整日亡羊补牢的人,等待他的将是"亡羊"悲剧的不断重演。

- 留出思考和独处的时间

每一天都要有一段自己单独思考的时间,可以是 20 分钟,也可以是半小时,聆听一下自己内心的声音,叩问一下自己的心灵:今天哪些事情离目标很近,或者达成了目标;哪些事情做错了,明天不再犯。也可以干脆闭目养神,还自己一个空灵的世界。

- 学会分工授权

有一句话说得好:"整天说自己忙得不可开交的领导人,肯定干了自己不该干的事。"如果你感到时间不够用,请检讨一下自己是不是干了下属或别人的事。花很多时间处理小事情是非常不明智的,如果管理者能区分和运用授权原则,使自己迅速抓住和解决主要矛盾,工作效率就会大为提高。

要记住,管理者的任务"是通过他人来完成任务",并不是在所有的事情上都要身体力行、身先士卒。

7. 时间管理的 16 个小技巧

我们的一举一动都在和时间打着交道,因此在日常生活和工作中,掌握一些小窍门可能会为我们的时间管理带来意想不到的效果。

- 格式化

将你常用的公文、信件、名片、档案、表格等设计成相对固定的格式,利用电脑制作成格式化的固定文档。当你需要的时候,只需填空或稍作修改就可以了。

- 学会说"不"

很多时候我们碍于情面不会客气地说"不",结果浪费了自己宝贵的时间。当你遇到无休止的电话、闲聊和不速之客来访时,你要提醒自己婉转地回绝对方,回到自己最重要的事情上去。

- 请人帮忙

不要抱着"万事不求人"的心态,遇到问题或棘手的事情,请朋友或同事帮忙可以大大缩短完成的时间。

- 避开高峰

乘车、就餐、购物、看病等都有高峰的时候,要尽量避开,合理安排。

- 善用工具

现代科技为我们提供了很多节约时间的工具,比如电话、电子邮件、MSN、视频会议、网上购物、网上银行等,都要善加利用。

- 精于算计

要计算自己的时间成本,比如有时候打个车可能要多花十元钱,可是你因此节约下来的一两个小时的时间值多少钱? 在不少琐碎的事情上可以花较少的金钱换来宝贵的时间,像洗衣服、接孩子、做饭等,都可以由别人代劳。

- 远离诱惑

有趣的往往都是不重要的,要远离没有任何意义的电视剧、小说、花边新闻及一些不必要的聚会、闲聊等。

- 避免争论

有时候,我们常常为了自己的面子,在非原则的问题或者无聊的话题上争论不休,结果不仅伤害了人际关系,还浪费了自己和别人的宝贵时间。

- 过滤信息

信息爆炸的时代使我们在获得大量信息的同时,也因此付出了宝贵时间的代价,所以,提高自己的信息过滤、采集能力十分重要。日报只需浏览标题,或者干脆改订周刊之类的综合性信息刊物,固定几个网站和频道,每天只浏览一两个即可。

- 善于等待

日常生活中等待是不可避免的,比如候车、等人、排队、堵车等,这时候千万不要上火骂娘,可以在等待中思考问题,听听音乐,闭目养神。

- 合理计划

科学利用人体生物钟的规律。比如,早晨七点到八点是大脑最清醒和最活跃的时间段,应该在这时做计划,思考一些复杂的问题;上午的工作效率相对较高,可以安排会议,处理重要工作;中午尤其是午饭后应该小憩片刻,以缓解疲劳;下午两点至四点是生物钟的又一个小高峰,可以会见客户,处理公文等;接下来则可以处理信件,回电话等,做一些零星的事务。

- 绿色休闲

尽量避免无休止的喝酒、打牌、打麻将等有损健康又浪费时间的休闲方式,抽出一定的时间进行旅游、登山、散步、健身等休闲活动,在亲近大自然的过程中,放松自己紧张的身心,蓄积自己的能量。

- 慎重加班

加班是职业人士不可回避的问题。如果你加班过多,就应该反省一下,是不是自己的时间管理和工作效率出了问题。确需加班时,应该控制加班的频率和时间,否则因为过度加班损害了身体或影响了后来的重要工作则得不偿失。

- 学会"拖延"

这里所说的"拖延"是指科学地"拖延"。有些时候,一个问题百思不得其解,就应该暂时把它放到一边,着手做别的事情,不要因为钻牛角尖而浪费时间。当你心烦意乱时,不妨放下手头的工作,放松一下紧张的情绪,这会使你更有效率。

- 保持整洁

桌面上要始终保持整洁干净,自己的办公用品要规范有序,需要时随手可得。这不仅可以节约时间,而且还能树立你干净利落的职业形象。

- 整理文件

每一个月都要对工作中产生的各种文件、资料等进行整理、分类、归档,没有用的及时销毁处理。你可以把自己的文件分为红、黄、蓝三类,以区别急办、待办、备忘的事务。电脑中的文档也要按照纸质文档的办法进行定期清理、归档,将备用的文件或资料复制到移动硬盘或光盘上,电脑中只保留对近期工作有用的文档,其他一律清除。

第五章　职业经理人
如何实现有效沟通

沟通能力从来没有像现在这样成为个人成功的必要条件！一个人成功的因素,75％靠沟通,25％靠天才和能力。对个人而言,建立良好的管理沟通意识,逐渐养成在任何沟通场合下都能够有意识地运用管理沟通理论和技巧进行有效沟通的习惯,达到事半功倍的效果,显然也是十分重要的。

——菲利普·科特勒

美国汽车推销之王乔·吉拉德曾有过一次深刻的体验。一次,某位名人来向他买车,他推荐了一种最好的车型给这位名人。那人对车很满意,眼看就要成交了,对方却突然变卦而去。

乔为此事懊恼了一个下午,百思不得其解。到了晚上11点钟他忍不住打电话给那人:"你好,我是乔·吉拉德,今天下午我曾经向你介绍一款新车,眼看你就要买下,可你却突然走了,这是为什么呢?"

"你真的想知道吗?"

"是的!"

"实话实说吧,小伙子,今天下午你根本没有用心听我说话。就在签字之前,我提到我的儿子吉米即将进入密执安大学读医科,我还提到他的学科成绩、运动能力及他将来的抱负,我以他为荣,但是你却毫无反应。"

乔失败的原因在于没有用心去听讲。也就是说,他在沟通过程中,没有聆听别人的谈话,结果没有能够机敏地、巧妙地回答客户的问题,导致了营销的失败。

职业经理人在工作当中,别人是否理解你的问题,能否接受你的想法,最终能否取得很好的管理效率,等等,都与自身的沟通行为有关系。那么作为一个职业经理人,应该如何去沟通呢?基本理念是:掌握沟通技巧,在了解沟通面临的障碍的前提下,运用沟通技巧去突破它。

一、沟通的基本原理

沟通并不是一种本能,而是一种能力,是人在工作实践中培养和训练出来的,当然,我们也不否认少数人天生就有沟通的天赋。

作为一个职业经理人,有效的沟通可以合理地控制员工行为,激励员工改善绩效;同时可以表达情感,流通信息,实现团队建设的目标。

1.沟通的要素

• 沟通的基本问题——心态。很多人以为沟通只是一种讲话技巧,事实上,沟通与心态有重要关系,一个人的心态不对,就是再怎么能说,也是不行的。一般来讲,自私、自我、自大是心态不对的典型症状,一个具有这种性格的人,与别人沟通就有很大难度。

• 沟通的基本原理——关心。美国著名教育家诺丁斯博士认为,关心和被关心是人类的基本需要,关心是一种发自内心的真挚情感。沟通上的关心主要包括关注他人的状况、关注他人的需求、关注他人的痛苦。

• 沟通的基本要求——主动。对所有沟通而言,只要同时做到主动支援、主动反馈这两点,沟通就会顺畅,解决起问题来就会轻松便捷。

2.沟通的方向

沟通有三个方向:向上沟通、向下沟通、水平沟通,这也是经理人经常面临的沟通情况。

• 向上沟通

每个职业经理人都应该以积极的心态去对待。只有经常与上级、老板沟通,才能够实现自我定位,才能了解自身的工作环境,最终才能顺利地解决问题。

• 向下沟通

要注意对自己的下属进行沟通。日本管理专家松下幸之助的管理思想里,把向下沟通放在了一个很重要的位置。他认为经常向下沟通,有利于发现问题,有利于听取员工的意见,有利于充分了解下情,能够最终提高执行力和加快团队建设的进程。

• 水平沟通

指的是没有上下级关系的部门之间的沟通。良好的水平沟通能力可以联络部门间的感情,增强部门间的配合意识。

3.沟通的渠道

在工作中和生活中有很多种沟通形式,也有多种多样的沟通渠道。对于一个组织来说存在组织沟通和人际沟通两种沟通渠道。

(1)组织沟通的渠道

可以分为正式沟通渠道和非正式沟通渠道。

莱维特认为,在组织中正式沟通渠道有链型、轮型、圆型、Y型和全通道型五种基本的沟通网络,这五种沟通渠道各有利弊,在沟通过程中需要综合使用和考虑。

• 链型沟通渠道

在一个组织中相当于一个纵向的沟通渠道,信息按照高低层次逐级传递,可以自上而下,也可以自下而上。

• 轮型沟通渠道

职业经理人分别同下属部门发生联系,成为分散信息的汇集点和传递中心。这是加强控制、争取时间、提高速度和效率的一个有效方法和沟通形式。

- 圆型沟通渠道

又称环型沟通渠道,指的是不同成员之间的一次相互联系的沟通。

- Y型沟通渠道

这是一个组织内部的纵向沟通渠道,其中只有一个成员位于沟通活动中心,成为中间媒介和中间环节。

- 全通道型沟通渠道

这种模式是一个开放性的信息沟通系统,其中每一个成员之间都有一定的联系,彼此十分了解,民主气氛浓厚、合作精神很强。

戴维斯经过调查研究发现,非沟通形式有以下几种:

- 单线式,信息经过一连串的人的传递最终到达信息接收者。
- 留言式,一个人主动地把小道消息传播给其他人。
- 偶然式,消息按照偶然的机会传播,没有固定的路线。
- 集束式,将信息有效地选择后告诉自己的朋友或者有关的人。

(2)人际沟通渠道

人际沟通渠道比较灵活,除了有传统的谈话、书信、传话等渠道以外,随着信息化的发展,又出现了 Email、QQ 等沟通方式。

沟通是职业经理人最基本的职业素质。正如美国加州议员范斯坦所说:"一个人的领导才能,90%体现在他与人沟通的能力上。"可见,有效沟通对于一个职业经理人的成功有重大影响,应该注意这方面的培养。

沟通的尴尬

"我知道沟通很重要,可是我觉得和别人沟通很困难,尤其是和总经理沟通更是难上加难。"谈到沟通时,比特先生愁眉苦脸地说道。

比特先生所在公司的总经理是一位时间观念极强、讲究效率的人。上班等电梯时,碰到了总经理,要命的是走进电梯的只有他们两个人,而且要从一楼同乘到28楼。简单的问好以后,不知道该说什么,紧张地思考着话题。他发现总经理也很尴尬,盯着电梯显示器的数字变化,像读秒一样。好不容易,到了办公室,才记起该向总经理简要汇报本季度的销售计划。

没有多久,他又来到总经理办公室,准备汇报。本来想好的内容可是怕说不到点子上,他很紧张,反倒东说一句,西说一句,啰啰嗦嗦,总经理听得不耐烦了,手一挥说:"你想好了再说吧。"

类似的情况在当今职场上屡见不鲜,沟通能力不行,他的工作能力和管理技能就难以得到同事的认同和支持,可见职业经理人应该全面地提高自己的沟通能力。

二、沟通的障碍分析

(一)沟通的个人障碍

沟通有五种个人障碍,它们分别是:地位的差异、信息的可信度、认知的偏误、过去的经验、情绪的影响。

1.地位的差异

地位的差异可从以下两个方面来考察：

• 下对上难沟通，上对下易沟通

出现这一沟通障碍的原因在于：职业经理人与下属之间的定位存在差异。作为职业经理人，是企业的管理者，下属则是执行者。从心理学角度而言，作为下属都不愿意主动去上级办公室沟通，而作为领导者的职业经理人，则认为自己是领导，高高在上，发出指令即可做到沟通。可见，由上往下沟通比较快也比较容易，由下往上沟通比较慢也比较困难。所以作为一个职业经理人，要主动下去跟人家沟通，而不是坐在房间里等下属进来跟你沟通。

• 专门术语

每个行业都有其专门术语，一个职业经理人在其从事的行业中，了解专业术语是必要的。但是，在与人沟通时，职业经理人为炫耀自己的专业素养，经常讲专业术语，这样形成了沟通障碍。比如，与客户沟通时，过度地搬弄专门术语，客户不好意思说听不懂，但是却失去了沟通的机会，最后生意也无法谈成。

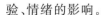 案 例

医生会跟某一个护士说："给他打一个 I.V.。"这句话很少有病人听得懂。其实就是吊盐水的意思，原文的意思就是点滴，又叫做注射，是从血管注射，这是医学界的术语，医生跟护士这么说，护士当然听得懂。但是病人就可能听不懂了。心里想是不是给自己安乐死呢？

建议在沟通时，遇到专有名词，尽量地将它直白化，采用让人家听得懂的方式进行沟通。

2.信息的可信度

作为一个领导者，讲话要有很高的可信度，如果常常讲一些很虚的东西，久而久之下属就没有兴趣了，最后不但浪费时间，还会影响到沟通的效果。

3.认知的偏误

认知的偏误来源于个人偏见。经济学家贝克尔认为，劳动力市场上存在歧视现象，对于雇主而言，雇主是有偏见的，他为了达到与一部分人保持距离的目的而宁愿支付费用或者放弃某种收入；对于雇员而言，雇员的歧视态度与行为会使无歧视行为的雇主为雇佣被歧视群体支付更高的成本代价；另外，消费者也会影响劳动力市场歧视现象的发生。

比如同样一个职位，职业经理人在选择职员时，就会在男职员与女职员之间权衡，但大部分职业经理人倾向于选择男职员，这就是一种偏见。事实上，社会学家研究表明，女人和男人智慧没有明显差异，工作的耐力及对公司的向心力也没有明显差异，只是从体力角度来讲，女性体力差一点，但是并不能因为这样就否定女性的工作能力。

4.过去的经验

不同的职业经理人其经历有所不同,有的职业经理人从做具体业务发展而来,有的职业经理人则是从未接触具体业务,也有的职业经理人从事过不同的行业。由于职业经理人的经历不同,在具体管理中很容易受过去的经验影响。

比如说,大多数公司会有很多管理岗位都是由业务骨干直接转型而来。这些刚刚转型而来的经理人,称之为业务型管理者。业务型管理者因为角色的转变,突然由以前自己动手干变为指挥别人干,往往很难适应,常常自己很努力,但是部门或者组织业绩反而一团糟,也得不到下属的广泛认同,常犯的错误是经验主义错误。这类经理人在处理业务事件的时候,不善于分析情况,而是喜欢照搬自己以前的经验去处理,经常不按规范带头走捷径,结果时间久了,很多常规的业务也变得例外了,部门管理也就变得一团糟。另外,在一些重大事件的处理上,经验主义也让这些管理者只看到问题的一面,而忽略了另一面,最后酿成了很多重大管理失误。

5.情绪的影响

情绪所涵盖的不只是精神层面,其所影响的也不只是个人感受的问题而已,还影响认知思考、行为表现。有人将情绪、行为、认知比作等边三角形的三个角,三者必须配合而非抗衡,才能使个人身心状态处于平衡状态。

你与别人沟通的时候,最容易受到情绪上的干扰,因为人都有脾气,尤其是做到总经理时,压力太大,心情常常不好,如此,就迫使稳定状态的情绪等边三角形变成了不等边三角形。如下图所示。

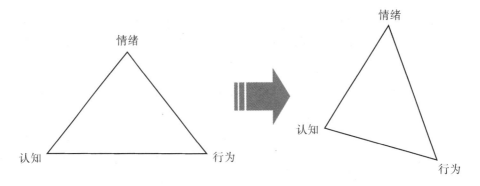

古代先哲亚里士多德曾说过:"问题不在情绪本身,而是情绪本身及其表现方法是否适当。"各式各样的困扰之源并不在情绪,关键在于你能明白妥善处理情绪的重要性。

(二)沟通的组织障碍

沟通的组织障碍,就是公司里面所发生的问题。组织的内部结构以及组织长期形成的传统和气氛,对内部的沟通效果会直接产生影响。

1.信息泛滥

案例

1941年12月,日本偷袭了珍珠港,结果1942年,罗斯福总统在他的档案里面突然间发现一件事情,说:"哎呀,中国在去年四月就通知我们,日本人可能偷袭珍珠港。"第一个知道日本可能偷袭珍珠港的是中国情报部,根据情报日本人可能要发动太平洋战争,偷袭珍珠港,没有想到这么重要的一条信息却淹没在了一大堆的档案里面,等到罗斯福在第二年四月看到的时候,珍珠港已经被偷袭完了五个月,这就叫做信息泛滥。

当今社会互联网创新日新月异,公司内的信息泛滥成灾,很多经理人上班的第一件事情就是打开电脑接收电子邮件。这些电子邮件包括的信息价值不同,有的信息价值很高,有的信息价值很低,如果一个职业经理人不排除低价值信息,把大量的时间用于阅读垃圾信息,则很容易干扰日常工作的决策与沟通。

2.时间压力

当年为了福克兰岛,英国与阿根廷闹得很不愉快。为了这个小岛,英国首相只用了三天时间就作出了对阿根廷宣战的决定。但是,英国议会在讨论骑摩托车是否要戴安全帽的议案时,讨论了三年却还是没有结果。

在时间的压力下,很容易产生仓促的决定。管理学上有一个很有名的理论,叫做芝麻绿豆原理。所谓芝麻绿豆原理,就是对于相对重要的事情决策速度快,而对于芝麻绿豆的不重要的事情决策速度慢。这样一来,重要的事情由于快速决策缺乏论证,仓促决策影响执行力。

3.组织氛围

组织氛围指的是在某种环境中员工对一些事件、活动和程序以及那些可能会受到奖励、支持和期望的行为的认识,即可描述为同一组织中各成员的共享的认知。员工可以通过企业的日常事务、作业规程和奖励制度等来感受氛围。组织氛围影响沟通障碍常表现在以下三种情况:

• 情况1:将不同意见视为负面意见

多数员工认为,向领导提出不同意见就会被认为是负面意见,而领导不喜欢听甚至不允许存在负面意见,因而员工在向领导汇报时,一般报喜不报忧。在这种情况下,职业经理人就会面临信息沟通不畅的局面,甚至会影响下一步决策。作为职业经理人,需要明确的是:存在不同的意见在所难免,不同意见并不全是负面意见,但是不同的意见常常可以改善决策。

• 情况2:冲突在所难免

人与人之间发生冲突在所难免,所以职业经理人要尽量使用沟通技巧,解决这种人际关系。

由于中西文化等因素的影响,国外企业经理人对员工意见不存在对错之分,仅是优劣之别,受文化氛围的影响,多数员工都勇于向上司提出意见。国内企业经理人则与之相反,员工不敢向领导提意见,甚至员工被压制不能表达意见。

作为一名管理者,应该注意改变这种组织氛围,不但要鼓励他们发生"冲突",要容忍,而且还要承认这是一种人性。需要知道,没有意见的公司永远不会有很好点子,永远不是好公司。

所以,有效的沟通不像坐下来喝咖啡那么简单,那是达不到目的的。如果职业经理人

想真正了解企业正在发生的问题,想制定正确的目标,就必须营造一种讲话氛围——讲话的人可以大声地争论、激烈地讨论,可以有"合理的冲撞"。只有这样,才能让每个人都以积极的态度加入其中,最终得出正确的答案。

案例

纳科尔公司一度业绩非常糟糕,它只有一个部门在赢利,其他的部门都在花钱。在公司濒临破产的时候,其横梁分公司的总经理肯·艾弗森被提拔上来组建了一支杰出的队伍,其中包括"世界上最好的财务经理"山姆·希格和"运营天才"大卫·艾柯克。

艾弗森必须了解纳科尔的全部情况,以及员工们的真实想法,于是他召开了多次总经理会议。艾弗森知道,他必须通过会议了解情况,也必须通过会议让人们达成一致。显然,"绅士的交流"并不能达到这一目的,他知道自己必须营造一种"有效"的对话氛围。当时参加会议的经理们回忆道:"会场乱糟糟,我们一连数小时在那里讨论问题,直到事情有了眉目……"他们说,有时候,大家叫喊着,在桌子旁边舞着手臂,脸涨得通红,几乎要大打出手。这样的情形在纳科尔公司持续了好几年。同事们常常走进艾弗森的办公室,大叫大嚷,直到达成共识。就是通过这样的一次次的争吵和争论,纳科尔公司先是卖掉了原子能业务部,然后决定重点经营钢筋横梁,再后来,纳科尔公司开始自己炼钢,以后又投资了两家矿井。30年后,纳科尔公司成了世界四大钢铁厂之一。

4.信息传递与反馈失真

信息传递与反馈失真原因有三种:第一,信息本身不明确,导致不容易传递;第二,信息失真是由于信息传递环节过多;第三,信息被干扰。信息传递的速度和失真程度是正比的,当信息传递速度过快时,反馈并不能及时跟上,很多时候会忽视对信息的理解深度把握。信息传递与反馈失真包括组织外部信息失真和组织内部失真。外部失真包括两方面,一是上面所讲的外部对组织理解偏差,这种公关危机需要妥善的处理;二是组织对外部信息理解偏差。组织内部信息失真包括三个方面,一是自上而下的信息失真,信息接收者与信息内容在利益上存在矛盾时,信息可能被修改,随着逐级传递,信息失真会被放大。二是自下而上的信息失真。组织传递中间层可能因个人或小团体利益而使大量真实信息被掩盖。三是横向之间信息失真,一个组织内部因各人的利益和小团体的利益而故意隐瞒信息。

案例

2005年4月份,各国媒体竞相报道"高露洁牙膏被疑致癌"一事。报道取材于美国弗吉尼亚科技大学研究人员威克斯兰的研究成果,但他称:各个网站上刊登的新闻是对他研究发现的断章取义。在英国,媒体甚至以"牙膏致癌警告"这样的标题出现。国内事件起源于媒体4月17日关于"今日焦点:高露洁牙膏可能含致癌成分",据报道随着这则消息在中国的扩散,高露洁在中国消费者中的品牌信任度迅速来了一个180度的大转弯,使用高露洁的消费者从80%急剧下降到10%。可见,信息的获取处理和传递是有成本代价的,信息传递的失真会造成巨大的经济损失。

三、沟通的技巧

（一）高效沟通技巧之一：有效表达

信息包括三方面内容：信息、思想和情感。在沟通中，传达的不仅仅是信息，还有思想和情感，因此，在发送信息的时候，要注意以下几个问题：

• 选择有效的信息发送方式

有效的信息发送方式在沟通中十分重要，这就要求我们要针对沟通对象和目的的不同选择不同的发送方式。信息发送方式很多，比如会议、电话、信件、电子邮件、面谈等。如果是一般的信息沟通，通过信件、电话、邮件就可以解决；如果是为了交流感情和增加信任，则应该在合适的时间、地点面谈为好。

• 确定何时发送信息

例如，何时约见客户，何时发出致谢函，何时向老板汇报，何时与下属谈心，要讲究"天时、地利、人和"，这一点非常重要。

• 明确信息内容

信息的内容是沟通的实质，不存在没有任何内容的沟通。因此，在沟通开始前，应该对相关信息的内容做些适当准备，哪些该说，说到什么程度，哪些不该说。信息的内容应该清晰简洁，用词准确，避免模糊不清或容易引起误解的表述。专业术语在基本确认对方能够理解的情况下方可使用。同时还应该注意的是信息的载体，比如语音、语调、肢体语言的运用方式不同，就会使对方形成不同的感受，进而影响沟通质量。

• 了解谁该接收信息

需要注意以下问题：谁是你信息的接收对象；获得接收者的注意；了解接收者的观念、需要和情绪。

• 在何处发送信息

交流要确定在正式场合还是非正式场合。比如，销售部经理要求财务部改善服务流程和服务态度的建议，就不宜在会议场合提出，而应在平时与财务部经理"私下"沟通，否则会被人误解为"发难"或"告状"。而与客户前期预热、洽谈阶段，则不一定要在办公室这样的正式场合进行，在休闲的茶社、咖啡厅等地方比较合适。

（二）高效沟通技巧之二：用心倾听

沟通高手在尝试让他人倾听和了解之前，会把倾听别人和了解别人列为第一目标。如果你能做到认真倾听，对方便会向你袒露心迹。掌握别人内心世界的第一步就是认真倾听。在陈述自己的主张，说服对方之前，先让对方畅所欲言并认真聆听是解决问题的捷径。

1. 倾听在沟通中的作用

懂得如何倾听的人最有可能做对事情、取悦上司、赢得友谊，并且把握别人错过的机会。倾听对传奇人物约翰·洛克菲勒作用非凡，他曾说过："我们的政策一直都是耐心地倾听和开诚布公地讨论，直到最后一点证据都摊在桌上才尝试达成结论。"洛克菲勒以谨慎著称，拒绝仓促下决定，他的座右铭是："让别人说吧。"

我们可以从"听"字的繁体写法——"聽"的解析中，来理解倾听的含义：

图5-1 "听"的含义

从上述解析可以领悟到,倾听不仅是用耳朵听到相应声音的过程,更是一种情感活动,需要通过面部表情、肢体语言和话语的回应,向对方传递一种信息——我很想听你说话,我尊重和关心你。

2.高效倾听的十个技巧

以下十个倾听技巧可以帮助你实现高效沟通:

• 倾听是一种主动的过程

在倾听时要保持心理的高度警觉性,随时注意对方谈论的重点,就像射击选手打飞碟一样。每个人都有他的立场及价值观,因此,你必须站在对方的立场,仔细地倾听他所说的每一句话,不要用自己的价值观去指责或评断对方的想法,要与对方保持互相理解的态度。

• 鼓励对方先开口

首先,倾听别人说话本来就是一种礼貌,愿意倾听表示愿意客观地考虑别人的看法,这会让说话的人觉得你很尊重他的意见,有助于建立融洽的关系,彼此接纳。其次,鼓励对方先开口可以减少谈话中的竞争意味。说话的人由于不必担心竞争的压力,可以专心掌握重点,不必为自己的疏漏或矛盾之处寻找遁词。倾听可以营造开放的气氛,有助于彼此交换意见。最后,对方先提出看法,你就有机会在表达自己的意见之前,掌握双方意见的一致之处。倾听可以使对方更愿意接纳你的意见,使你更容易说服对方。

• 表示兴趣,保持视线接触

聆听时,必须看着对方的眼睛。人们判断你是否在聆听和接受说话的内容,是根据你是否看着对方判断的。没有比真心对人感兴趣更使人受宠若惊了。

• 全神贯注,表示赞同

告别心不在焉的举动与表现,你可以练习如何排除使你分心的事物以培养专心的能力。点头或者微笑就可以表示赞同,表明你与说话人意见相合。人们需要有这种感觉——你在专心地聆听。把可以随手涂鸦或随手把玩的使人分心的东西(如铅笔、钥匙串等)放在一边,因为人们总是把乱写乱画、东张西望或看手表等动作解释为心不在焉,这些小动作应该引起我们的重视和注意。

• 让人把话说完,切勿武断

听听别人怎么说。你应该在明确别人完整的意见后再做出反应,别人一停下来并不表示他们已经说完想说的话。让人把话说完并且不中途插话,表明你很看重沟通的内容。人们总是把打断别人说话解释为只尊重自己的思想,但不尊重对方。

巴顿尝汤

巴顿将军为了显示他对部下的关心,搞了一次参观士兵食堂的突然袭击。在食堂里,他看见两个士兵站在一口大汤锅前。

"让我尝尝这汤!"巴顿将军命令道。

"可是,将军……"士兵正准备解释。

"没什么'可是',给我勺子!"巴顿将军拿过勺子喝了一大口,怒斥道:"太不像话了,怎么能给战士喝这个? 这简直就是刷锅水!"

"我正想告诉您这是刷锅水,没想到您已经尝出来了。"士兵答道。

只有善于倾听,才不会做出像巴顿将军"尝汤"这样愚蠢的事!

• 鼓励别人多说

对精辟的见解、有意义的陈述或有价值的信息,要以诚心的赞美来夸奖说话的人。例如:"这个故事真棒!""这个想法真好!""您的意见很有见地!"如果有人做了你欣赏的事情,你应该适时给予赞美或激励,仅仅是良好的回应就可以激发很多有用且有意义的反馈。

• 让别人知道你在听

偶尔说"是"、"我了解"或"是这样吗",告诉说话的人你在听,你很有兴趣。

• 注意非语言性的暗示

对方所说的话实际上可能与非语言方面的表达互相矛盾,因此要学习去解读语境。当我们在和人谈话的时候,即使还没开口,我们内心的感觉就已经透过肢体语言清清楚楚地表现出来了。听者如果态度封闭或冷淡,说者很自然地就会特别在意自己的一举一动,不易敞开心扉。

从另一方面来说,如果听者态度开放、兴趣盎然,那就表示他愿意接纳对方,很想了解对方的想法,说话的人就会受到鼓舞。积极的肢体语言包括:自然的微笑,不要交叉双臂,手不要放在脸上,身体稍微前倾,常常看对方的眼睛,点头。要注意弦外之音,注意没有说出来的话、没有讨论的观念及答复不完的问题。

• 接受并回应

确认自己所理解的是不是对方要表达的。挑重点复述对方所讲过的内容,以确认自己所理解的内容和对方一致,如:"您刚才所讲的意思是不是指……""我不知道我听得对不对,您的意思是……"

• 暗中总结,提出自己的结论

当我们和人交谈的时候,通常都会有几秒钟时间可以在心里回顾一下对方所说的话,整理出其中的重点所在。我们必须删去无关紧要的细节,把注意力集中在对方所说的重点和对方的主要想法上,并且在心中熟记,在适当的情形下给对方以清晰的反馈。

(三)高效沟通技巧之三:积极反馈

一个完整的沟通过程是这样的:首先是信息的发生者通过"表达"发出信息,其次是信息的接收者通过"倾听"接收信息。对于一个完整、有效的沟通来说,仅仅有这两个环节是

不够的,还必须有反馈,即信息的接收者在接收信息的过程中或结束后,及时地回应对方,以便澄清"表达"和"倾听"过程中可能的误解及失真。

1.反馈的类别

反馈有两种:一种是正面的反馈,另一种是建设性的反馈。

正面的反馈就是对对方做得好的事情予以表扬,希望好的行为再次出现;建设性的反馈就是针对对方不足之处提出改进意见。

请注意,建设性反馈是一种建议,而不是批评,这是非常重要的。

2.如何给予反馈

• 针对对方的需求

反馈要站在对方的立场和角度上,针对对方最为需要的方面,给予反馈。

例如,在半年绩效考核中,下属渴望知道上司对他工作和能力的评价,并期待上司能为自己指明下一步努力的方向。如果作为上司的经理人,在绩效考核之后不反馈,或者轻描淡写地说一下,则会挫伤下属的积极性。

• 反馈具体、明确

以下是给予具体、明确反馈的两个例子:

案例

错误的反馈:"小李,你的工作真是很重要啊!"

评述:这种表述方式很空洞,小李也不知道为什么自己的工作重要,从而不能真正给对方留下深刻的印象。

正确的反馈:"公司公文和往来信函,是一个公司素质高低的体现,代表着一个公司的水平、精神和文化。小李,你的工作很重要。"

评述:这种反馈就不是空洞、干巴巴的说教,而能起到事半功倍的效果。

• 有建设性

经理人容易武断地给下属的意见或想法下结论,比如有的人往往带着批评或藐视的语气说"你的想法根本就行不通"、"小伙子,你还是太年轻了"等,弄得下属很没趣,挫伤了下属主动沟通的积极性。如果我们换一种态度,以建设性的、鼓励的口气给下属反馈,效果就会大为不同,比如:"小王,你的意见很好,尽管有些想法目前还不能实现,但是,你很爱动脑筋,很关心咱们部门业务的开展,像这样的建议以后还要多说啊!"

• 对事不对人

积极的反馈是就事论事,不伤害别人的面子和人格尊严。带有侮辱性的话语千万不要说,比如"你是猪脑子啊"之类的话,这只能加深双方的敌对和对抗情绪,与最初的沟通愿望适得其反。

3.如何接受反馈

接受反馈是反馈过程中一个十分重要的环节,在接受反馈时应该做到以下几点:

• 耐心倾听,不打断

接受反馈时,一定要以真诚的姿态倾听他人的反馈意见。无论这些意见在你看来是否正确和中听,在对方反馈时都要暂时友好地接纳,不能打断别人的反馈或拒绝接受反

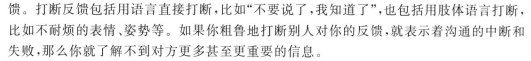

馈。打断反馈包括用语言直接打断,比如"不要说了,我知道了",也包括用肢体语言打断,比如不耐烦的表情、姿势等。如果你粗鲁地打断别人对你的反馈,就表示着沟通的中断和失败,那么你就了解不到对方更多甚至更重要的信息。

- 避免自卫

自卫心理是每一个人本能的反应。对方在向你反馈时,如果仅仅站在自己的立场,挑肥拣瘦地选择是否接受,一旦听到对自己不利、不好或不想听的东西,就脸红脖子粗地去辩解和争论,明智的另一方就会马上终止反馈。

- 表明态度

别人向你反馈之后,自己要有一个明确的态度,比如理解、同意、赞成、支持、不同意、保留意见、如何行动等。不明确表示自己对于反馈的态度与意见,对方会误解为你没有听懂或内心对抗,这样就会增加沟通成本,影响沟通质量。

(四)如何与上司沟通

职场中弱肉强食、党同伐异之类的闹剧每天都在上演。因此,除了搞明白你的工作职责并努力工作之外,你还必须搞明白企业里谁是关键人物,并与之建立和谐友好的关系。老板和上司无疑是企业中的关键人物,如果你无论如何努力,老板和上司都"视而不见"的话,那么你在企业里的发展就令人担忧了。

一个销售主管的困惑

刘佳,一家中型企业的销售主管。岁尾年初,蓦然回首,她到这家公司已经一年了,可是回想一年来的南征北战,工作带给她更多的是苦闷与彷徨。扪心自问,刘佳认为不是自己的业绩不够好,也不是和同事相处有问题,而是不知道为什么,自己似乎总是难以得到老板的肯定。刚进公司做销售主管时,由于是转行,她不懂太多的销售技巧,也没有销售经验可谈,几个月下来,成果甚微。一次开会时,老板当着同事的面问:"你到底在忙些什么? 你可要努力了!"那一刻,刘佳的心里像是打翻了五味瓶,有一种说不出的酸楚和悲哀。

自信要强的她并没有因为老板的批评而气馁。她从自己身上找原因,开始调整工作方法,并时常向前辈请教。她的业绩逐渐有了起色,并得到了同事们的好评。可是,刘佳是一个不善于在领导面前"表功"的人,她相信可以用自己的业绩和实力赢得老板的重视和肯定。但事与愿违,老板对她的努力总是视而不见,不仅没有赞赏和鼓励的话,而且公司里所有的评奖也都与她无缘。有同事建议她去和老板好好聊聊,可是性格使然,她见到当官的人就浑身不自在。在如何与老板相处的问题上,刘佳陷入了郁闷之中。

有统计显示,在职场中有 30.5% 的人与领导关系很好,容易沟通;58% 的人与领导关系一般;10% 的人与领导关系不好,经常背后抱怨;1.5% 的人与领导经常有冲突。可见,相当一部分职业人士在与老板或上司的相处过程中缺乏沟通,并由此带来很多困惑、无奈甚至消极的情绪,不仅影响工作效率和效果,也耽误了自己的职业前程。

1. 与上司沟通的前提——你了解他吗

《孙子·谋攻篇》中说:"知彼知己,百战不殆;不知彼而知己,一胜一负;不知彼,不知己,每战必殆。"所以,了解老板和上司的特征与需求是与他们成功沟通的第一步。

• 了解老板和上司的方方面面

表5-1列出了该从哪些方面了解老板或上司。

表5-1 你了解老板或上司吗

项目	内　　容
经历背景	创业经历、成功与失败、学识智慧、家庭状况、社会地位
性格	比较接近哪一种或几种性格类型
习惯	工作习惯、生活习惯
价值观	最看重什么,为人处世的原则是什么
领导风格	比较接近哪种领导风格和决策风格
工作要求	速度、成本、效果,还是质量
兴趣爱好	工作兴趣和生活兴趣,以及最反对什么、最欣赏什么、最忌讳什么
最大需求	目前最棘手、最难办、最希望迅速解决的是什么

• 尊重、欣赏老板和上司

老板之所以成为老板,一定有许多我们不具备的特质,这些特质使他超越了你。人无完人,看到他人的缺点很容易,但是只有当你能够从他人身上看出优秀之处,并由衷地欣赏他们时,你才能真正赢得友谊和赞赏。

这个道理同样适用于处理与老板和上司的关系。然而,正是由于他们的身份,我们并不能十分容易地做到这一点。作为公司的最高管理者自然会经常否定我们的一些想法,对我们的做法提出批评,这些都会影响我们对老板作出客观的评价,甚至产生厌恶、抵触、反感等负面情绪。而这些消极、负面的情绪久而久之则可能使我们与老板、上司之间缺乏信任、欣赏的心理桥梁,最终导致沟通无法真诚有效。

• 适应老板和上司

"物竞天择,适者生存",我们明智的选择是在不违背基本价值原则的前提下,学会适应老板,而不是埋怨、逃避、抵触或试图改变老板,被改变的应该是我们自己。

• 与老板或上司对接

你是否清楚自己的优点、缺点及工作风格、态度呢? 在了解上司后,你更应该详细地分析自己,看看自己和上司之间有哪些共性和不同,避免日后因本身性格原因而可能存在的冲突。应注意扬长避短,及时了解并调整自己,使自己的工作方式和上司的工作方式相契合,具体见表5-2。

表 5-2　如何与老板对接

上司的需要	下属的对接
支持	尽责,尤其在上司薄弱处给予支持
执行指令	承诺、聆听、询问、响应
了解部属情况	定期汇报工作,自我严格管理
为领导分忧	理解上司,自我严格管理
提供信息	及时反馈、汇报、沟通

•让老板和上司全面了解你

在充分了解上司和自己的同时,也要让上司真正地了解你。你必须要让上司和老板知道,哪些是你的强项,哪些是你所不擅长的,哪些目标和任务在你能力范围之内。当他充分地了解了你,才能授权给你,而你也能达到他的预期,而不是让他失望或者给企业造成损失。让老板和上司充分了解自己,并借此保持顺畅的沟通,还需要注重三方面内容:第一,保持开放、融合的思想;第二,加强多角度、多场合的沟通;第三,保持谦虚,但也要适时地表现自己的实力。

信任突破沟通障碍

王明是一家食品公司的销售经理,一段时期以来,在和老板沟通市场情况时,每逢谈到竞争对手增多、品种单一、味道偏淡等实际问题,老板总是不耐烦,还没等他说完老板就没有好气地说"知道了"。对于老板只重结果不问过程的领导风格和做事方式,王明既有抱怨也有无奈,同时他也了解到老板对他还不太信任。

意识到信任已经成为与老板沟通的阻碍,王明为了取得老板的信任,决定改变自己。他开始放下架子,改掉原来走访市场不深入的毛病,对公司和对手的市场与产品的每一个问题、每一个细节都摸得一清二楚,并且积累了大量的一线市场数据。同时他还采取了五项具体措施:一是自掏腰包买下竞争对手的产品样品交给老板亲自品尝,同时把竞争对手的产品价格及变化情况随时以邮件的方式发给老板;二是把竞争对手的促销时间、方式、效果等制作表格并写成分析报告发给老板;三是把公司的产品与对手的产品作比较,找出双方产品的优劣所在,并给老板提出自己的对策建议;四是每个季度前都发送一份数据翔实、分析具体、切实可行的工作报告,请老板指点,并在季度结束后上交一份完成情况的总结;五是在公司的会议上,改变以往夸赞竞争对手的习惯,开始先汇报销售较好的几类产品和地区,随后找出销售最差的地区,真诚地检讨自己工作的不足,并制订下一步的行动计划。

王明发现老板对自己的态度开始好转,他汇报工作时老板总是很有耐心,并不时提出问题征求他的意见,还夸奖他有思路、有办法。当业绩出现滑坡时,老板不再暴跳如雷,而是鼓励他不要泄气。王明感到自己的努力有了结果,与老板关系的融洽更使他增强了创造更好业绩的信心。

2.如何向上司汇报工作

千万不要忽视请示与汇报的作用,因为它们是你和上司进行沟通的主要渠道。你应该把每一次请示汇报工作都尽量做得完美无缺,让上司对你的信任和赏识慢慢加深。

• 仔细聆听上司的指示和命令

如果上司明确指示你去完成某项工作,那你一定要用最简洁有效的方式了解其意图和工作重点。此时你不妨利用传统的"5W2H法"快速记录工作要点,即弄清楚时间(When)、地点(Where)、执行者(Who)、为了什么目的(Why)、需要做什么工作(What)、怎样去做(How)以及工作量多少(How much)。在上司下达完命令之后,立即整理自己的记录,再次简明扼要地复述一遍,看是否有遗漏或者没有领会清楚的地方,并请上司加以确认。如果上司表示认可,你们就可以进入下一个环节。

• 简要提出自己的思路和需要解决的问题

在上司给你布置完任务或下达指示以后,如果是简单的工作,表明一下态度即可,比如"请领导放心,我保证完成任务";如果是相对比较复杂的工作任务,下属应该条理清晰地向上司阐述自己准备开展工作的方法和计划,并真心征求上司的指导和建议,比如"我这样做可以吗";如果开展这项工作确实有很大难度,甚至力不从心,你要根据领导的风格选择是暂时接受下来还是委婉地提出自己的理由;如果这项工作需要必需的资源和帮助,比如费用开支、其他部门的协助等,不妨直接向上司提出来,以期得到上司的答复和解决。

• 制订具体的工作计划

遇到重大的工作事项,在接受任务后,下属通常还要根据初次与领导沟通的情况,制订一个详细具体、切实可行的工作计划,以便进一步征求上司的意见和确认,并方便上司监督和指导。工作计划一般包括:团队构成、开始与完成时间、行动方案、措施与对策、资源安排与费用开支、部门协调、可能出现的障碍与应对方案等。

• 注意工作过程中的汇报

在工作进行过程中,下属要根据上司的领导风格,选择是否汇报、什么时间汇报和怎么汇报。注重结果的领导一般在工作过程中不听取汇报,因为他只要结果,不问过程。管理风格比较细腻的领导则不同,他安排工作之后总是不放心,这时下属就应该勤汇报、多请示,否则他会认为你不把他放在眼里。而且勤汇报能够让领导了解你的工作进度、出现的困难、问题和你的辛苦付出,万一遇到特殊情况影响了工作进度和质量,领导也不会感到意外,反而会理解你的处境。

• 工作结束后要及时汇报

工作完成后要及时向领导汇报,重大的工作事项一定要有一个漂亮的总结。总结应该言之有物、实事求是、数据准确,不要过分夸大自己的功劳,更不能贬低别人的努力和帮助,当然也不能忘记领导的正确指导与大力支持。工作总结的内容一般包括:完成情况(与计划对比)、采取措施、成功经验、存在问题及改进建议等。

• 汇报工作时简明扼要、有针对性

上司对你的汇报最为忌讳的可能就是渲染、夸大、啰唆、表功。一个聪明的上司不是根据辛苦与否来评价你,如果你工作又快又好,做出业绩来,他反而会认为你是有能力的,所以不要带着邀功的心态,竭力强调工作的难处。此外,一般上司都很忙碌,把汇报做得简明扼要才能够令上司更赏识你。汇报的内容要与原定目标和计划相对应,切忌漫无边际,牵扯到其他无关的事情。

你想让老板注意你的成绩吗

要想让老板注意你的成绩,首先就要明白老板对你工作的要求。道理人人都懂,真要用到自己身上是否能清醒对待呢? 2004 年,前程无忧网做了一次调查。调查显示,被动等老板提要求的占了受访者的绝大多数,有 46.87％的受访者比较清楚老板的要求是因为老板对自己有过要求。其次,直接和老板沟通,了解其想法的比例为 34.58％。主动和老板沟通才能事半功倍,避免做很多无用功。然而调查者中仍有 18.55％的人选择了不清楚老板要求,因为老板没说过,看来这部分人要好好反省一下,否则接下来的职场道路可不好走。

虽然大部分的受访者都看到了沟通的重要性,但是怎样的沟通方式是比较容易令人接受的呢?调查显示,"正式和老板面谈"以及"定期发 E-mail 向老板汇报工作进程及成果"这两种方法的得票率比较高,分别为 21.51％和 20.33％;"在会议中适当发言表述自己的工作成绩"位列第三,得票率为 18.33％;有 16.13％的受访者选择了"由信任的第三方来向老板表述",显然有时候选择迂回战术也是一种比较有效并得到大家认可的方法。调查还发现,有相当一部分人提出"从日常工作中慢慢反映出来,这样反而能给老板眼前一亮的感觉",他们认为没有必要刻意汇报,有这种想法的受访者比较乐观地认为,老板一定能看到自己做出的成绩。然而事实上真是如此吗?很多事情,如果不去争取,就没有结果。

3. 与上司沟通的技巧

不少人由于存在对老板和上司的畏惧心理,大都是有事情才找上司沟通,平时井水不犯河水,老死不相往来。这其实是一种消极的沟通心态,极不利于自己的成长和发展。俗话说,"好哭的孩子多吃奶,多嘴的鹦鹉惹人爱",上司也是凡人,而且级别越高的上司越孤独,越想倾听来自基层和下属的意见和信息。这就要求下属打破"无事不登三宝殿"的保守态度,在恰当的时间、恰当的地点通过恰当的话题和方式与上司进行融洽的沟通。在平时沟通中,下属应注意下面几个问题:

• 适当的时间

与上司沟通或汇报选择适当的时间十分重要。在下述几种情况下,最好不要去打搅上司:刚上班或快下班时;上司有急务缠身时;上司心情不好时;上司准备外出时;上司出差或度假刚回来时;午饭时间已到,而上司还在忙碌时等。当然紧急情况需要沟通时除外。

• 适当的地点

上司的办公室当然是一个沟通场所,但是还有其他不错的地点。比如当上司来到你的办公室时,你就要不失时机地与他积极沟通,聊一些家常,夸奖一下他的孩子或衣服,汇报一下自己目前正在进行的工作等。电梯间、宴会中、出差途中等,都是与上司适时沟通的好地方和好时间,要抓住这些机会。

•用事实和数据说话

上司最厌烦的是下属凭空想象或捕风捉影的建议或汇报，所以，在与上司沟通时要注意用事实和数据说话，有理有据，逻辑性强，信息充分。要避免用一些模棱两可的话语和词汇，比如大概、也许、差不多、基本上、可能是、听说等。同时，还要准备更丰富的资料、数据与信息，在上司问到一些背景情况时能够对答如流，不至于哑口无言、当场失态。

•突出关键和重点

领导的时间是宝贵的，在与之当面沟通时，要事先打好腹稿，把要害和关键的东西找出来，先说什么，后说什么，条理清晰，重点突出。重大的事项还应该准备一份书面汇报，在沟通结束后呈送给领导，方便其参阅。

•让上司当老师

好为人师的习惯大部分人都有，尤其当领导的更甚。在平时与老板或上司沟通的时候，我们不妨以学生的姿态，诚恳地向上司请教，征求他们的意见。哪怕是自己已经有了比较好的主意，也要先有所保留，当上司说出意见后，我们尽可以由衷地赞美他"还是头儿的思路开阔"。作为下属既实现了自己的想法，又获得了上司的欢心，何乐而不为呢！

案例

引导式提问解开死结

每个主管都有自己的习惯和脾气，业务经理小刘最近就遇到了一个不大不小的问题：他在向主管领导汇报工作方案并最后征求主管的意见时，主管总让他自己去找解决办法。这倒不要紧，问题是小刘找到的问题答案和解决方案不是主管喜欢的，而在别的部门有意见时，主管又会在会议上大声责怪他的不是。后来小刘的几次提案都遭到了主管的否定和拒绝，小刘真的不知道上司到底想要什么，他感到无助，甚至还有一丝恐惧。如果继续这样下去，说不定哪一天他就要被炒鱿鱼了。

小刘不是笨人，思索再三后，他采取了新的策略，他决定跟主管开诚布公地谈一次。一天，在主管心情很好的时候，他敲开了主管的门，很谦虚、很清晰地表示，他很喜欢这个工作，热爱现在的公司，并且很期望在上司的领导与支持下提高自己的能力，为上司多分担一些责任。接下来，小刘诚恳地谈到了最近发生的几件事情及自己的困惑，希望主管能真心地帮助自己，并给自己今后的工作以更为明确的指导和指示。听到这里，主管似乎明白了小刘的来意与困惑的原因，就说："你每次让我给你提建议时总是笼统地问这个计划行不行、那个问题怎么解决，我不在第一线，没有办法给你具体的指导，所以只好叫你自己去找办法了。"

这次开门见山的面谈让小刘明白了自己与主管沟通不畅的症结所在。在之后与主管沟通的过程中，小刘改变以往笼统的提问方法，利用沟通技巧中的"引导式问句"，诚恳地要求主管一步一步、仔细具体地告诉他正确的做法和方向。主管也进入了角色，条理清晰地与小刘一起研究具体的办法和方案。这之后的几次提案通过得都比较顺利，而且即使其他同事有一些异议也都在主管的解释下消除了。小刘感到了工作的轻松，原来的困惑与不安都消失了。

所谓"引导式问句"，就是鼓励讲话的一方把简短抽象的含义用具体的方式表达出来。

引导式的问句通常包含下列关键词："那我……可不可以？""您说的……是什么意思？""您说的……具体应该怎么做？""为什么您说……""我理解您说的意思是……"在连续成功地使用了引导式问句之后，原来笼统抽象的表达会变得清晰具体。比如，主管在小刘的引导之下毫无保留地说出了自己真实的想法，主管的意图自然就豁然开朗了。一个下属与上司共赢的方案和计划就在"引导式提问"中形成了。

（五）如何与下属沟通

作为职业经理人，我们可能既是下属同时又是上司。在明白了怎样与上司和老板沟通的艺术之后，我们自然应该体会到作为下属的难处。所以，在与我们的下属共事的过程中，一定要强化沟通意识，我们在上司那里遇到的为难与痛苦千万不要再让下属品尝了。一方面，下属是我们的绩效伙伴，沟通顺畅，大家心情愉快，自然效果就好；另一方面，作为团队的领导者和职业管理者，搞好团队沟通本身就是我们的重要职责和必须具备的职业能力。

1. 在走动中与下属沟通

在《追求卓越》这本书当中，管理大师汤姆·彼得斯谈到了"四处走动管理"的方法。一个高层领导者不应该每天坐在办公桌后面看一些数据、统计表，他真正该做的是花50%的时间去实地考察公司的状况。亿万富翁裴洛演讲的时候，说自己时常在中午跟员工一起吃饭，他并没有一个所谓的主管餐厅。别人很好奇，像他这么有钱的人，为什么不弄一个主管餐厅，或是弄一个私人餐厅呢？他说，跟员工一起用餐，就可以了解基层员工的一些问题，很多员工会把真实的信息提供给他，这些很可能是高级主管要蒙蔽他的事情。

有一次，GM公司的总裁到他公司参观，发现餐厅的菜肴实在是非常美味。因为一般公司餐厅的菜肴味道都很差，他不禁惊讶地问裴洛："你们公司的菜为什么这么好吃？"裴洛说："我每天在这里吃饭，你想，这里的菜能不好吃吗？"

亲自考察，四处走动，了解现场真正的状况，可以使你得到平时没有办法获得的信息，使你达到许多正式场合无法达成的沟通效果。

2. 下达指示时的沟通方法

下达指示和命令是上司安排工作的一个基本方法，也是经理人职权的体现。但是如何让下属心悦诚服地接受任务和指示，以饱满的热情和干劲投入到工作中去，却有着一定的技巧和学问。

经理人的影响力分为权力性影响力和非权力性影响力。权力性影响力是强制性的，如指示、命令和奖惩等。非权力性影响力则是无形的，包括智慧、魅力、威信和亲和力等。众所周知，权力性影响力能够起到立竿见影的效果，但不能持久。而非权力性影响力则会在无形之中发挥持久的作用。所以，经理人在向下属下达指示的过程中，一定要注意把握和拿捏硬性的权力与软性的亲和力之间的和谐关系，做到张弛有度，恩威并施。

• 清晰地传达意图

上司给下属安排工作一定要明确、具体，不能含糊不清，更不能让下属猜你的心思。清晰地传达意图其实做起来很简单，做到5W2H即可。

例如："小张,请你将我们昨天市场调研的情况写一份简要的材料,明天上午上班时放在我的办公室,我下午要向总经理汇报。"由此分析:

Who(执行者)——小张;

What(做什么)——写调研材料;

How(怎么做)——简要一些;

When(时间)——明天上午上班时;

Where(地点)——我的办公室;

How much(工作量)——一份;

Why(为什么)——汇报用。

- 尊重下属

职业的经理人无论是在上司还是在下属面前,都要保持谦逊和礼貌的态度。而把自己的位子看得很重,对下属颐指气使、呼来唤去的人只能引起下属的反感和厌恶。你想让下属怎样对待你,你就要怎样对待下属,要想赢得下属的尊重,就应该首先尊重下属。所以,尊重所有人的人格是经理人的基本修养。多用一些敬语不仅不会给你带来伤害,反而会提升你的亲和力和人格魅力,如"小张,请你来我办公室一下"和"小张,过来一趟",多一个"请"字感觉会大不相同。

- 让下属明白工作的重要性

下达命令之后,不要忘记告诉下属这项工作的重要性,如:"小刘,这次市场调研很重要,它直接关系到我们公司产品投放的战略和战术,关系到新产品上市的成败。希望你能交上一份漂亮的答卷! 祝你成功!"通过告诉下属这份工作的重要性,激发下属的成就感,让他觉得"领导很信任我,把这样重要的工作交给了我,我一定要努力才不辜负他的期望"。

- 与下属共同探讨

作为上司的经理人,在下达指示和安排工作之后,最好能够真诚地征求一下下属的意见和建议,毕竟是下属要实际去执行。如果下属提出疑问和问题,要耐心倾听,并认真地进行答疑解惑,虚心地与下属一起研讨行动计划,不要认为下属在讲条件而显出不耐烦。比如,你可以这样说:"小张,完成这项任务有什么困难吗?""小张,对这项任务的完成,你有什么想法,不妨说说看!"

- 最好的沟通是赞美

爱美之心人皆有之,赞美是人际和谐的高级润滑剂。美国一位著名社会活动家曾推出一条原则:"给人一个好名声,让他们去达到它。"事实上被赞美的人十分愿意做出惊人的努力,而不愿让你失望。据说,一位韩国公司的女保洁工在歹徒偷窃公司财产时,与歹徒进行了殊死的搏斗,身上多处负伤。同事到医院看她时问她为什么这么勇敢,她说:"老总每次走到我的面前时总是夸奖我,说我擦的玻璃很干净。"赞美就是拥有这么神奇而巨大的威力。

- 真诚赞美

既然赞美下属,就要抱着欣赏的态度,真诚地去赞美。应付差事、虚假奉承或言不由

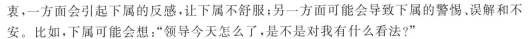

衷,一方面会引起下属的反感,让下属不舒服;另一方面可能会导致下属的警惕、误解和不安。比如,下属可能会想:"领导今天怎么了,是不是对我有什么看法?"

• 赞美要具体

"你很棒"、"做得好"、"干得漂亮"之类的宽泛赞美也能起到激励下属的效果,但多数情况下,上司赞美下属要言之有物。要找到下属的亮点和与众不同的方面,让下属感到你是在真诚地赞美他。下属好在什么地方要具体地指出来,比如:"小张,这次和客户谈判你真是立了大功了,要不是你提出的那些有说服力的数据,客户还真不会在最后做出让步!"详细具体的赞美不仅让下属感到你的真心实意,更是给下属指明了他今后努力的方向。有句话说得好:"你不会得到你想要的,你只会得到你所赞美和激励的。"

• 注意赞美场合

公开赞美下属会极大地增强下属的荣誉感,满足下属的自尊心和心理需求。需要注意的是,上司公开赞美和表扬的下属必须是过硬的、经得起推敲和能让其他下属信服的,否则会因为不公正地表扬一个人而挫伤一大群人的积极性,得不偿失。另外,在下属不在场的情况下赞美他也是一个十分有效的赞美方法,这是一种"在背后说人好话"的赞美技巧,如果运用得当会起到事半功倍的效果。

3. 批评也是一种沟通

批评本身不是一件令人愉快的事情,所以管理者应该注意自己的态度,即便对某人有些个人成见,也要始终保持友善的气氛。

三明治批评法

你的公司要求上班时间穿职业装,可是有一天刘小姐没有穿,你又不能不管。这时,你应该这么说:"嘿,小刘,今天的发型很漂亮啊(第一步——赞美),如果配上咱们公司的职业装(第二步——其实是批评),你会更精神、更漂亮(第三步——赞美)!"

这种批评方式,就像三明治,在面包的中间夹着其他东西,故称为三明治批评法,被管理人员广泛应用。

有的人事情做得不够好,大多数情况下,直接去批评的话效果一定不好,但用三明治批评法,效果就大不一样了。你要先赞美,然后使用小小的批评,最后再加上赞美。

要学会使用积极正面的语言去形容消极负面的事情,每个人都会受到鼓励和激励。如果你希望周围的一切欣欣向荣,就把一切你需要改变的,用积极正面的语言来进行沟通。

美国著名女企业家玛丽·凯·阿什采取了"先表扬,后批评,再表扬"的做法,收到了理想的效果。她说:"批评应对事不对人。在批评前,先设法表扬一番;在批评后,再设法表扬一番。总之,应力争用一种友好的气氛开始和结束谈话。我看到过这样一些经理,他们对某件事情大为恼火时,必将当事人臭骂一顿。主张这样做的人认为,经理应当把怒气发泄出来,让对方吃不了兜着走,绝不可手软。发泄以后,再以一句带有鼓励对方的话语结束谈话。尽管一些研究管理办法的顾问鼓吹这种方法如何好,从理论上说,一切似乎都将恢复正常,但是笔者不敢苟同。你要是把人臭骂一顿,他必定吓得浑身哆嗦,绝不会听到你显然在骂够之后才补充的那句带点鼓励性质的话。这是毁灭性的批评,而不是建设

性的批评。我们都有脆弱的自尊心，都希望得到表扬，而不希望受到批评。"

• 批评不要伤了下属的自尊

出差错、犯错误是我们每一个人都不可避免的。对一些存在道德品质缺陷的下属不是批评的问题，而是淘汰除名的问题；对于偶尔犯了错误的下属，我们要抱着"惩前毖后，治病救人"的宗旨，既不能乱扣帽子，随意上纲上线，更不能一棍子打死，搞"阶级斗争"。批评的目的是让下属纠正过错，所以，要对事不对人，不能伤及下属的尊严。比如，你可以这样说："小张，你的调研报告写得太笼统，很多基本的数据没有罗列上去，难怪总经理不满意，下次一定要注意啊！"相反，如果你恼羞成怒地说："小张，你大学是怎么上的，是不是走后门进去的？这么明显的基础数据你都不写上，还叫什么调研报告，我看以后还是我给你当秘书好了！"假如你是小张，你会有什么感受？

• 友好地结束批评

下属面对批评本身就已经有很大的压力，肯定处于沮丧、痛苦和恐惧之中，在已经达到批评的目的之后，作为上司有责任也有义务帮助下属调整和稳定情绪，使下属尽快地摆脱消极阴暗的阴影。所以，一定要以友好的姿态结束批评，给下属"柳暗花明又一村"的放松感觉，而不是让他垂头丧气地离开。你可以用信任的目光、鼓励的眼神、拍拍他的肩膀等肢体语言，暗示你对他的信心和期待。你也可以说一些打气的话，例如："小张，这次差错也没什么大不了的，不要有思想包袱，人都是从错误中成长起来的，我对你有信心！"

案例

世界第一 CEO 的沟通法

被称为世界第一 CEO 的杰克·韦尔奇说："一名优秀领导者必须同上下左右自由地接触，不厌其烦地听取意见，进行真正的交流。"他是这样说的，也是这样做的。他总是不失时机地让下属感觉到他的存在，尽可能地跟所有员工保持沟通，哪怕是清洁工。他每周都会突然视察工厂和办公室，安排比他低好几级的经理共进午餐。即使开会，他也不喜欢正儿八经地读发言稿，而是主张跟下属坦诚对话、自由讨论。

韦尔奇的下属可谓成千上万，面对面的沟通肯定不可能，于是韦尔奇采取和创造了许多独特的沟通方法。比如，他无数次向几乎所有员工发出极具个人魅力的手写体便条，通过传真机发向世界各地，几天之后，当事的员工还会收到韦尔奇手写便条的原始件。这给许多基层员工以亲切的鼓舞和支持，不少人将他的亲笔便条如获至宝一般地保存着。韦尔奇的记忆力也是惊人的，他能记住一个基层员工的姓名，并且长时间不忘。他单凭外貌就能叫出公司管理层至少一千人的姓名，并知道他们分别负责什么。公司的一名员工说："他知道我们叫什么，知道我们做什么。这对一名雇员来说是莫大的鼓舞，我们非常看重这一点。"

重视与下属乃至与下属的下属的沟通，使身居数万人之上高位的韦尔奇没有成为"穿着新衣的皇帝"，相反，他对发生在基层的情况了如指掌，这无疑是他发挥自己的影响力及科学、大胆决策的基础。

(六)水平沟通注意的问题

水平沟通是平级之间的沟通，如果不掌握一些技巧，势必会造成不好的沟通效果。在沟通过程中你需要注意：

- 彼此尊重。尊重对方才会有同样的回报。
- 换位思考。经常站在对方角度考虑问题进行沟通有利于合作。
- 诚信沟通。经常建立联系，注意平时的了解，有利于有效沟通。
- 态度和谐。在沟通过程中注意你的面部表情，语言注意不要过于圆滑。

四、沟通的礼仪与形象塑造

在沟通过程中，除了掌握技巧以外，你还需要了解一下沟通时的礼仪和形象问题，比如说，你如何看待谣言、你在沟通时表现的肢体语言是什么样的、讲话时你的态度是否合理等。这些问题也将决定你的沟通结果。

（一）传言

一些越是机密的不愿意让人知道的事情，人家越会东猜西想，这就是传言。传言像葡萄藤一样蔓延开来会导致严重的后果。那么如何对待这个问题呢？

1.公布真相

众所周知，肯德基连锁快餐店发生过"苏丹红事件"，弄得肯德基非常难堪。当时，肯德基采取的措施是马上公开，说他们使用的苏丹红是在长江三角洲的无锡购买的，购买的苏丹红数量是多少，其成分经过了化验，中国用过苏丹红的公司有哪几家，等等，这件事情做得非常漂亮。所有的所谓机密实际上没有什么机密，与其让流言在那里不停地传播，不如干脆来个大公开。

中国有句话叫作"纸包不住火"，隐瞒到最后弄到野火燎原，结果不是事实也被当做事实，从今以后你再讲话人家都不相信，所以没有一个公司没有传言，没有一个人不喜欢散布传言，这是人的特性。面对这种特性，没有办法围堵，只可以疏通。

2.说出对策

如果今天联想有人问杨元庆："听说公司要裁员？""谁说的？公司一个都不裁。"杨元庆这样的说法反而令人生疑。杨元庆应该这么说："是的，全世界没有哪个公司不裁员，我们与IBM就是不合作也是要裁员的，哪一天裁员呢？公司有三个对策：第一个现有的销售队伍，我们打算减少7％，但是现有的生产队伍，我们打算增加5％，现有的海外市场打算扩张15％，现有的国内市场打算收缩3％，所以各位，其实裁的人非常少，只不过是换换位子，而且这个方案我们已经决定，下个礼拜三公布。……"如此一说，大家就放心了。

3.快速行动

还是以联想为例：下礼拜三到了，该开始操作了，而且一面操作一面修正，还向各位说："各位，我们上次所公布的数字需要修正，因为我们没有想到，我们与IBM合作以后，事情进展得非常顺利，俄罗斯打算也与我们合作，另外印度尼西亚也与我们合作了，所以不但不裁员，公司还要再增加5％的员工。"这件事足以说明，应付传言"快速行动"四字尤为重要。

（二）肢体语言

肢体语言指经由身体的各种动作代替语言借以达到表情达意的沟通目的。哈佛大学曾经对人的第一印象做了行为研究报告，报告指出：在人的第一印象中，55％来自肢体语

言,37％来自声音,8％来自说话的内容。可见,职业经理人在人际沟通中,读懂肢体语言的重要性,绝不低于掌握文字语言的价值。

1.沟通中的肢体语言

通过身体语言实现的沟通,称作肢体语言沟通。肢体语言在人际沟通中,有着口头语言所不能替代的作用。因此,作为一个职业经理人,需要善于观察对方的肢体语言;而在沟通的时候,也要善于利用自己的肢体语言,便于更好地表达自己。

(1)目光与表情。

眼睛是心灵的窗户,是透漏一个人心灵最好的途径。一切喜怒哀乐都可以从一个人的眼中流露出来。常见的"眉目传情"、"暗送秋波"等成语,都说明了目光在人们情感的交流中的重要作用。

因此,在听人说话的时候,要关注对方的眼睛。一方面,是出于礼貌,表示对他人的重视,另一方面,可以收集到对方内心的一些信息;同时,在自己说话的时候,也可以用眼睛说话,比如当你说完最后一句话的时候,将目光移到对方的眼睛,表示一种询问"你认为我的话对吗?"或者暗示对方"现在该轮到你讲了"。对方就会接过你的话题,继续讲下去。

表情,一般指的是面部表情,是另一个可以实现精细信息沟通的身体语言途径。从一个人的面部表情可以看出他的肯定与否定、接纳还是拒绝、厌恶还是高兴等。任何一种面部表情都是由面部肌肉整体功能所致,但面部某些特定部位的肌肉对于表达某些特殊情感的作用更明显。比如,嘴、颊、眉、额是表现愉悦的关键部位;鼻、颊、嘴表现厌恶;眉、额、眼睛、眼睑表现哀伤。

微笑是一种积极的面部表情,它带来快乐,也创造快乐。微微一笑,双方都从发自内心的微笑中获得这样的信息:"我是你的朋友"、"我是善意的"、"我喜欢你"等等。所以,要处理好人际关系,就需要经常微笑——对自己微笑,对他人微笑。

(2)身体动作与接触

身体动作是最容易被觉察到的一种肢体语言,因为身体动作更容易引起人们的注意。比如一个职业经理人在工作中,发现自己在某个决策上出现了错误,很自责,可能就会不由自主地拍一下自己的脑袋。这个动作看似平常,其实往往代表着他有某种自责,或是懊悔情绪等等。

触摸则是人际沟通中最有力的一种方式。心理学的研究表明,人们不仅对舒适的触摸感到愉快,而且会对触摸对象产生情感依恋。如握手,职业经理人在商务谈判场合,与客户初次见面,首先要做的事情就是握手致意。通过握手,可以给客户留下"第一印象"。海伦·凯勒说:"我触摸到的手,有的拒人千里之外,有的手则充满阳光,让你感到温暖备至……"真诚还是虚伪,有教养还是素质低,通过握手大体上可以判断。

美国一家咨询公司的建议——握手

美国一家外向型企业在业务拓展上出现了问题,该公司的销售经理找到一家咨询公司,咨询公司的经理询问了销售经理的沟通情况后,对销售经理提出了如下建议:"在美国以外的国家做生意时,要确保与每个你所问候的人握手,并问候屋子里的每个人。"销售经理感觉这个建议匪夷所思,立刻反问:"仅仅靠握手就能拓展业务?"咨询公司经理回答说:"如果你没有做到这一点,与你没有握手的人就会认为你故意遗漏并排斥他,可能会失去一个机会"。

（3）姿势与服饰

工作中,经常用姿势来进行沟通是有必要的。比如,当你在跟领导说话的时候,出于紧张,或是对对方的尊重,你会"正襟危坐";当你听到自己感兴趣的话题时,你会身体向前倾;当你对他人不屑一顾的时候,你会摆出"用鼻孔看人"的姿势。这里,职业经理人务必注意的是,平时生活中的姿势代表着你的形象和修养,工作中应该让自己"站如松,坐如钟,行如风"。

服饰也是一种"引人注目"的沟通途径。正如意大利影星索菲亚·罗兰所说:"你的衣服往往表明你是哪一类型,它代表你的个性,一个与你会面的人往往自觉地根据你的衣着来判断你的为人。"衣着本身是不会说话的,但人们常在特定的情境中以穿某种衣着来表达心中的思想和建议要求。在业务往来中,人们总是选择与环境、场合和对手相称的服装衣着。

美国有位营销专家做过一个实验,他本人以不同的打扮出现在同一地点。当他身穿西服以绅士模样出现时,无论是向他问路或问时间的人,大多彬彬有礼,而且看上去基本是绅士阶层的人;当他打扮成无业游民时,接近他的多半是流浪汉,或是来借烟找火的。

（4）妆容与饰物

有强烈表现欲的人,会不顾自己的特点,浓妆艳抹;性格稳重、知识修养较高的人,往往只会化淡妆。同样是佩戴一些装饰品,有的人能通过一些小小的饰物增加美感,起到画龙点睛的作用,给人良好的印象;而有的人则不会搭配,饰物对他起到的是画蛇添足的作用,无不透出其肤浅和俗气。

2.如何通过肢体语言改善你的沟通效果

真正将肢体语言有效地运用到沟通中去不是一件很容易的事,需要做两件事情:一是理解别人的肢体语言,二是恰当使用自己的肢体语言。

（1）理解对方的肢体语言

肢体语言比口头语言能够表达更多的信息,因此,理解对方的肢体语言是理解一个人的一个重要途径。从对方的目光、表情、身体动作与姿势,以及彼此之间的空间距离中,职业经理人都可能感知到对方的心理状态。了解了对方的喜怒哀乐,就能够有的放矢地调整自身的沟通行为。

理解对方的肢体语言,最重要的是要从对方的角度上来考虑问题。要用心去体验他的情感状态,也就是心理学上常讲的要注意"移情"。当对方对你表情淡漠,很可能是由于对方遇到了不顺心的事,因此不要看到对方淡漠就觉得对方不重视你。事实上,这样的误解,在年轻的职业经理人中最容易出现,也最容易导致上下级、客户之间的隔阂。站在对方的角度,替对方着想,才能使沟通更富有人情味儿,使沟通更有效。

需要注意的是,要培养自己敏锐的观察力,善于从对方不自觉的姿势、目光中发现对方内心的真实状态。不要简单地下结论。比如,中国人喜欢客套,当来作客的人起身要走时,往往极力挽留,然而很多时候,这些挽留都并非出自诚意,我们从主人的姿势上是可以看出来的,口头上慢走,却早已摆出了送客的架式。

乔·纳瓦罗的谈判经历

乔·纳瓦罗参与了一个英国客户要与一家大型跨国公司洽谈船只交易的全过程,受客户委托,他负责观察合同谈判的整个过程,并将合同事项一条条列明,然后一项一项向前推进,以便更近距离地观察对方公司的谈判人员,从而获得所有可能对他的客户有帮助的非语言信息。

当客户方念出合同的某一条款时——涉及一项价值几百万美元的建筑工程——这家跨国公司的首席谈判代表缩紧了他的嘴唇。乔·纳瓦罗意识到这一条内容不合他的胃口。

于是,他给客户传了一张纸条,警示他合同的这一条款有争议或有问题,应该趁大家都在的时候再仔细核查或讨论一番。

谈判双方就这一问题进行了反复推敲,最终结果是,他的客户省了1 350万美元。

可以看出,谈判人员不悦的信号是能够发现并有效地处理特殊问题的关键。

(2)恰当使用自己的肢体语言

恰当地使用自己的肢体语言,要求做到以下几点:经常自省自己的肢体语言;有意识地运用肢体语言;注意肢体语言的使用情境;注意自己的角色与肢体语言相称;注意言行一致;改掉不良的肢体语言习惯。

自省的目的是检验自己以往使用肢体语言是否有效,是否自然,是否使人产生过误解。了解了这些,有助于随时对自己的肢体语言进行调节,使它有效地为沟通服务。

比较著名的演说家、政治家,都很善于运用富有个人特色的肢体语言。这些有特色的肢体语言并不是与生俱来的,都是经常有意识地运用的结果。

毛泽东的挥手之间

方纪的散文《挥手之间》描述了在抗日战争时期,毛泽东去重庆谈判前与延安军民告别时的动作。"机场上人群静静地站立着,千百双眼睛随着主席高大的身影移动。""人们不知道怎样表达自己的心情,只是拼命挥着手。""这时,主席也举起手来,举起他那顶深灰色盔式帽,举得很慢,很慢,像是在举一件十分沉重的东西,一点一点地,一点一点地,等举过头顶,忽然用力一挥,便在空中一动不动了。"毛主席为什么会有这一系列的动作,说明了什么?"举得很慢,很慢",体现了毛泽东在革命重要关头对重大决策严肃认真的思考过程,同时,也反映了毛泽东和人民群众的密切关系和依依惜别之情。"忽然用力一挥"表现了毛泽东的英明果断和一往无前的英雄气概。毛泽东在这个欢送过程中一句话也没有讲,但他的手势动作却胜过千言万语。

第六章　目标管理:赢得时间的技巧

先瞄准再开枪。

——张瑞敏

案例

凭目标管理法获得成功的企业有很多,通用汽车、IBM、长虹、康佳都是其中的代表,但是真正将目标管理法运用得出神入化的是海尔,或者说是海尔的张瑞敏。

张瑞敏博采众长,上下求索,始创 OEC 管理法。而 OEC 管理法的核心,就是目标管理。OEC 管理法是海尔生存的基础,并成为海尔对外扩张,推行统一管理的基本模式,也是海尔走向世界的最好发展资本。

OEC 管理法(Overall Every Control and Clear)是海尔以目标管理为基础所独创的一种生产管理模式,也可以表示为:日事日毕,日清日高。即每天的工作每天完成,每天的工作要清理并每天有所提高。具体内容为:(1)O—Overall(全方位);(2)E—Every one(每人)、Every day(每天)、Every thing(每件事);(3)C—Control(控制)、Clear(清理)。

在海尔人的心中,目标为王。凡阻碍达到目标的都不做,凡有利于目标实现的都可尝试,大到形而上的观念,小到形而下的股权。OEC,是海尔牢固的管理基础,是海尔庞大业务流程正常运转的平台支撑之一。"日事日毕,日清日高"是基础管理的基石。利用好企业资源的理念与模式,在海尔是成功的,从每一员工来说,每人都占有企业一定的资源,你利用得好就奖励,利用得不好就戒勉、降职,员工工作有千差万别,但在创造经济效益的目标上应当是一致的。目标管理使海尔获得了巨大的成功,然而,许多管理者并未充分理解目标管理的作用,一味注重如何运作人事评价。由于人事评价本身存在诸多问题,结果使管理者都疲于应付。因此,本章着眼于简明易懂地讲述目标管理的思路与方法,以期使职业经理人能将其灵活地运用到实际工作中去。

一、目标管理的好处与特征

怎样的管理才算得上是目标管理呢? 或者说目标管理的好处和特征是什么呢? 一些经理人常说:"目标管理有什么呀,我们公司早就搞目标管理了,我也年年制定部门目标,也经常为下属制定工作目标。说白了,目标管理不就是制定目标,然后再按目标干吗? 谁不会呀!"真的是这样吗? 让我们了解一下目标管理的好处与特征,看看我们正在做的是

否符合目标管理的要求。

（一）目标管理的好处

1.目标统一，劲往一处使

公司的各个部门、各个员工不能"劲往一处使"是很可怕的。由于公司的总目标必须分解为不同部门、不同职务、不同人员的目标,而在不同部门担任着不同职务的不同人员,由于角色、职能、责任、利益、能力、性格、偏好、经验、信息、地位、风格等的不同,随时可能使公司的总目标扭曲和偏离,或者说,经常出现所做的工作与实现总目标无关或无助的现象。目标管理的好处就是尽量减少和消除这种扭曲和偏离。

目标管理的这一"好处"对于企业来说是至关重要的。

提示：

据一项国际调查,在公司中,30％的工作与实现公司目标没有任何关系。工作中40％的内部问题和大家对于目标有不同的理解有关。对于中国企业来说,相当一部分"内耗"是因为相互抱有不同的目标,或者说是由目标的冲突引起的。

2.在各自的层面上工作

上司在上司的层面上工作,下属在下属的层面上工作,在各自的层面上工作对于工作的效率和目标的实现是十分重要的。上司的层面主要集中在计划、监督、激励、领导、辅导和重要业务问题的处理上;下属的层面主要集中在计划的执行、业务的开展、事务的处理上。只有各司其职,才能有较高的工作效率和绩效。有了目标管理,上司以目标为核心,对下属实施管理,下属以目标为核心,自主地开展工作。

提示：

如果不设定目标,只能出现两种情况:一种情况是经常布置工作(下指令);另一种情况是"忙着救火"。

这两种情况都不能实现有效的管理和领导。

在第一种情况下,下属处于从上司那里领任务、接受工作的被动地位。虽然这是下属的"本分",但是,谁愿意整天像机器人一样领到工作,唯唯诺诺地接受,又全心全意、不折不扣地执行呢？

第二种情况为什么经常出现呢？ 实际上,部分原因是出了事需要上司去"摆平",另有一部分原因是上司怕下属出错或"看不过眼",去指点、指责或"亲自操刀"而造成的。

3.激发主动性

(1)目标是自己认同的,无抵触或很少抵触;

(2)目标是共同制定的,有为目标的实现负责的热情;

(3)事先设定了目标,等于做出了承诺,下属会努力实现;

(4)设定了目标后,把达到目标的种种方式、方法的选择权交给了自己,增加了工作挑战性;

(5)上司不再天天指手画脚下指示,而是要自己想办法,不主动不行;

(6)潜力得到发挥和挖掘;

(7)"除非我自己完成目标,否则得不到好的评价,即使态度再好也没有用";

(8)过去按上司指示办,只要把一件件指示做对就行,现在不同了,为达到目标,要好好动动脑子；

(9)"我可以不管上司赞同不赞同,按自己的想法去尝试,关键在于达到目标"。

4.抓住重点

每位职业经理和下属都面对大量的工作,在这些工作中,必须用"20/80法则"分清哪些重要,哪些不重要,哪些是高效益的,哪些是低效益的,哪些对于绩效的贡献最大,哪些贡献不大。目标管理强调一个阶段的工作只设定有限的1～3个目标,这1～3个目标对于企业来说,贡献会最大,抓住这几个目标,80%的企业目标就可以达成。

案例

人力资源部面临着大量的工作要做：

- 人力规划；
- HRMSC(人力资源信息系统)建立；
- 企业文化；
- 组织设计；
- 工作分析与评价；
- 薪酬改革；
- 建立公司培训与发展系统；
- 改善绩效考核体系；
- 福利制度建设；
- 实施员工持股计划；
- 完善合同条例；
- 招聘制度修订。

显然,在有限的时间内,完成这么多的工作是不可能的。目标管理可以帮助你从中选取对于达成当年企业经营目标最为重要的方面,作为当年度公司人力资源部工作目标。

5.明确的考核依据

目标管理最大的好处之一就是考核的依据明确,考核者和被考核者都可以预计未来,即可以预期做到什么程度可以得到什么样的评价,什么样的结果是好的评价,什么样的结果是不好的评价,从而实现事先引导人的行为,避免那种事后"盖棺论定"或"追认"的被动考核。

6.关注结果

关注结果是目标管理的重要特征。它的好处是：当上下之间、部门之间出现了工作冲突时,随时可以问一句："我们设定的目标是什么？我们各自的工作对于目标有什么贡献？……"这一点是十分重要的。企业往往是陷入了事务性的,方法、方式的冲突和争论之中,如果用目的衡量的话,有些问题根本就不是问题。

案例

肖经理与华北区经理发生了冲突,小李坚持认为做行业客户可以保证今年的销售额的提高,而肖经理认为行业客户不成熟,还是按照企业所有制类型做为好。

其实从关注结果的角度看,双方都是为了销售额的提高,肖经理在下属小李坚持的情况下,完全不用与之冲突,只要看结果就行了,除非肖经理的观点足够说服小李。就是说,如果从关注结果的角度,可以避免冲突。

(二)目标管理的特征

1.共同参与制定

目标是在上司和下属的共同参与下制定出来的。

共同参与制定的好处:

(1)了解相互的期望

(2)使下属充分了解组织目标

(3)发挥下属的工作热情和积极性

(4)下属认同制定的目标

提示:

这里所说的"共同参与制定"的意思是:

· 以下属为主导

· 充分的目标对话

· 上司与下属的角色平等

· 确认双方认同

常见的假(非)目标管理:

情形一:"下达式"。逐层下达指标。

情形二:"上报式"。下属将下一阶段工作计划报上来,上司审核批准。

情形三:"征求意见式"。上司已经胸有成竹,然后"征求征求"下属的意见。

2.与高层一致

(1)下一级的目标必须与上一级的目标一致,而且必须是根据上一级的目标分解而来。所有的下级目标合并起来应等于或大于上一级的目标。

(2)与高层目标一致是一件十分困难的事。在目标向下分解的每一步、每一层均有可能出现目标的错位、变形、偏离。

(3)上下目标的一致不是一件自然而然的事。然而,许多经理人想当然地认为"目标已经定了"、"大家都没有意见",职业经理要善于事先采取措施以保证其一致性。

错误情形一:下属什么也没有说,将属于他的工作领走了,就以为与自己的目标一致了。

错误情形二:有时目标不一致是由于理解不一致引起的,如果事先没有确认理解的一致性,表面上达成共识了,实际上对"共识"的含义理解不同,造成过程中和事后的种种问题。

情形三:以为下属理所当然地向自己的目标看齐,围绕自己的目标工作。实际上,下属们都有自己的利益和想法。

3.可衡量

目标管理中,所设定的目标必须是符合 SMART 原则的,即具体的、可衡量的、可接受的、现实可行的、有时间限定的。

（1）在目标管理看来，不仅定量的目标可以衡量，定性的目标也可以衡量。

（2）可衡量的关键，在于双方事先约定衡量的标准，这个标准同时也是事后评估的标准。

（3）凡是不可衡量的目标都是没有意义的，不可取的。

错误情形一：定量的目标容易制定，定性的目标难以制定。

错误情形二：制定的许多目标根本不可衡量，造成误解、混乱和事后的扯皮。

4.关注结果

不论对于职业经理自身，还是对于下属，目标管理关注的都是结果，即目的达成了没有，而不是"工作"或"活动"的本身或过程。

（1）目标的优先顺序是根据目标结果的重要性决定的。

（2）目标管理的关键就是要不断地将目标对准结果，通过及时检查、监督、反馈来达到。

（3）职业经理在目标管理过程中，不能动不动就下达指令，而是扮演教练和顾问的角色，不断地向下属提供建议和信息，与下属共同商议对策，帮助下属调整行动方案，达到目标。

错误情形一：经常下指示。觉得下属这也不行，那也不行，老怕下属出错、出事。所以，几乎下属的每一个行动，都不是下属根据目标自行做出的，而是根据上司的指令做出的。设定的目标还有什么用呢？

错误情形二：关注过程。下属的工作过程一"不对"，就批评或给予下属负面的、较低的评价。

错误情形三：关注下属的工作态度。甚至只要下属工作态度好，最后没有达成目标也是可以原谅的。

5.及时的辅导与反馈

没有反馈和辅导就没有目标管理。反馈就是将下属的工作状况与设定的目标进行比较，并将比较的结果告诉下属，使下属自己纠正偏离的行为。这里，反馈是帮助下属纠偏，而纠偏最终是由下属自发地、主动地、自主地实行。辅导就是帮助下属提高工作能力。

反馈和辅导的方法本身说明上司在下属达到目标的过程中，不再处于核心的、主导的指挥者的位置，而是站在下属的旁边。不再下命令，做指示，而是反馈和辅导、劝告、建议。

错误情形一：批评、干涉。下属没做好或没有按上司的方式做就批评、责备、干涉。

错误情形二：自己亲自干。看下属做不好，怕耽误工作，自己就亲自冲上去了。

6.与绩效考核相关联

事先设定的目标是什么，绩效标准是什么，权重是多少，事后必须以此为考核和评价标准。

错误情形一：目标是职业经理给下属设定的，考核表是公司人力资源部制定的，两个对不上号，考核角度不一致。

错误情形二：事先设定以目标的达成情况作为评估标准。但又要看工作态度、工作方法，以及事先根本就没有约定的种种标准和要素。

错误情形三：没有与激励机制准确挂钩，或者到时候不兑现。

错误情形四:年末才进行绩效评估,而不是根据工作目标的达成情况及时评估。

二、目标管理中存在的问题

在目标管理中经常遇到下列问题:

(一)目标变来变去

肖经理:"本来年初的时候我们部门的目标是主攻大集团客户,我和我的销售代表们都已做好计划,可是,过了4个月,上面又变了,要我们把目标对准中小客户。"

商场如战场,明天的情况可能和今天的情况完全不同,今天和下属制定一个目标,明天就又必须适应新的情况。这种目标的变化,在多数情况下,是公司赖以生存的社会、市场环境变化快的缘故,企业如果不能迅速调整自己的发展方向,就会面临被淘汰的局面。因此,在设定目标时,着眼于近期可以实现的目标,对于不太确定的目标,设定几种情况,分别制定几套不同的方案。

(二)讨价还价

"实行目标管理,就要下属们参与到过去由我一个人分派工作的程序当中。他们一参与,肯定就是向我强调这样或那样的困难、问题,讨价还价,拖来拖去,最后谁来完成工作?再者说,他们知道什么,刚刚在这个行业中混两年,论经验没经验,论能力,他们有谁比我的能力高,跟他们谈,只会分散我的精力。"

与下属共同协商,制订计划,并不是讨价还价的过程,而是一个引导下属认知目标,与下属共同探讨目标达成的可行性和方式的过程。尽管在这一过程中,有的下属可能要与你讨价还价,但是,这绝不是消极的,而是积极的,比起过去把问题掩盖起来的效果要好得多。

(三)不能达成共识

销售部的肖经理向自己的销售代表传达这一年度销售部的销售目标——完成5 000万,这一目标是他与总经理两人经过讨论,考虑了各种可能因素之后确定下来的。可是没想到下属们听了之后,就表示了不满:"今年咱们部门走了好几位,工作全都压在我们身上;再说客户的口味越来越高了,这个目标太高了,我们完不成。"

部门目标既然得到了上司的确认,就很少有可能进行更改,那么,职业经理人应当如何应付呢?下属们对于部门目标产生异议,也是可能的——他们对于自己的工作和市场环境毕竟是非常了解的;但是,下属们很可能只是了解他们熟悉的情况,对于组织的目标、可能的变化、资源的支持等情况可能都不知道。

另外,下属可能基于自身利益的原因尽量压低制定的工作目标,部门经理可以运用自身的权威、工作经验、阅历等说服下属尽可能与自己达成一致的意见，同下属进行交流，将实现部门目标的条件摆出来，说服下属认同，并在今后的工作过程中，帮助和辅导下属完成设定的工作目标。

（四）目标难以衡量

"他们销售、生产等业务部门的业绩好衡量，有具体的数字，比较一下就行了，而我们行政等非业务部门，我们做的工作怎么用数字来精确地衡量呢？"

一方面，从工作性质的角度来看，行政部门的工作确实难以像销售部门那样进行量化，但是，不能量化并不等于不能衡量。行政部门的经理在同下属制定工作目标时，可以不提或少提完成工作的数量，但必须提出定性的工作目标和工作标准，明确的、可衡量的、定性化的工作目标同样能够起到指导下属工作方向、激发下属工作积极性和创造性的目的。另外，工作质量的高低也可以用"数字"将定性化的因素，如态度、程度等转为量化处理，并进行细微的对比。

另一方面，目标管理并不是要求所有的工作都要定出目标，并加以评定。如清洁人员、文员等。

（五）下属不主动

有些下属的工作目标就是"赚钱就行"，他们的思想是"领导叫我干什么，我就干什么"，工作不积极、不主动。所以，目标管理对于他们而言，和以往没什么两样。部门经理同他们讨论个人工作目标时，他们只是通过点头或回答"是"来表示同意，上司也无法得知他们的真正想法。对于这类下属，职业经理人就要不断地督促、检查他们，特别是要对他们进行培训和辅导，使他们能够自觉地工作，并学会自我管理。

三、好目标的特征

（一）为什么没有好目标

经理们经常苦恼为什么没有一个好目标。这主要是因为没有制定一个好目标。没有制定一个好目标一般有以下几个原因：

1.目的和目标混淆

所谓目的是组织各种行动最终要达到的宏观上的结果。为了实现组织确立的目的，需要制定一系列的目标。例如：我们今年要增收节支。

所谓目标是为了达到目的所采取的步骤。目标常常附有数字和日期，这些数字和日期是对某一具体目的的具体说明。目标是同目的联系在一起的，不是孤立存在的，脱离了目的，目标就没有什么意义了。例如：今年行政费用比去年下降15％。

对于邢经理的行政部门来说，根据公司总体"增收节支"的目的，确定行政部门的本年工作目标是：本年度行政费用比去年下降15％。

为了达到"增收节支"的目的,需要明确规定行政部门工作的目标。工作目标不仅指明了努力的方向,更为重要的是使员工有一个可以依此行动、检验和修正的尺度,这就是工作目标。

"增收节支"这样的部门目的显得过于笼统,缺乏具体的内容加以支持,"到底行政开支要缩减到多少,以什么来衡量……"这些具体的、指导员工进行实际工作的问题都没有得到回答。那么员工们又如何来进行工作呢? 相反,我们用:在上一年度的基础上,在保证其他部门正常工作的前提下,节约行政方面的开支15%。就可以使员工对要完成的工作有一个明确的认识,知道怎样才算是工作效率的提高、支出的缩减。

2. 定量目标和定性目标的问题

(1)定量目标

定量目标是可以用数字明确下来的目标。

明年全年要在整个区域内达到×产品400万元的净销售额及23万套的销售量,在下半年内增加整个区域的销售额15%;在上一年度的基础上,在保证其他部门正常工作的前提下,节约行政方面的开支20%。

定量目标:

- 销售额增长＿＿＿%
- 费用降低＿＿＿%
- 市场份额增长＿＿＿%
- 人员增长＿＿＿%
- 新增代理为＿＿＿家
- 产品合格率达到＿＿＿%

(2)定性目标

定性目标一般是用叙述性语句描述的目标,不用数字说明。

明年消除A销售区域内的"窜货"问题;年内制定出公司各部门行政费用的支出标准。

定性目标:

- 年内制定新的报销制度(财务)
- 年内建立新的考核制度(人力资源)
- 年内公司管理规范化(总经理办公室)
- 年内改善文档管理的状况(行政部)

3. 对于定性目标和定量目标存在两种错误观点

(1)认为有的目标只能定性,无法定量,所以难以衡量。事实上,不能量化不等于不能衡量。定性目标完全是可以像定量目标那样进行衡量。特别是工作的标准及如何考核的问题。行政部门的经理在给下属制定工作目标时,可以不提或少提要完成工作的数量,但必须提出定性化的工作标准。定性化的工作标准同样会起到指导下属工作方向、激发下属工作积极性、创造性的目的。

人力资源部经理的目标是：2015年6月以前制定出公司新的考核制度。那么如何进行衡量呢？之所以认为定性目标无法衡量，就是因为事先没有确定衡量目标的标准。如果我们事先没有确定衡量目标的标准，就会出现：2015年6月份时，当人力资源部经理拿着自己拟定的公司新的考核制度向人事副总汇报时，人事副总可能会说："你怎么做成这样了？这可与我们的设想差距太大了，重做！"人力资源部经理一听："完了，白做了！"

在此例中，正确的解决方式是：在制定一个目标时，同时制定出针对该目标的工作标准：

• 分类考核原则。改变过去笼统考核的情况，针对不同的部门、不同的职位采取不同的考核办法。

• 目标管理原则。改变过去公司制定统一考核表和考核要素的现象，公司不再制定统一的考核项目、考核要素和权重，由每一位员工的直属上司负责为其制定工作目标和标准。

• 考核的结果在于要改变过去"矮子里面挑将军"的现象，用考核结果和事先设定的目标进行比较，并进行奖惩，而不是人和人比。

通过制定以上三条考核目标的标准，即使目标是定性的，也完全可以衡量。

(2)定性目标无法制定，无法考核。在公司中，有一些工作或者一些职位是不需要订目标的。如，公司前台每天接听多少电话，部门秘书每天处理多少文件，等等。这些职位既不需要定量目标，又不需要定性目标。

但是，这些工作要根据工作规范或是岗位职责规范或者相关的管理制度进行考评。

公司前台接待员的工作职责是：

第一，接转电话。

第二，来客接待。

第三，信件的收发。

第四，接收传真。

第五，复印。

这些工作职责分别有相应的工作规范加以限定。关于"接转电话"一项，公司制定的工作规范是：

第一，迅速（电话振铃不超过三次）。

第二，声音亲切、清晰（"您好，这里是××公司"）。

第三，周到（在分机电话人员不在座位时，准确记录来电人员姓名、电话，以便回复）。

4.多重目标的问题

在很多情况下目标并非都是单一的。很多公司都处于创业、发展阶段，管理并不是非常规范，不能确定某一职位专职负责某一方面某一项工作。同时由于资金不宽裕，一个人

要承担多方面的工作才能使组织灵活机动地跟随外界出现的问题进行调整。

解决多重目标的原则是：

（1）分清主目标和次目标

分清主目标和次目标的方法有两种：一是根据上司的主目标进行分解确定；二是根据"高效益活动分析"加以确定。

（2）目标不要过多

目标不要过多，一般一到三个主目标即可。

提示：

职业经理人员需要帮助下属找出多重目标中哪个目标是主要目标，对主目标应该多花精力；哪个目标是次要目标，对次目标可以少花些精力。同时，分析主次目标的相互关系，协调好各工作目标，尽量使下属明确自己要做什么，应达到什么标准，如何进行自己的绩效评估。

5. 目标的冲突问题

在实际工作中，有时一个目标与另一个目标在短期内会发生冲突。

不可否认实际工作中，不同的目标之间发生矛盾的情况确实存在。那么，职业经理应如何对之进行协调呢？

（1）一些情况下，需要在目标之间建立优先次序，选择较为重要的目标，牺牲或者推迟较为次要的目标。

（2）有的情况下，需要我们发现和使用新的工作方法或技巧，以便减少时间及费用，提高工作效率，同时做好两件事情。

（3）在实际工作中，通常我们有一种倾向：更为关注当前问题，而忽视掉对于未来更为重要的问题。

因此，作为职业经理人必须了解不同目标之间可能出现的冲突：

提示：

• 评估冲突的重要性。

• 分析如果不牺牲任何目标，冲突是否可以得到解决。

• 如果必须在冲突目标中选择其一，应该牺牲或拖延较不重要的目标。

• 如果目标发生冲突时，应该向下属解释冲突的原因，如何解决及这样做的目的，有时还需要得到上司的帮助。

6. 不了解好目标的特征

此外，不了解好目标的特征也是造成没有好目标的原因之一。有很多问题是由于不了解达到什么标准才算是一个好的目标引起的。

（二）好目标的特征

特征一：与高层一致

1. 目标系列

根据公司的组织结构由上到下会形成一个目标系列：

某公司营销组织的目标系列是：

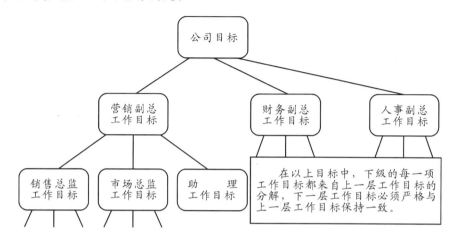

图中：
- 公司目标
- 营销副总工作目标
- 财务副总工作目标
- 人事副总工作目标
- 销售总监工作目标
- 市场总监工作目标
- 助理工作目标
- 在以上目标中，下级的每一项工作目标都来自上一层工作目标的分解，下一层工作目标必须严格与上一层工作目标保持一致。

2. 部门目标与高层目标的错位

在实际工作中，各层的目标往往发生错位、脱节，造成的后果是公司的总体目标向下得不到准确的分解，到销售代表这一级已经严重扭曲变形。

为了使每一个层级的目标有意义，各层级的目标必须与整体目标保持一致，否则会出现目标偏离、错位的问题。

由于过去几年利润的下降，总经理认为应增加公司的短期利润，所以，只接受利润高的项目。

公司近期总目标是：增加公司的短期利润。

虽然营销副总计划主推产品 A，但销售总监却认为推广产品 A 有一定的难度，相比产品 B 既容易操作，又保证了利润。

销售总监倾向于产品 B。所以，近期一直在督促产品 B 的销售。

区域经理则认为，产品 C 容易回款，奖金好拿，容易调动销售代表积极性。

区域经理的目标是主推产品 C。

最后的结果是大大偏离了公司的总目标。

3. 部门目标必须与高层目标一致

部门所制定的工作目标必须与企业、高层的目标保持一致，部门目标一定是服务于组织总的短期目标及长期目标。组织的成立是为了最大限度地减少各种交易成本、有效地利用组织的协同作用，各职能部门和行政部门作为整体中的有机组成部分，必须同组织整体的运作和发展相协调，部门在订立目标时也只能服从于组织的总目的。如果没有这样的制约，就会出现以上案例中出现的情况。这是因为：

（1）部门所制定的目标是盲目的，部门不知道公司到底要向什么方向发展，为了制订

计划而制订计划,这实际上是在浪费部门经理和员工的时间和精力。

(2)部门经理们为了突出自己部门在公司中的地位、形象及自己的业绩,在制定部门目标的过程中,考虑自己部门和自己的利益,尽量多地要求公司的资源。

在实际工作中,一个公司中的各销售业务部门最容易出现以上问题:为了各自多得利润、压低成本和费用,互相争客户、互相拆台,最后损失的既包括公司的利益,也包括其他部门、自己部门的利益,可能还有职业经理人自身的利益——可能忍受不了公司的互相倾轧,只好另谋出路。此外,不一致的目标也是对组织资源的浪费,部门都是各自为政,花费了人力、物力,最后还是达不到预期的目的。整个公司没有好的盈利,作为组织机体中的一个部件的部门及成员又如何能得到期望的收获呢?

因此,制定部门目标时,一定要与公司的发展目标保持一致,要做到这一点,就需要中层经理人员准确地把握公司目标,同时,注意与其他相关部门保持有效的接触,协同一致,将整个公司看成一个共同前进的团队——团队的精神不仅局限于部门之中有限的成员之间。

特征二:符合 SMART 原则

符合 SMART 原则的目标才是好目标。

1. SMART 原则

制订计划应该符合 SMART 原则。SMART 由五个英文单词的首写字母构成:

S——明确具体的(Specific)

目标必须是明确的、具体的。所谓具体就是与任职人的工作职责或部门的职能相对应;所谓准确就是目标的工作量、达成日期、责任人、资源等都是一定的,可以明确的。

M——可衡量的(Measurable)

如果目标无法衡量，就无法为下属指明方向，也无法确定是否达到了目的。如果没有一个衡量标准，具体的执行者就会少做工作，尽量减少自己的工作量和为此付出的努力，因为他们认为没有具体的指标要求约束他们工作必须做到什么程度，所以只要似是而非地做些工作就可以了。这种问题可能出现在工作量化起来比较困难的行政部门，或者是技术部门中，上司不十分了解具体的业务，无法进行有效的工作控制，在最终的工作评估中，又会因此产生争执。

A——可接受的（Acceptable）

目标必须是可接受的，即可以被目标执行人所接受。这里所说的接受是指执行人发自内心地愿意接受这一目标，认同这一目标。如果制定的目标是上司一厢情愿，执行人内心不认同，认为"反正你官大，压下来了，接受也得接受，不接受也得接受，那就接受吧，不过完成完不成可没把握，反正我认为目标太高，到时候完不成我也没办法，工资你愿意扣就扣吧。"

R——现实可行的（Realistic）

目标在现实条件下不可行，常常是由于乐观地估计了当前的形势，一方面可能过高估计了达到目标所需要的各种条件，如技术条件、硬件设备、员工个人的工作能力等，制定了不恰当的工作目标；另一方面可能是错误地理解了更高层的公司目标，主观认为现在给下属的工作，下属能够完成，但从客观的角度来看，目标无法实现。一个无法实现的目标，从最基本的出发点就无法使目标管理进行下去。

T——有时间限制的（Timetable）

如果没有事先约定的时间限制，每个人就会对这项工作的完成时间各有各的理解，经理认为下属应该早点完成，下属却认为时间有的是，不用着急。等到经理要下属交东西的时候，下属会很惊讶，造成一方面经理暴跳如雷，指责下属工作不力，因此对下属做出不好的工作评价；另一方面下属觉得非常委屈和不满，伤害了下属的工作热情，同时，下属还会感到上司不公平。

2.根据 SMART 原则制定的目标形式

根据 SMART 原则制定的目标符合如表 6-1 所示的形式：

表 6-1

制定符合 SMART 原则的目标

要干什么	结果是什么	条件是什么	什么时间
缩短	生产周期	18%	本年年底
开发	一种功能软件包	达到 3.5 级或更高级别	2015 年 1 月 9 日正式推出

在"要干什么"一栏中，还可以使用其他一些词语来描述目标，如表 6-2。

表 6-2

开　发	设　计	发　送	修　正
完　成	训　练	制作出	生产出
销　售	编写出	检验出	执　行
解　决	提　高	研　究	达　到
降　低	维　持	运　输	修　建

而应当尽量避免使用下面的一些词语,如表 6-3。

表 6-3

明　白	知　道	有效地	成　为
认识到	实　现	合理的	精确地

3. 根据 SMART 原则对工作目标所做的评价,具体见表 6-4。

表 6-4

所制定的目标	对目标进行的评价
今年将行政费用降低 20%。	目标具体明确、可进行衡量、有时间限制,至于可达成与否,视具体情况而定。但很多情况下,订立的费用降低目标并未经过认真思考,只是心血来潮。
今天是 5 月 30 日,6 月 3 日是市场策划书交予客户的最后时间,策划部人员必须到时提交报告。	这里规定了很严格的时间限制,比较具体;由于达成的工作事先早已明确,这里只不过是提示准时提交市场策划书。这是通知不是目标。
小王,你这个月的目标就是要把公司的车辆管好。	这个工作目标非常不明确、不具体,更缺乏明确的衡量标准,究竟小王把工作做到什么程度算完成任务?
质检员一定要定期检查生产情况。	工作要求不具体,什么是定期,定期的标准是什么没有界定;没有时间限制,工作完成以后,没有衡量的具体指标。
为了适应公司互联网业务的发展,人事部经理助理的目标是:6 月 10 日之前,协助人事经理召开一次招聘会;面试应聘人员;制定出新部门的工作规范,并交公司行政会讨论。	目标清晰具体,有明确的时间限制和工作要求,从所述及的内容来看,应该是人事经理助理近期能够实现的工作目标。行政性部门的工作目标一般不容易量化,但是,工作不容易量化不等于工作不能衡量。

在具体应用 SMART 原则的过程中,要充分考虑所研究问题的具体情况,制定出现实可行的工作目标,特别要注意区分一些概念。可能诸如行政部门的经理们会认为,只有销售部门才能制定出完全符合这一原则的工作目标来,因为销售部门的工作好坏本身就必须用量化的数字加以限定和考核,所以制定的工作目标就具有可衡量性;可是,对于

其他的部门,特别是行政部门的所有工作,用数字说明和限定起来并不是一件容易的事,而且也不太现实。应当明确,SMART原则中可衡量的目标并不等于必须将目标量化。

特征三:具有挑战性

如何制定具有适当挑战性的目标是企业中常见的问题。给下属制订计划时,一般都会根据过去的经验,确定一定的增长率。问题是这个增长率应该是多少才合适?用形象的话来说,具有适当挑战性的目标应该是需要下属"跳一跳脚才能够得上"的目标。也就是目标要具有一定的难度,但如果难度太大,下属"跳起来也够不着",也不能算好目标。

制定的目标相对于下属自身的工作能力,应当略微高一些,让它看上去富有挑战性。这样,一方面可以促使下属不断更新自己的知识、提高自身的业务素质,提醒员工不能满足于已经取得的成绩;另一方面可以使下属觉得工作有意思,不是每天都在重复过去的劳动。

(1)要点:不能太高或者太低。否则,不但不会起到激励员工更加努力工作的作用,还会适得其反,打击员工的积极性。有的部门把销售额定得有些偏高,使销售人员感到无论怎么付出心血,也顶多只能刚刚完成基本目标,根本无法在此基础上得到额外的奖励,所以,他们的士气很低,牢骚不断。

(2)目标太高使下属感到自身的工作能力根本不能达到,所以也没有信心去实现目标。过高的工作目标有时会成为一纸空文,下属会对过高的工作目标不屑一顾,认为迟早会降低工作目标,所以,工作起来又何谈动力?

(3)目标太低就缺乏挑战性。这需要中层经理了解自己的部属,根据其自身的能力、兴趣和性格特征进行掌握,一定要适当掌握分寸,区别对待。

在现实中,存在两类情形:

一是对新产品制订计划;二是对老产品制订计划。

对于第一种情形,制订计划时就无经验可寻,而只能依据企业自身的资源、大量的市场调查,以及市场试销的结果等。

对于第二种情形,假设去年的销售额比前年增加30%,那么,是否今年就要制定增长30%,或者40%的目标呢?

去年销售额增加了30%,那么今年就要增加40%吗?

目标的挑战性是根据市场环境、公司发展战略、总体目标,以及对各种人力、资金、物力的分析得出来的,并不是因为去年如何,那么今年就要与去年一样高,或者就要比去年高,应该以实际情况为依据。

四、职业经理人如何进行目标管理

职业经理人要有效地进行目标管理,首先得制定目标,所以目标的制定非常重要。

(一)制定目标的步骤

设定一个好的目标,应该有如图6-1七个步骤。但是许多职业经理在设定目标时往往只重视步骤一、二,步骤三以后的其他步骤常常被忽略,从而造成设定目标失败。

图 6-1

第一步:正确理解公司的整体目标并向下属传达

案例

某医药企业制定的 2015 年公司发展目标是:

目标一:公司植物药品的销售占公司销售的 50%。

目标二:开发三个以上国家一类新药品种,并进入国家医药目录。

目标三:2015 年 6 月前完成 GMP 认证。

目标四:公司的营业收入增长 60%,达到 5 亿元。

职业经理人只有在正确理解公司整体目标的前提下,才能围绕着这些目标,制定出既符合公司目标,又符合本部门实际情况的部门目标。

例如,他必须了解,为什么公司要把营业目标定在 5 个亿,为什么比去年增加 60% 之多。他必须站在高层领导的角度才能正确理解这些问题。在理解这些问题后,才能根据整体目标,制定出相应的部门目标。

在制定部门目标时,要点之一是:让你的下属了解公司的目标。而这往往是职业经理人们容易忽略的地方。

一般来说,公司为了让所有的部门,尤其是职业经理人理解公司的目标,往往要开年度会议,而普通员工则很少有机会了解公司的目标。员工不了解公司的目标会导致两种后果,一是可能削弱他们的积极性;二是理解部门目标及制定个人目标时可能出现偏差。

第二步:符合 SMART 原则的目标才是好目标。

 案 例

根据公司 2015 年度发展目标,任经理制定出人力资源部 2015 年度工作目标:

目标一:在 2014 年 12 月底以前制定出 2015 年度公司人力资源规划。

目标二:在 2015 年 3 月底以前完成 OTC 销售队伍、新药开发队伍的招聘工作。

目标三:在 2015 年 4 月底以前制定出公司新的考核制度。

目标四:在 2015 年 3 月底前制定出公司年度培训计划,并按计划开始实施。

在这一步骤,可能出现两类问题:一是目标难以量化的问题;二是目标太多的问题。对于第一类问题,可以参考前文"为什么没有好目标"的讲述。对于第二个问题:符合SMART 原则的目标有太多太多,可以借鉴"20/80 原则",选择最具价值的三个左右的目标,作为最重要的目标。

第三步:检验目标是否与上司的目标一致

一般而言,现代企业里的目标制定程序可以用图 6-2 来表示。

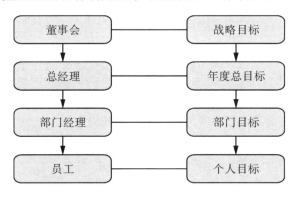

图 6-2

董事会制定战略目标,也就是确定公司的整体发展方向,总经理再根据战略目标制定年度发展目标,部门目标则是对年度总目标的分解,员工根据部门目标制定个人目标。

由于目标是从上至下,层层分解形成的,因而,作为公司的一员,在目标的执行上不存在讨价还价的余地。你的目标必须与上司的目标一致,这是确定无疑的。所以,在目标制定和执行过程中,你要检查你的目标是否与上司的目标发生偏差,主要从两个方面入手:一是与谁保持一致;二是针对目标的计划在具体执行方面也应该保持一致。

第四步:列出可能遇到的问题和阻碍,找出相应的解决方法

这一步骤容易被忽略,但实际上它对于目标的顺利达成很重要。所谓"有备无患",制订计划时应该具备风险意识,也就是对目标的实现过程中可能出现的问题、障碍制定应急方案。

案例

任经理的目标得到了上司的确认之后,任经理需要列出和找到:

目标:在2014年12月底以前制订出公司2015年度人力资源规划。

问题一:时间不充分——公司的发展目标12月31日才能基本确定,显然在2014年年底制度报告出公司人力资源规划时间不够。

解决方法:与人事副总确认人力资源规划在公司发展目标制订完成后一个月内完成。

问题二:没有工作先例——公司以前没有制订过人力资源规划,那么,第一次制订该规划,它的工作标准是什么还不清楚,到时候很可能与上司扯皮。

解决方法:参照其他公司人力资源规划进行。

问题三:在人力资源规划中所涉及的几个核心问题仍没有得到确认,可能会影响规划的制订。例如,其中的人力资源政策问题、新的激励机制问题。

解决方法:需要在12月31日以前,公司专门开会决定。

第五步:列出实现目标所需要的技能和知识

案例

任经理实现自己所制定的目标,需要的知识和技能有:

人力资源规划技能;	在同行业中寻找一份人力资源规划书; 聘用专业的人力资源公司;
招聘与面试技术(已具备) 目标管理考核技术 ……	参加专题培训,尽快学会应用; ……

第六步:列出为达到目标所必需的合作对象和外部资源

案例

在步骤二的例子中,任经理为达到目标,需要合作的对象有:

- 销售副总   确认销售队伍招聘计划。
- 销售经理   确认招聘人员所需的条件,招聘的程序。
- 市场经理   确认招聘人员所需的条件,招聘的程序。
- 研发中心主任   确认招聘人员所需的条件,招聘的程序。
- 生产厂厂长   确认生产厂培训计划及新的考核办法。
- 行政部经理   确认培训时的软硬件支持。
- 总办主任   起草有关的制度、通知、文件。
- 财务部经理   确认以上计划的预算。
- GMP推广办主任   确认GMP所需的支持人员。
- ……   ……

任经理为达到以上目标,需要的外部资源有:

- 有一定的预算保证;

- 专业的人力资源公司(包括猎头公司、培训公司、管理顾问公司)；

- 同行业公司的支持；

- ……

在此步骤中常常会出现以下问题：

(1)常常忽视对合作对象和外部资源的考虑；

(2)常常忘记与合作对象进行沟通交流,相互了解期望。

第七步:确定目标完成的日期并对目标予以书面化

目标制定的关键之一就是确定其完成日期。在目标制定之后,还要用书面确定下来,这是目标管理规范化的一个表现。对目标加以书面化以后,不会引起疑虑和争论,而且有利于目标检查和工作考核,此外,还便于目标的修订。目标书面化,一定要落实到专人专项,最好是让下属自己将最终确定的工作目标进行整理,做出两份正式的书面材料,一份留给自己,作为后续工作的参照;另一份交部门经理处,以此对员工的工作进行检查。

(二)如何为下属制定目标

在为下属制定目标时常会遇到来自下属的一些阻力,作为职业经理人,应很好地化解这些阻力,为下属制订出合理的目标。

1.来自下属的阻力

阻力一:尽量压低工作目标,讨价还价

职业经理人在制定下属工作目标时,最常见的一种现象是下属尽量多提自己的困难,期望把落到自己头上的工作目标降低、降低再降低。

案例

云经理把运营部分管的各分店经理们召集在一起,介绍运营部今年的工作要求:销售额增加25％,利润率达到15％,市场占有率提高3个百分点。然后,他清了清嗓子说道:"下面,请大家根据自己所掌握的各个分店的情况提提,今年每个分店能完成多少销售额,初步估算一下自己分店的利润率能达到多少。"几位分店经理听了部门经理的讲话,都默不作声,低着头看会议议程。好大一会儿,一分店的店长才第一个发言:"去年我们的客源少了很多,销售额今年不会提高很多。"二分店、三分店的店长也强调本店的困难。云经理忙出来强调,现在是让大家说能完成多少任务,不是发牢骚。"好吧,我们店能增加销售额15％",一分店店长说。随后,其他经理们提出的销售增长率也都在20％左右。

显然,向下分解目标遇到了阻力。

在召开这种会议时,实际接触业务的人员都会把能导致领导提高对自己工作要求的真实信息隐瞒起来。几乎没有一个业务人员会在领导提出的任务目标基础上,主动往上加码,谁都希望尽量轻松地完成自己的工作,减轻工作压力。这种情况尤其会出现在销售人员的身上,他们的业绩同可实际度量的销售数字结合,标准定得越低,工作的压力越小,获得的提成越高,自己的收益也越可观,他们知道中层经理不会比自己更清楚销售区域的实际情况,因此,他们会和上司讨价还价,期望得到对自己最有利的工作目标。当然,这是一种普遍的员工心理,其他部门的员工也会有同样的问题。看不到对自己有利的前景,员

工们不会有太多的热情。

阻力二:对工作目标无所谓

有些员工对你为他设定的目标觉得无所谓,原因可能有两种:一是根据过去的经验,你经常要求他改变工作目标,所以他认为你根本不重视目标管理;二是公司的绩效考核制度不完善,即使工作再好,也得不到应有的评价。

还有一些员工,本身就在"混日子",对自己的本职工作糊里糊涂,更别说在部门目标管理中发挥什么作用了,他们自然对工作目标无所谓。

阻力三:习惯于接受命令和指示

在向下属制定工作目标时,作为最终工作目标的领受者和实施者的下属常常是以一种被动领受任务的心态来面对中层经理:上司告诉我做什么,怎么做,在什么时间和地点做,我就按要求去做,保证不出偏差就算完成了任务,没有其他任何责任。

在这一点上,部门下属的态度与同样是从上司那里接受任务的中层经理不同。中层经理的工作职责和权利使他不仅仅要考虑完成工作目标所涉及的个人利益,还要将精力更多地用于关注部门的利益。因此,中层经理会更主动地对目标进行质疑,将部门的利益同工作目标相协调,影响最终部门工作目标的修改、确认。但是下属却抱着无所谓的态度,认为目标管理同自己不相干,不能采取主动的态度同中层经理一起协商制定工作目标。

阻力四:个人目标与组织目标、部门目标发生冲突

员工本身的发展目标同部门的目标发生冲突,出于自身的考虑,员工不愿意承担中层经理分配给自己的工作,原因可能是:

(1)这项工作超出了自己的能力,不是自己的长项,要做好这项工作需要付出很大的努力。

(2)对现在负责的工作早已厌倦。

案例

员工小王早就厌倦了每天打打字等事务性的工作,想尝试别的工作以提高业务水平,认为老是做原来的工作,会限制自己的发展。但部门经理却出于人员的调配、部门目标完成情况等原因仍然分配让小王干原来的工作,小王工作的积极性很低。

阻力五:相互攀比

出于自身利益的考虑,下属在同部门经理制定自己的工作目标时,常会考虑个人的得与失,"承担的这项工作,我能从中得到什么好处?别人怎么看?其他人因此又得到什么好处?为什么一定要我做这项工作?让别人不行吗?把工作难度大的交给我,责任大,出了问题拿我当替罪羊。别的人为什么不干呢?"

2.如何化解来自下属的阻力

总的来说,中层经理应当在充分掌握各种信息的基础上,依照所处环境的资源、工作难度、经验和个人能力制定下属的工作目标。最理想的情况就是,中层经理对本部门可以动用的各种资源,比如人员、奖励权限等了如指掌外,还非常了解各种具体的业务情况、自己下属的个人情况,把每一个下属放在最适合的位置上。

方法一：解释目标带来的好处

下属最关心的可能还是自身的利益。为下属制定工作目标时，为了降低、消除下属担心压力过重，不愿意承担更多责任的阻力，中层经理可以向下属详细地解释制定某项目标，能够带给组织、部门的利益是什么，下属可以从中得到什么，以此使下属看到自己前进的方向，得到前进的动力。

小赵负责策划报告的市场研究部分，需要在一个星期之内把6 000个数据处理、分析完毕，并且写出一份5万字的报告——工作压力太大了。

"小赵，我知道这项任务很有难度，但是，客户规定我们的时间就这么紧，这纯粹是商业行为。你的工作关系到后面节目策划的成败，我们今后能否和客户保持固定业务就靠这次的结果了。有了这次独立主持这么庞大工作的经验，你就成了这方面的专家了。以后，我们可以把这次的市场分析结果在重要媒体上发表……"

小赵因此觉得这项工作太有价值了。

方法二：鼓励下属自己设定自己的工作目标

对自己的工作，下属一般会比中层经理了解得更多。中层经理在向整个部门详细介绍了部门工作目标之后，可以让下属自己先定自己的工作目标。这样做，一方面使下属感到更有责任感，对问题的考虑更为实际，对潜在的问题提出设想和解决方案；另一方面，培养下属独立思考和解决问题的能力。

方法三：循序渐进

在刚刚实行目标管理下属们对此还不习惯时，先对下属进行引导，按照目标达成和实现的难易程度来进行设定，循序渐进，逐步推行，可以按照先易后难，近期目标较详细、远期目标比较概括，时间滚动等方式，以使下属从过去听从命令、领受任务的习惯做法中解脱出来。

方法四：目标与绩效标准的统一

有什么样的目标就应有什么样的绩效标准。

对于销售员甲、乙，可以针对他们的目标实施不同的绩效考核标准和激励政策。

(1)销售员甲

目标：全年销售额达到50万元。

绩效标准：不少于50万元/年。

激励政策：超过50万元/年销售额，超过部分给予销售额10%的奖励。

(2)销售员乙

目标：全年销售额达到30万元。

绩效标准：不少于30万元/年。

激励标准：超过30万元/年销售额，超过部分给予销售额5%的奖励。

由于不同的目标有不同的绩效标准和奖励标准,所以,在制订计划时,下属一般来说会追求更高一级的目标,因为,较低的目标会造成下属物质和精神利益的损失。

对于职能部门和服务部门的目标也是一样的,只不过注意在制定了目标后一定要同时确定目标的绩效标准。

方法五:向下属说明你所能够提供的支持

让下属知道能够得到什么样的支持对于下属建立工作信心很重要。因为,他知道你并不是对他的工作袖手旁观,而是随时准备提供帮助和支持。这一方法有三个要点:

(1)授权。充分授予下属为达到目标所必需的职权。

(2)明确告诉下属为达到目标所必需的能力是什么,以及下属的差距是什么。

(3)辅导。在下属的工作过程中,你将会在哪些方面予以帮助。由于工作能力、经验方面的问题,下属在制定工作目标及执行的过程中,很可能会遇到各种困难。职业经理人可以对下属进行辅导,为他们提供相关的信息和可利用的资源。

方法六:分析实现目标所需的资源和条件

不是与下属讨论这个目标太高还是太低的问题,而是分析实现目标所需要资源和条件。找到现有可用的资源和条件,以及在现有条件下完成工作目标所缺乏的资源,知道问题在哪里,自己的优势在哪里。

案例

销售目标	现有的资源和条件
我们今年的销售目标是1 000万元,需要重要客户40家	已有重要客户20家;宣传经费50万元;符合条件的销售代表6人

(三)如何实现从目标到计划

一旦制定了明确的工作目标,接下去的工作就是将所订立的工作目标转变为详细的行动计划,作为实现工作目标的支持系统,并使下属能够更好地理解和执行。实际上,计划是描述使用可以动用的资源达到预先设定的工作目标的方法,应当指出谁将要做什么,什么时候,什么地点,怎样来做以达到工作目标,是详细的工作方案。

1.制订计划的作用

一谈到计划很多人都认为:"计划有什么难的? 工作中出问题关键不是计划本身的问题,而是执行的问题,我们计划都定得不错,关键是大家不去执行,执行得不好。"你同意这种说法吗?

其实这种说法是不对的。一项工作从设想到实现固然有多种因素,特别是在执行中做得怎么样直接关系到最后的成果,但是,如果从一开始制订的计划就有问题的话,那么,就会做许多无用功。事实上,计划并不像想象的那样简单。工作中出现的很多问题,比如"计划赶不上变化"、"计划定了还不如不定"等,实际上大都是由于不恰当的计划所引起的。

我们的工作当中,有很大一部分是日常性的工作,可以通过制订计划,规范工作的完成。否则,经验不足的下属工作起来会摸不着头脑。他们本来期望一开始从上级那里得到详细的指导，告诉他们从什么地方着手、怎么开展工作，但现在只有你的工作目标，所以他们会很茫然，不知道到底该怎么去做，等到费了很大工夫，实在不行了，就要不断地去找上司，询问应该如何办，可能还要对已经做了的工作进行返工。这样，无法达到我们采用目标管理的目的，下属也不能充分调动积极性专注于工作，而是担心会不会做得不对；职业经理人还要不断被员工不时出现的问题所干扰，造成资源的浪费，工作效率低下。

另一种情况，对于比较有经验的员工，他们不用职业经理人费多少的力气，就能很好地领会工作的意图，独立地进行工作，但是他们掌握的资源信息可能并不完全，没有一个计划就贸然开始工作，只能是做到哪里算哪里，等到出了问题再想办法。

除此之外，缺乏工作计划，还会导致各个成员之间无法有效地配合，不能合理分配部门资源、人员和时间进度，事到临头时，才知道人手不够、材料不足、人员安排发生冲突，造成管理混乱、效率低下。同时，职业经理也不能掌握下属的工作进程，不能有效地进行监控，及时发现问题进行处理。

（1）计划将会鼓励团队精神，并且提升组织的形象

计划过程不仅仅只涉及员工自身工作的进展情况，同时，还要考虑其他成员的工作情况，员工出主意、想办法，彼此相互配合，共同分享相关资源和信息，以实现整个部门、组织的目标。而只突出自身的工作计划，可能妨碍其他成员的工作进展，无法实现整体的工作目标。

（2）计划过程将会有助于组织不断前进，实现组织目标

开始工作之前所制订的工作计划，有助于帮助员工更为仔细地了解所要完成的工作目标，采取合适的方式和方法进行日常的工作，应对可能出现的问题。总之，制定的工作目标是确定的，一般情况下，很少发生更改，而距离目标实现的一段时间内，将会发生的事件、遇到的问题等都是不确定的，我们最初制订的工作计划，是对今后工作的一个基本的、指导性的文件。

（3）计划是控制的依据

有的人制订计划，完全是"为了定计划而定计划"，上头让定个工作计划，我们就定了，交到职业经理那里，就没事了。职业经理也要求下属定计划，目的是了解下属为了完成工作目标所要采取的措施，有没有问题，需不需要职业经理进行更进一步的指导。而实际上，经过职业经理最后同意的工作计划，会作为职业经理监督下属工作进展和完成情况的主要依据。职业经理可以采用随时抽查、定时与下属开会交流、检查不同时间段应完成的工作情况等方法监督计划的完成情况。

（4）计划会根据外界环境、内部环境的变化进行调整

针对新情况、新问题，必须对原有的工作计划进行修正。事实上，计划是对各种可利用的资源、各种变化的反映。如果计划不能很好地反映外部、内部的各种变化，就无法完成最初所订立的工作目标。比如，职业经理根据目前部门内部员工的工作能力和经验及外部的条件，制订了详细的营销计划，可是计划进行当中，部门内几位员工离职，对原先由这几位员工承担的工作就需要进行调整，让别的员工兼做他们的工作、进行招聘找其他的人来做。

2.制订计划的好处

制订计划的好处有如下几方面：

(1)成功完成预期工作目标的可能性大大地提高；

(2)制订计划会使工作目标更为明确,使下属更为了解目标；

(3)计划使得工作目标的设定更符合实际情况；

(4)计划能够使工作更为有序、有系统；

(5)好的计划能够减少不可预见的阻碍或者危机出现的可能性；

(6)能更为轻松地处理突发的事件和问题；

(7)减少突发情况的发生,并使绩效表现和结果更加可控和预测；

(8)工作更加有效率,因为每一个成员都能直接投入工作,不需要浪费时间；

(9)成员的工作努力能够比较好地与工作结果相匹配；

(10)能够更为客观地评估结果。

3.制订计划的要点

(1)制订工作计划,一般包括以下几个方面：

①目前的情况——现在所处的位置

②前进的方向——做什么,向哪里前进

③行动——需要做什么才能达到

④人员责任——谁来做

⑤开始日期

⑥计划的阶段性反馈,或突发事件发生时的紧急处理程序

⑦结束日期

⑧预算成本

案例

我们以研发部门2014年度的研发计划为例：

目标:在2014年10月31日以前开发出目标管理多媒体教程。

计划:目前状况:(1)已进行过市场调研,对产品的市场前景和销售进行了定性和定量的研究。

(2)目标管理课程已被十余家客户所采用和认可。

(3)公司有开发多媒体教程的丰富经验。

(4)对国际企业先进的目标管理方法和中国企业的目标管理现状有一定的研究,并且积累了大约20万字的资料。

前进的方向:在2014年10月31日之前开发出目标管理多媒体教程,并开始推广发行。

行动:本计划共分四个阶段：

第一阶段,筹备阶段。

第二阶段,教材大纲和编写标准制定阶段。

第三阶段,教程内容编写和软件开发阶段。

第四阶段,论证完善阶段。

人员：第一阶段：筹备组成员五人……

第二阶段：……

第三阶段：……

第四阶段：……

从而使计划既成为指导工作进行的标准，同时又能够灵活地应对各种情况的变化。

可能遇到的问题和处理程序：

(1)对于大纲的讨论和审定

可能的问题：意见不统一，反复讨论，时间拖延。

解决方法：由研发负责人最后决定，给研发负责人充分授权，保证时间。

(2)标准是什么

可能的问题：以前没有开发过类似产品，产品没有完整的参照标准，而确认这一标准可能会花费较多的时间。

解决方法：标杆法。参照现在市场上和国外已出版的类似产品。

……

(2)制订计划的要点：

①分析要达到的工作目标；

②判断所处的工作环境；

③找出影响目标实现的决定性因素；

④分析所拥有的资源，如人员情况、产品优势、金钱、时间等；

⑤依据所拥有的资源和决定性因素，分析研究各种达到目标的可能方法；

⑥选择最有可能的方法；

⑦根据所选定的方法拟订具体的实施方案，将各项工作分配给各个人员并建立相应的评估和考核方法，以此对相应人员的工作进行考评；

⑧对于行动进行有效而合理的排序，哪些行动可以同时进行，哪些行动必须要按照一定的顺序进行；

⑨决定完成各个行动项目所要的时间，并得出整个计划完成所需要的时间；

⑩建立追踪计划、评估和修正的方法和程序，这样有利于：对执行人员由于自身工作能力、经验等方面原因造成的问题，进行辅导、人员补充和调换；对计划制订本身出现的问题，及时予以修正；对计划进行必要的修改以适应内外部环境的变化。

(3)此外，还需要一些其他技巧来保证工作计划能够顺利实施：

①正确的工作目标是工作计划得以顺利进行的基础，如果一开始制定的工作目标就出现了偏差，根本无法实行，那么无论运用什么先进的技术和经验，制订的计划都不可能实现。

②部门中有效的组织结构和运行系统也是必不可少的保证因素，组织不健全或组织结构混乱，成员之间没有配合，各自为政，需要互相配合的项目实行起来会非常困难，抗御突发事件的能力大大降低。

③部门经理的领导方式、下属的工作能力和共同的价值观也是影响工作计划进行的重要因素。一个有团队精神的部门往往强调成员之间好的关系，彼此能够接纳，共同对待

所遇到的问题和困难。这样一个部门集体,对于执行工作计划,进而完成工作目标,就是一个比较理想的组织单位。

(4)职业经理人目标管理过程中的常见误区

误区一:没有注意计划的滚动。

对于职业经理而言,长期计划是参照组织制度必须制订的年计划或是季度计划,有人认为既然定了年度或是季度计划,就万事大吉了,"按照公司或部门的年计划不就行了吗?"但是职业经理针对的往往是具体的业务,随时可能出现问题,需要灵活地加以应对,这就需要职业经理在制订的年计划或者季度计划的基础上,制订相应的月计划、周计划甚至每天的计划以利于实际工作的操作。

误区二:没有弹性。

制订了计划之后,想当然地认为凡事都要按照计划行事,不能进行改变,并且一旦要变更工作计划,就会埋怨无法集中精力进行工作。"计划变来变去的,让我们怎么工作?"

实际在日常工作当中,工作目标一旦确认下来,很少会发生变动。如果外部或内部因素发生变化,需要改变的不是已经确定下来的工作目标,而是为了达到最终提出的工作目标,所要采取相应行动的工作计划。应当明确,工作计划不是制订了以后,就成为一成不变的制度,它需要在实践过程中,不断进行修正,是滚动式的。

好的计划就是要给未来的变化留有一定的余地。计划的修改和完善本身就是计划的一部分。计划发生变化和修改并不能否定计划本身。

误区三:没有估计多种可能。

在制订计划时,没有充分考虑可能出现的情况,或者只考虑自己所熟悉的情况或者自己想到的情况。

例如,制订销售计划的时候,最基本的就是要想到三种情况:

第一种:出现有利条件所导致的最为乐观的情形;

第二种:出现最为不利条件所导致的最为悲观的情形;

第三种:正常条件下的情形。

针对这些情况,找出相应的解决方案,做出充分的准备,不要因为计划只考虑了一种情况,其他情况一旦发生使束手无策,临时找人手、紧急加班,或者富余人手,造成资源浪费、成本上升。因此。制订计划时,要充分考虑各种不确定的因素,并为处理不确定的因素留有一定的余地,当然,这种余地也要考虑为了留有余地,而产生的成本是否合理。

误区四:没有考虑资源和条件。

这种情况主要针对喜欢运用各种管理工具及凭借自己过去的工作经历进行计划编制的职业经理。偏爱利用各种工具搞出新名堂的职业经理,对自己制订的计划沾沾自喜,非常得意,然后不管下属是否能够接受得了。下属可能碍于职业经理的面子,害怕职业经理怀疑自己的工作能力,一味应承下来,但实际上并没有真正领会工作计划的实质和要求,这样,费了很大心血做出来的工作计划,成了一张废纸,下属无法按照这样的工作计划进行工作。另一种是不考虑实际的情况,仅凭过去的经验来制订工作计划,因为制订计划的前提假设就是错误的或不符合实际情况。所以,定出来的工作计划也就从根本上无法为下属的工作提供指导,更无法据此对下属的工作进行监督、控制和评估。

误区五：没有事先沟通和确认。

例如，研发计划的筹备阶段，需要从市场部收集和使用已有的资料。但研发部经理只是在计划中提出调集资料，并未同市场部经理就资料问题进行沟通。进入计划执行期间，找到市场部索要资料时，才发现现有资料需要一个月的时间进行整理，现在无法使用。显然第一阶段的时间不够用了。

（5）好计划的特征

- 详尽并且清晰，使目标不存在疑问：要完成什么？由谁来完成？什么时间完成？
- 完整，以避免行动之中有脱节；
- 一定要符合实际，以现有的人员、资源、时间可以做得到的；
- 具有弹性，使这个计划能够配合新的情况或者能够充分利用新出现的各种机会；
- 列出优先顺序，使行动成员都能了解什么事情是最重要的；
- 界定行动，使成员能明白哪些活动是希望他/她做到的，哪些是一定要做到的；
- 附有衡量该计划成功的标准；
- 事先同合作者进行充分的沟通；
- 定出日期以便定期检查计划的进展情况。

（四）工作追踪

1. 工作追踪的意义

（1）确认工作按照目标和计划进行；

（2）确认可以达到预计的工作成果；

（3）确认组织的政策、规定、程序被执行和遵守；

（4）及时发现潜在危险和问题，并做好准备，采取措施。

2. 工作追踪的原则

原则一：适时

适时发现问题，以便问题不会随着时间、情况的变化而变得复杂起来。

例如：市场研究部的小张近来的报告总是稍交迟些，质量也不如以前，这种情况，史经理可能的反应如表6-5所示。

表 6-5

反　　　应	后　　　果
谁都可能这样，算不了什么大事。	小张的报告交得越来越迟，他带着手上的资料到另一家公司上班了。没人能够及时接替他继续完成报告，造成工作拖延。
怎么回事？及时找小张交流，平时多注意观察。	知道小张想到其他公司去干，及时找到可以替代他的人，保证报告按时按质完成。

原则二：重要

如果没有追踪最重要的活动，而仅仅是关注次要的问题，那么工作追踪就不能对基本工作目标的完成提供任何的帮助，反而会偏离已达成的工作目标。

例如，为客户提供市场调查报告，帮助客户做出进入市场与否的决定。

市场研究部的史经理在对下属工作进行追踪时，对下属报告的格式过分苛求，结果下

属们将更多的时间和精力放到了编辑报告格式上,忽略了对数据的分析及其他主要的问题,导致偏离了原定的目标。

原则三:明确

如果不完全明了目前正在发生的事情,那么就无法采取有效的补救措施。

明确所要探讨的工作是什么,明确探讨工作的时间和地点,使下属感到上司对他所进行的工作非常重视,同时,也使双方都清楚要谈论的问题是什么,以便于双方针对具体问题着手准备,提高工作效率。否则,会有这样一种情况:

下属本来想通过与上司的会谈,反映自己遇到的问题,让上司帮助解决问题,可是职业经理并不太了解具体的情况,双方没有事先明确到底要谈什么,所以,会谈中领导顺着自己的思路,把问题扯到了别的地方,最后经过热烈的谈论,双方在别的问题上达成了一致,可当下属回去工作时,却感到自己的问题根本没有得到解决。

原则四:讲求实际

如果工作追踪过于复杂、琐碎,就得不偿失。谁希望一件工作的追踪,比这件工作本身更为复杂和困难呢?

另外,不要讲一些空泛的话、不可能实现的话。不切实际的话可能在短期内对下属起到鼓舞的作用,可是一旦下属认识到那是不可能的事情时,对下属的打击会更大,工作热情下降的速度远远大于它上升的速度。特别是对下属目前所进行的工作进行评价时,切记不能因为想鼓励下属的工作成绩,而忘掉自己是否真的有能力实现自己的承诺。

例如,职业经理说:"小王,你工作干得不错,将来派你出国进行培训,一定会让你去的。"这样的许诺超出了职业经理的职权范围,一旦下属得知你的承诺不可能兑现,一方面使你在下属心目中的地位和权威大大降低,另一方面下属后面的工作可能就无法正常地做好。

原则五:经济

如果追踪工作需要花费太多的话,那么整个工作的效率就必然会因此而降低,从而使工作无法成功。

我们可以利用计算机技术,比如 ERP 系统、项目管理的方法,将每个员工的工作目标、计划输入计算机,并同组织其他的部分相连接,进行系统化的管理,直接进行员工的工作追踪,在特定时间和情况下,同员工进行工作探讨。

实际上,工作追踪是一个耗费时间和精力的事情,所以,我们在进行工作追踪时,必须平衡其速度、经济性及精确性三者之间的要求,有时候,我们必须牺牲一些精确性,以便于工作追踪能够迅速高效率地进行。这就需要权衡工作追踪实际取得的效果和所要花费的时间、精力,如果为了某个员工的工作追踪,需要花费很大的精力,设计比较复杂的程序,那倒不如用简单、经济的追踪方法,只要能够取得比较令人满意的效果就可以了。

例如,虽然尚未得到下周的净销售数字,销售部肖经理根据他手上的订货资料知道,小赵的销售状况不佳,肖经理马上与小赵联系,以便找出改进方法,而不是等着最后资料送达再做处理。

这里忽略了准确。由于第一线业务的功能发生了变化,必须迅速对之做出处理。

3.工作追踪的步骤与方法

有的职业经理认为工作追踪应以下属的工作表现为主，每天都能保证不迟到、不早退，在领导视野所及的范围内勤奋工作的就是好员工，问他们这样做的理由，他们会说："我就看到某某工作认真了，所以他就是好员工，某某我从来没看见他干什么。"

职业经理不能以自己的好恶作为对下属工作追踪的标准。这样做，职业经理的精力有限，不可能对所有下属的工作表现都能凭主观的感觉判断，一方面造成工作追踪的片面性；另一方面，很可能伤害其他员工的感情，从而起不到工作追踪、进行阶段性工作评价的作用。到头来，没有人再去重视这个过程。

例如：

• 如果销售部经理注意到销售人员送来的销售报告中销售量和计划相符合，那么他继续看报告即可。

• 如果销售量没有达到目标的话，他必须自问：下属们是否正确地执行了销售计划？

• 如果计划执行恰当的话，他必须自问：是否使用了正确的标准？ 如果没有使用正确的标准，他必须另行采用更好的、更恰当的标准。

• 如果标准没有问题的话，他必须检查：计划本身是否有错误？ 一旦发现问题，他必须立即加以纠正。

• 如果计划看来可以的话，他必须检查：目标本身是否合乎实际？

但是，也不能否认下属由于个人工作能力和经验的差别，比如有的员工工作经验少一些、掌握的知识暂时比别的人少一些，工作起来可能比其他人慢一些，但工作非常努力，并且在不断寻找好的工作方法，对他们的工作评价，就不应仅仅局限于他们短期的工作成果，还应看到他们付出的努力，看到他们长期的、将会取得的成绩，并对他们的工作加以肯定。

因此，工作追踪应当着重客观性的标准——工作成果，同时也要兼顾主观性的标准——工作方法和个人品质。

有很多衡量成果和评价工作状况的标准，例如：产品的净销售值（金额或数量），销售费用，市场占有率，销售技巧，不同销售渠道的销售情况，对客户的访问频率、访问的效果，公司形象，报告的品质，个人销售效率，新开发的客户。

已经设定的工作目标是用来衡量成果的基础。

例：

• 销售目标与实际完成的销售额之间的比较

• 预定的销售费用与实际发生的费用的比较

工作计划是工作评估的基础。

例：

• 预计的客户拜访频率与报告中的拜访频率的比较

• 报告中拜访频率与实际核查出的拜访频率的比较

追踪的步骤之一——收集信息

方法一：个人工作报告

通过下属的个人工作报告，了解下属工作的进展情况、目前取得的工作成果，并且将个人工作报告作为一项制度进行执行，比如可以让员工每月都上交一份个人的工作报告，

对每月的工作做出总结,虽然这种做法可能看起来会加重员工的工作量,但是这种方法可以使员工定期对自己的工作进行反省,与此同时,也有利于职业经理及时了解员工的目前工作状况。然而应当看到,很多人喜欢在工作报告中突出自己的工作成绩,掩盖出现的问题,所以,职业经理应参照其他的资料来源,客观看待员工的个人报告。

方法二:部门、公司内部的客观数字资料

如销售额、费用报告、会计报告、生产出来的产品情况等,这些报告和实际的产品,一般都能够客观地反映员工个人的工作业绩,最具有说服力。

然而,对于非业务部门的员工,不像业务部门有明确的销售数字、量化了的工作成绩进行参照,就需要建立一套有效的报告机制,比如,公司内部"客户"报告,包括下属、上司和与之相关业务的其他员工的报告,公司外部"客户"即与之有工作接触人员的报告,可以将非量化的评价进行量化处理,以便全面而客观地反映员工的工作情况。

例如,你对于＿＿＿＿＿＿＿＿＿＿＿工作态度的评价是:

非常满意	满意	一般	不满意	非常不满意
5	4	3	2	1

方法三:会议追踪

职业经理同下属一同工作、开会,进行观察,形成评价意见。

会议参加各方——职业经理和相关下属应当做好准备,包括准备好相关的材料,如介绍目前工作进展的情况、遇到的问题、可能的原因和相应的工作建议等,有目的、高效率地开会。这样,职业经理在听取下属的工作汇报的过程中,一方面加强同下属的交流,更为直接地了解工作进展情况,提出自己的观点,帮助解决下属的工作问题;另一方面使经理人员对下属的工作状况、个人能力有比较直观的了解。

方法四:协同工作

在工作现场以下属协同者的身份,在不影响下属工作的条件下与下属工作,从而观察下属工作状况,以便于发现下属工作中可改进的地方。

例如,销售员小王今天要去拜访某一客户,肖经理向小王提出以协同者的身份(不暴露肖经理的身份,不参加与客户的交流,不进行现场指导)参加,同时,肖经理准备了协同拜访评估单,以便回来之后对小王的工作进行评估和指导。

方法五:他人的反映

包括本部门的同事、其他部门的同事、客户对于下属的反映。

他人的反映实际上包括了两种情况:

第一种情况:对人的。

例如,别的部门的人说:"你们部门的小王工作不太积极啊。"(显然这是对人的评价)

第二种情况:对事的。

例如,另一位销售员说:"我们部门的小王今天跟客户约的是我们早上八点半去拜访,结果,九点钟了他还没有到我们约定的地点。"(显然这是对于一个事实的描述)

职业经理对于他人的反映,凡是"对人的评价",统统不能予以采用;而对于"事实的描述"的反映,应作为以上几种追踪方法的印证。

追踪的步骤之二——评估

要点一：不可能一次使用所有述及的方法

评估下属实际工作的过程中，职业经理还有很多事情要做，而且也不只是评估一位下属的工作，如果考虑所有的有关方面以达到更精确的评估结果，就会把很多的时间和精力都放在评估上面，而忽略了解决问题、改进目标、计划等重大事情。为了避免这一类事情的发生，职业经理可以在事前或最初订立工作目标的时候，就将工作评估因素考虑进去，对评估因素按重要程度进行顺序排列，着重分析重要的评估因素，并找出重大的偏差情况，采取必要的措施予以纠正。

案例

市场部的史经理觉得拿他手下的小李不知怎么办好，小李是市场策划部的主力员工，每次在重大问题上都能显现出他独特的策划能力，交给他的案子几乎不用经理费神进行修改，可是他现在每天上班都迟到、下班又常常不打一声招呼就走，弄得策划部别的员工也纷纷效仿。史经理究竟如何对小李的工作进行评价呢？

公司有制度，制度定了就应该遵守，但是，市场策划工作又有别于其他部门员工的工作，他们可能在别人下班后才正式开始有效率的工作，所以，要么改变公司的考勤制度，要么部门经理只专注于对他们工作情况的评估，而不考虑其出勤情况。

要点二：按照工作重要性进行评估

在进行工作追踪时，也可以考虑采用对不同工作评估因素给予不同权数的方法，即对重要因素给予大的权数，对不重要因素给予小的权数，这样便于各部门、各项工作全面地进行工作评估，如表6-6。

表 6-6

销售部销售人员		HR 部门员工	
因素	权重（%）	因素	权重（%）
销售额	50	编报工资	30
销售费用	20	记录出勤	30
销售技巧	10	员工手册编制	25
发展客户	10	出勤	10
出勤	5	其他	5
其他	5		
总计	100	总计	100

（1）建立优先顺序，并选择最重要的考核标准，然后，专注于这些优先事项及标准。

（2）在分析下属工作时，应采用"例外原则"，仅分析重大的偏差情况，以避免在不重要的事情上花费时间和精力。

要点三：发掘发生偏差的原因

在分析这些偏差时,必须首先分清哪些是下属无法控制的因素所引起的,比如分配去做市场调研,但是经费迟迟无法到位,下属无法找到足够的调研员,从而延误工作的完成时间;其次还应当分清哪些原因归因于下属本人,比如由于下属工作不得力造成销售额没有完成。因此,职业经理应分清:

(1)什么情况是由于无法控制的因素而引起的;

(2)什么情况是归因于下属本身。

解决这种问题需要职业经理人员具备经验、智慧及常识。

正确地分清这两类原因,可以有针对性地采取相应的措施,属于下属本人的原因,可以从下属本人的工作能力、经验、工作态度和品质区别对待,进行工作指导、参加培训、加强工作监督、降低工作职位等;属于下属不可控制的因素,不能因为不可控的缘故,就轻易放过,就不采取相应的行动,同样要分析发生的原因、造成的危害,制定应急措施,尽量减轻今后类似情况发生时所造成的负面影响。

追踪的步骤之三——反馈

职业经理必须定期地将工作追踪的情况反馈给自己的下属,以便于下属能够:

(1)知道自己表现的优劣所在;

(2)寻求改正自己缺点的方法;

(3)使自己习惯于自我工作追踪及管理。

如果能够分析自己工作的实际成果,而不是被动地接受上司的工作追踪的话,那么下属将能够更容易地培养出自我工作追踪及自我管理的态度,增强责任感,发挥自动性,完成工作目标。

职业经理应当与下属共同讨论他们的成果,协助下属找出问题的所在及应对措施。

4.工作追踪中的问题

问题一:进行追踪时,使用的资料有偏差

用来比较成果与目标计划的资料,可靠性究竟有多大? 职业经理可能基于不正确,甚至错误的资料,错误地认为计划确实按规定进行,而实际并非如此。这里常常会出现假报告,个人工作报告中过分夸大自己的工作成绩,弱化或不提自己工作当中的问题和失误,不切实际的报告,等等。

销售部的小李这个月没有完成他的销售目标,肖经理试图找出其中的原因。肖经理知道小李非常了解他销售的产品,也有经验,知道如何介绍产品。根据小李的报告,他这个月拜访客户的数量和频率也符合要求。不过,一项更为详尽的分析使肖经理开始怀疑小李的报告。他看出:小李的报告中称他本月23日下午2时到某客户处拜访。但肖经理记得自己曾预定在22日去该客户处,客户的秘书说该客户出差要两天后回来。经调查,小李报告中的许多访问记录都是假造的。所以,单单看小李的报告是无法提供任何解释的。

问题二:不追踪到底

职业经理对下属的工作要追踪到底。不追踪到底,往往是工作失败的原因之一。

工作不能追踪到底的原因包括：

第一，职业经理相信，只要下属同意改正错误，就足以解决问题了。有的时候，我们看到只要下属同意，确实就能够解决问题。不过，大多数情况下，问题却不能解决，这可能是因为下属在执行其原始计划时，就发生了问题，让他执行改正措施并不可能解决其最根本的问题，或者下属迫于上司的压力，并没有真正反映问题、表达自己的意见。

第二，对一个问题追踪到底，需要花费很多的时间。由于工作压力的缘故，职业经理可能会认为，问题既然已经得到解决，就会将注意力转移到其他的事情上去。

所以，建议阶段工作追踪结束后，职业经理应书面记录下与下属就工作追踪所达成的新的执行方案、改进措施，双方各保留一份，并在下次追踪工作开始时，先行对其完成的情况进行评估。

问题三：经理的态度或行为

工作追踪过程中，职业经理的态度或行为，会破坏或提高追踪工作的效率。如果职业经理一直坚持事先预定的计划，无论如何都加以执行的话，下属就会养成自行培养出完成工作目标所需要的工作习惯，提高他们的工作素质和工作能力，发挥个人的才智。反之，如果职业经理对计划内的某些标准及目标，表现出松懈的态度，并且不热衷对工作进行追踪的话，那么他的下属就不会去重视这件工作，从而养成偷懒、工作不规范的习惯，造成计划、目标成为一纸空文，下属自行其是的混乱后果。

案例

公司要求每一位销售人员在向客户介绍产品时，都应当按照公司制定的推广顺序进行。但是，销售部肖经理却认为只要自己的手下能够完成制定的销售额就可以了，从不注意下属完成工作的计划和方法。所以，销售人员就不再在乎公司的这项制度——他们只向客户推荐自己认为容易销售的、利大的产品。

销售部肖经理的态度和行为决定了下属们工作的方式，公司的计划无法有效地实施。

问题四：只对做得不好的下属进行追踪

职业经理不但要对有问题的工作进行追踪，对做得好的工作同样也要进行追踪。这样做的原因在于：培养下属对工作追踪的正确看法和态度，不要让下属认为，一提到追踪工作，肯定就是经理在"鸡蛋里面挑骨头"，给自己挑错，因为追踪工作同样也起到激励下属的作用，通过了解下属的工作进展情况，肯定下属的工作方法和工作成绩，使下属继续向期望达到的目标努力。

问题五：没有制定计划和采用有效的手段进行工作追踪

职业经理要采取秩序井然、合乎逻辑而有效的方式，执行自己的追踪工作，以使其尽可能有效。

总之，工作追踪过程中，职业经理必须做到：

（1）态度客观公正，扮演下属工作辅导员的角色；

（2）对下属所取得的阶段性成绩给予积极的肯定，对下属遇到的问题、工作的失误，应协助下属找出问题所在；

（3）鼓励下属自己找出解决问题的措施，共同参与到工作追踪的过程中。

所有的追踪工作都指向一个目标:确保目标计划确实被遵循,并且找出纠正计划偏差的方法。

纠正偏差的要点:

第一,更好地训练。训练可以是来自外部的,如参加相关的培训课程,提高员工的工作技能;训练也可以来自公司部门内部,同下属一同完成一项工作,演示工作过程,协助下属改进工作方法。

第二,更频繁的讨论,以找出解决问题的方法。

第三,如果证实原因是所订立的目标不实际,或找不到完成该目标更佳的工作方法,那么,就应修改目标或工作计划。

5.克服追踪抗拒

职业经理在对下属的工作进行追踪时,下属往往表现得不以为然,即使是职业经理知道如何正确地追踪下属的工作,但是下属们不合作、抵触的态度也会使追踪工作达不到预期的效果。

(1)为什么下属会抗拒?

原因一:下属基于不想暴露自己缺点的思想,或者不愿意同他人合作寻求改进方法。

可能因为近来下属出于个人原因,没有按照计划的进度完成工作,他希望在计划剩余的时间内抓时间,把这一阶段的工作补回来,这时,他就会非常不愿意职业经理按计划或安排进行追踪工作;或者因为下属目前的工作能力没有达到一定程度,他希望在以后的时间通过自己的努力提高能力,把工作按时、按质、按量地完成,而现阶段他不期望上司了解到他的实际能力。

原因二:下属不清楚工作追踪的目的。

总认为是上司对自己不放心,有意监督自己的工作,抱着这种想法,又怎么能够以合作的态度,配合上司进行追踪,共同发现工作当中存在的问题,加以修正呢? 所以,职业经理应在目标制定或订立计划期间,事先与下属明确要进行工作追踪,并说明进行追踪的目的所在。

原因三:下属早在同职业经理制定工作目标时,就对自己的工作目标不认同。

"为什么要减少费用? 公司不是有足够的资金吗? 放着行政经费不缩减,却要我们销售节约!"

"为什么要减少销售费用? 现在客户要求越来越高,我必须要更多的开支,才能销售出去。"

下属不同意这些目标,有保留意见,即职业经理未能说服下属。所以,在下属的心目中,做这些工作就只是在机械地完成上司交给的工作,他本身没有什么积极性,谈到工作追踪就更是牢骚满腹了。因此,职业经理在工作最初开始时,应使下属认同自己所要承担的工作。

原因四:下属虽然认同自己的工作目标,但不认同评估成果的标准,或者达到目标的方法。

"我们可以增加销售量,但是,要增加17%实在是太多了,我只能够增加14%的销售量。"

这样，在上司用既定的标准对下属的工作进行阶段性的评估和追踪时，下属心中自然不满意。

原因五：下属不相信自己的表现能受到公平、正确的评估。

发生这种情况，可能是因为下属同上司有过矛盾，或者在下属的眼中，上司就是一个不公平的人，明显偏爱某些人，下属觉得再怎么做，也得不到应有的评价。

"根据公司的说法，我这个月的业绩只有 12 万元，但是，在最后一天，我得到了一份 15 万元的订单，而这一份订单却没有记入我这个月的业绩里。"

所以，作为职业经理，应尽可能保持公正、客观。

原因六：下属可能过分相信自己的能力。

"别人谁也不如我了解这项工作，谁也没有资格说三道四，要想看结果，就看总的工作结果吧，别来打搅我目前阶段的工作。"

特别是不屑于部门或者团队以外的人员提出的问题、指出的失误，认为这些人根本没有资格这么做。

原因七：不以为然。

认为工作追踪是上司没有事干，想找人谈谈，是在浪费时间，认为工作追踪起不到什么作用。

原因八：虽然在理论上，下属们同意工作追踪的必要性，然而，他们却认为工作追踪总是与坏消息连在一起。

"经理要和我谈谈我近来的工作情况，肯定是又发现我的什么错了。"

(2)如何克服下属的抗拒心理？

措施一：使下属了解有效工作追踪的必要。

向下属解释：

- 计划的偏差是很自然而且是可预知的；
- 及时觉察出偏差是非常重要的；
- 按照这种方式，他们会更容易达到目标；
- 如果下属更清楚自己的错误，他们就更容易进行改进；
- 职业经理越了解下属的需求，就越容易协助他们工作。

措施二：使下属了解工作追踪不是简单的监督工作情况，关键还在于辅助下属更好地完成工作，达成预定的工作目标，通过工作追踪，及时发现存在的问题，及时进行相关的调整，找到解决问题的方法和措施，这样，有利于下属独立工作能力的提高。

措施三：在设定目标、计划工作、追踪绩效表现，以及执行改正措施时，要让下属亲自参与。

措施四：工作追踪过程中，遵循对事不对人的原则，保持客观、冷静的态度。不能因为某位员工以前的表现，就总戴着有色眼镜评价他的工作，没有按预定的计划完成任务，仅仅应针对这件事进行批评，不要牵扯到无关的事情上去；不能在下属之间采用不同的评价标准，否则下属会认为这样的评价不公平，起不到追踪的作用。

措施五：不要以权威的形式、命令的方式进行工作追踪。职业经理应时刻牢记，目标管理过程中主要角色是完成各项工作的下属，自己承担的是引导、辅助的任务，以便充分

发挥下属的工作积极性,从而提高下属的工作能力。在工作追踪过程中,不是职业经理单向地检查下属的工作,对没有达到的地方进行批评,而是互动的、双向式的沟通形式,应当有针对某个问题的争论,这样才能达到总结工作的目的,从而找出工作中存在的问题,最终实现工作目标。

措施六:职业经理要对下属遇到的困难表现出理解的态度,并针对不同情况,努力帮助下属解决困难,对于较困难的与不可避免的问题要有弹性。

第七章 "激励菜单"点燃员工激情

世界上唯一能够影响对方的方法,就是给他所要的东西,而且告诉他,如何才能得到它。

——戴尔·卡耐基

1968 年,美国的两位心理学家罗森塔尔和雅各布森来到旧金山的一所小学,从一年级到六年级各选三个班级,对 18 个班级的学生"认真"地进行发展潜力预测之后,将"有优异发展可能"的学生名单通知了老师。有的学生在老师的意料之中,有的却不然。对此,罗森塔尔解释说:"请注意,我讲的是他们的发展,而不是现在的基础。"并叮嘱老师不要把名单外传。

8 个月后,他们对这 18 个班级进行了跟踪调查。结果发现,名单中的学生成绩比其他同学提高得更快,特别是原来不被老师看好的学生,不仅令老师和家长感到意外,就连他们自己也感到莫名其妙地进步了很多。

其实,这只是一项心理学实验,罗森塔尔提供的名单纯粹是随机抽取的。但是他们通过自己的"权威性的谎言"暗示老师,坚定了老师对名单上学生的期望和信心,同时,老师也不由自主地暗示了名单中的学生,偷偷地告诉他们教授说他们如何潜力无限、前途光明。接受了暗示的老师用友善和鼓励代替了过去的批评与惩罚,而这些学生也更加自尊、自信、自爱、自强,有了出人意料的发展。这就是著名的教育心理学上的"罗森塔尔效应",也叫期望效应。

由此可见,领导者对于员工的积极态度对发掘员工的潜力有多么的重要。这就是我们通常所说的:"你说他行,他就行,不行也行;你说他不行,他就不行,行也不行。"本章将介绍职业经理围绕激励菜单如何进行激励。

一、为什么要激励员工

建立正确的、符合企业根本利益的明确而不是模棱两可的价值标准,并通过激励手段的具体实施,明白无误地表现出来,这应该是团队领导中的头等大事。其实,经理人的日常工作过程就是通过激励团队成员实现团队绩效的过程,从这个意义上说,激励部属和他人的能力是经理人必备的基本功,这也是衡量经理人领导效能的一个重要标准。

（一）什么是激励

激励的英文单词是 Motivation，它含有激发、鼓励、动力的意义，所谓激励就是指个人在追求某种既定的目标时的愿望和愿意程度。激励的过程实际上就是发现并满足人的需求的过程，它以发现人的未能得到满足的需求开始，通过实施物质与精神等方面的激励行为，最后以对方的需求得到满足而告终。同时，当人的一种需求得到满足之后，新的需求就会产生，这就意味着下一个激励循环的开始。

（二）激励的功能

激励是人力资源开发的有效手段，是激发下属发挥潜能的基本措施，是点燃下属工作激情的星星之火。其作用主要表现在以下几个方面：

1. 挖掘员工潜力

古人说："明察秋毫而不见车薪，是不为也，非不能也。"意思是说，能看到细微的小事物，却说自己看不到一堆硕大的柴火，不是说真的看不见，而是不想看、不愿意看。在日常工作中，如果你发现你的一个下属明明有知识、有能力、有经验干好一项工作，而他却说自己干不了，或者在工作中表现平平、消极应付，那你就要从激励的角度找原因了。而一个能力一般的人如果得到恰当的激励，也可以做出令人刮目相看的业绩，这就是激励的作用。

哈佛大学的威廉·詹姆斯教授研究发现，部门员工一般仅需发挥出 20％～30％的个人能力，就足以保住饭碗而不被解雇；如果受到充分的激励，其工作能力能发挥出 80％～90％。其中 50％～60％的差距是激励的作用所致，这一定量分析的结果非常值得我们深思。每当出现困难情况影响工作任务完成时，我们总是习惯于改善现有设备和环境条件，殊不知，下属的身上还有如此巨大的潜力未被开发。如果我们把注意力集中在运用激励手段鼓舞员工士气上，很多看似不可逾越的困难和障碍很可能会迎刃而解。

2. 提高员工素质

激励就像一杆秤，它可以控制和调节人的行为趋向，恰当合适的激励会给员工的学习、实践和进步带来巨大的动力，进而促进员工素质的不断提高。如果对精诚敬业、业务专精、贡献突出的员工进行奖励，对马虎应付、没有业绩、屡教不改的员工给予适当的惩罚，无疑能发挥奖一励百、惩一儆百的作用，有助于员工明确奋斗目标，认识自身的差距，努力提高业务素质和工作水平，促进团队整体得到有效提升。

3. 增强团队凝聚力

行为学家研究表明：对一种个体行为的激励，会导致或消除某种群体行为的产生。也就是说，激励不仅仅直接作用于一个人，而且还直接、间接地影响到周围所有的人。激励有助于形成一种竞争气氛，对整个团队都有着至关重要的影响。所以，团队领导者要善于发挥"标杆激励"的作用，在团队内部大力开展"比学赶超"的激励运动，大张旗鼓地肯定、表扬与表彰积极、先进、创新的人和事，旗帜鲜明地批评、警告与惩戒消极、颓废、不负责任、得过且过的人和事。只有这样，才能树立正气、弘扬积极向上的团队精神，营造实干的团队氛围，增强团队的凝聚力和战斗力。

一封遗漏的信件

这是发生在美国速递公司的一件事。一次,公司的一名职工在把一批邮件送上飞机之后,忽然发现了一封遗漏的信件。按照速递公司的规定,邮件必须在发出后 24 小时之内送到收件人的手中,可这时飞机已经起飞,怎么办呢？这位员工为确保公司的声誉不受损害,果断地自掏腰包买了第二班飞机的机票,按照信上的地址,亲自把这封信送到了收信人的手中。后来,公司了解了这件事的经过后,对这位员工给予了优厚的奖赏,以表彰他这种认真负责的主人翁态度。这件事被永久地载入了公司的史册,它对形成良好的企业文化起了非常巨大的作用。由此,美国速递公司的职工以工作为己任、视公司声誉为生命的行为蔚然成风。

（三）激励的类型

不同的激励类型对下属的行为过程会产生不同程度的影响,所以激励类型的选择是做好激励工作的一项先决条件。

1. 物质激励与精神激励

物质激励与精神激励的作用对象不同。前者作用于人的生理需求方面,是对人的物质需要的满足,后者作用于人的心理需求方面,是对人的精神需要的满足。随着人们物质生活水平的不断提高,人们对精神与情感的需求越来越迫切。在物质相对丰富的今天,人们更期望得到爱、尊重,得到认可,得到赞美和自我实现,所以,精神激励的需求和作用会越来越突出。

2. 正激励与负激励

所谓正激励就是当一个人的行为符合团队的需要时,通过奖赏的方式来鼓励这种行为,以达到促使其持续和发扬这种行为的目的。所谓负激励就是当一个人的行为不符合团队的需要时,通过惩戒的方式来抑制这种行为,以达到促进其减少或消除这种行为的目的。

这两种激励类型目的都是要对人的行为进行强化,不同之处在于二者的方向相反。正激励起正强化的作用,是对行为的肯定;负激励起负强化的作用,是对行为的否定。还有一种既不表扬也不批评、既不奖励也不惩罚的状态,我们把它叫作零激励。这种特殊的激励类型也是应该引起注意和思考的。

3. 内激励与外激励

内激励是指由内酬引发的、源自于团队成员内心的激励;外激励是指由外酬引发的、与工作任务本身无直接关系的激励。

内酬是指工作本身的刺激,即在工作进行过程中所获得的满足感,它与工作任务本身是同步的。追求成长、锻炼自己、获得认可、自我实现、乐在其中等内酬所引发的内激励,会产生持久性的作用。

外酬是指工作任务完成之后或在工作场所以外所获得的满足感,它与工作任务不是同步的。比如,一项工作需要加班,对待加班的问题,其实有三种取向:第一种是加班有报酬,有加班工资,可以增加收入,改善自己的生活;第二种是加班能够尽快完成自己的工

作,实现出色的业绩,不至于被批评或被扣工资;第三种则是加班是完成自己创新和创意的需要,能够尽快把自己的设想变成现实。可以看出,前两种情况基本属于外酬引发的激励作用,一旦外酬消失,不发奖金或不扣工资,加班的积极性可能就不存在了。而最后一种情况则是由内酬引发的自我激励行为,与奖金和扣工资关系不大。可以看出,由外酬引发的外激励是难以持久的,而源自员工内心的自愿与自我实现的内激励则是可以历久不衰的。

大师智慧

　　盘活企业,首先盘活人。如果每个人的潜能都发挥出来,每个人都是一个太平洋,都是一座喜马拉雅山,要多大有多大,要多深有多深,要多高有多高。

——李厚霖

（四）激励的过程

激励的目标是使团队中的成员发挥出其潜在的能力。激励是一个连锁过程,一般情况下,我们可以用图 7-1 来表示。

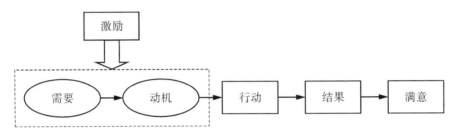

图 7-1　激励过程图

一个人从有需要直到产生动机,这是一个心理过程（上图中以虚线框表示）。比如当一个下属做了一件自认为十分漂亮的事情后,渴望得到上司或同事的赞赏、认可和肯定,这就是他渴望被上司激励的心理“动机”。这时,如果上司及时而得体地用表扬“激励”了他,他在今后的工作中会更卖力,甚至做得更好,这就使他产生了努力工作的“行为”,而这种行为肯定会导致好的“结果”,最后达到下属和上司都“满意”的成效。

汇源集团总裁朱新礼认为,激励必须走在人的欲望与要求之前。人的欲望从反面讲,是贪得无厌,但从正面讲,就是人类进步发展的动力。激励机制是汇源企业文化的组成部分,通过激励来确定提倡什么、反对什么,奖励什么、惩罚什么。所以,对企业来说,激励的过程是:发现员工需求→洞察员工动机→制定激励政策→实施激励措施→员工受到激励→产生积极行为→形成期望结果→公司、主管、员工、客户等多方满意。

二、职业经理人的激励菜单

（一）什么是激励菜单

所谓激励菜单,指的是借用菜单表单的方式列出激励资源或者激励方法。

激励的方法是多种多样的,每个公司都可以根据自己的情况编制一份自己的“激励菜单”。值得注意的是在公司里,激励的方法实际上分为两类:一类是公司制度层面上的,需要公司高层决定的,这类激励方法制成的激励菜单职业经理人不能直接动用,必须经过授权或公司做出决议后才能动用;另一类是非制度层面的激励方法,这类激励方法制成的激励菜单职业经理人可以直接动用。

（二）职业经理人可以动用的激励菜单

公司高层采用的激励方法一般是以制度规定下来的,职业经理所能运用的激励方法则主要体现在细微之处,而且更为人性化,如表扬、道贺、感谢、创造和谐的工作氛围、减少批评和指责等。职业经理一定要善于发现和运用身边可动用的资源。其激励菜单如表7-1 所示。

表 7-1　可动用的激励菜单

激励方法	特　点
▶职业经理亲自向下属道贺 ▶公开表扬 ▶让员工到办公室,当面感谢 ▶帮助员工做一件他最不愿意做的事 ▶请公司的老总或让你的上司会见你的下属,表示感谢	• 不要经常做 • 选择关系到公司的重大工作完成后进行
▶一起去吃饭,你请客 ▶看到员工做得好,立即表扬他 ▶员工有哪些地方做得好时,立即告诉他 ▶告诉其他员工,你对某个员工的工作相当满意	• 只要你能承受 • 随时
▶讨论员工的想法或建议时,首先对这个建议予以适当的肯定,或者将这个建议称赞几句 ▶写工作报告、工作总结时,要提到执行工作的员工姓名,不埋没员工的功劳 ▶替员工承担过失 ▶使用优秀员工的姓名,来为某一计划命名 ▶部门内部"排行榜" ▶送鲜花给有成绩的女职员 ▶把高层人士向杰出员工祝贺的相片拍下来,送给他	• 随时 • 偶尔 • 注意分寸
▶一个项目完成后,外出放松半天,干什么都行 ▶让优秀员工做某个项目的临时负责人 ▶请公司总经理给杰出员工写贺信 ▶员工工作受挫折时,表示理解 ▶送下属虚拟的业绩,使他的业绩达到某一数量	• 请示后进行 • 只要项目决定权在你 • 注意分寸 • 分清场合、注意分寸
▶将你手中的客户交给他做,增强他的信心 ▶把其他一些好差事交给他做 ▶你替他应付一些难对付的客户 ▶让他代表部门参加公司会议	• 新入职者 • 特别有必要时
▶给予他更多的辅导 ▶和他在一起讨论问题 ▶在业务会上,专门提到他的业绩 ▶把公司给部门的旅游、出国等名额给他 ▶帮员工处理家庭难事	• 让其他下属知道

续表

激励方法	特 点
▶集体旅游 ▶会餐 ▶让员工参加同业大会或专业性会议 ▶让他去拜访大客户 ▶让他去风景好的业务点出差 ▶陪他一起健身 ▶让他坐部门里位置最好的座位 ▶出差买玩具给他的孩子 ▶给他接触公司高层的机会 ▶请下属到家里做客 ▶当着你朋友或配偶的面,表扬下属	• 请示后,部门集体自费 • 集体自费 • 只要有机会 • 座位的位置可以显示重要性 • 偶尔 • 只要你的配偶同意
▶介绍名人或专家给你的下属 ▶围绕杰出下属成立项目组 ▶表扬那些能够替别人着想的员工 ▶当你听到别人对你的下属正面评价时,尽快让下属知道,必要时当面告诉他	• 公开表扬 • 立即
▶向公司上层反映下属的建议,提到下属的名字,并把上层的肯定意见及时反馈给下属 ▶用图表或三角板展示部门员工业绩 ▶生日祝贺 ▶让下属主持部门会议	• 立即 • 部门内 • 可以轮流
▶定期向员工通报公司的状况,把其他员工的特殊表现,或其他部门的特殊贡献提出来 ▶与下属商量部门内的重大决定 ▶设立一个部门特别奖 ▶搞小活动,给员工一个意外惊喜 ▶部门内小型聚会	• 取得上司同意 • 单独进行 • 取得上司同意
▶为祝贺某位下属取得的成就,在部门里举行一次未事先通知的庆祝会 ▶选拔"最酷的男士"、"最柔的女士" ▶授权给优秀的下属 ▶让下属诉苦 ▶让下属自己制订工作计划 ▶让下属挑选某项工作	• 就某件事的授权 • 非计划内工作

（三）职业经理人不能直接动用的激励菜单

属于高层掌握的激励资源一般表现为以下七个方面：奖励制度、职业发展、晋升、员工持股、加薪、福利、显示身份,此类激励资源职业经理不能直接动用。把它做成激励菜单如表7-2所示。

表7-2 不能直接动用的激励菜单

激励方法	特 点
(1)奖励制度 ①设计未来奖励方法: 在公司的使命和目标前提下,由全体员工共同设计公司的未来,提出设计方案,全体员工都在奖励的对象之中,整项奖励计划都由员工来推动;全体员工不仅每个人都有资格得奖,而且每个人都有资格参与选拔获奖人。 方法:自由提名、分级筛选、员工投票。 类似的奖励: 品质奖 卓越奖 有平均奖(找出最大问题)	优点: • 提高员工的参与感 • 提醒员工关注公司未来 • 通过对共同未来的认同,增强归属感和凝聚力 • 花费不多 缺点: • 可能会占用较多时间
②百分俱乐部 方法:全勤20分、完全遵守规则20分、客户无投诉20分、节省成本20分、合理化建议20分 类似的奖励: 最高得分奖 最低得分奖 百分百沙龙	优点: • 使员工为荣誉而努力 • 使员工了解和明白可以改进的方向 • 操作简单方便 缺点: • 处于得分中间的员工可能比较无所谓
(2)职业发展 方法: • 依据员工各自的业务送他们去外面参加会议、讲习班或研修班 • 让员工在职攻读更高的学位或学历,如MBA • 举办内部培训,让员工参加 • 为员工制订专项职业发展计划 • 公布明确的职业发展路径	优点: • 87%的员工相信,给予员工特殊的在职培训,是一种积极的激励 • MBA热,使75%的中国雇员认为如果公司出钱让他们读MBA的话,对他们是一个很好的激励 缺点: • 比较昂贵 • 可能影响工作,如脱产
(3)晋升 方法: • 升职或升级 • 让他主持一个项目 • 让他做顾问 • 给予充满荣誉的职务 • 给予特别任务	优点: • 一般来说激励效果明显 缺点: • 职位有限 • 提高某个人的地位可能会有些副作用 • 难以多次重复使用
(4)员工持股 方法: • 将公司的若干股份作为奖励,给员工以期权等形式,或直接奖给员工 • 员工持股计划 • 每名员工都有分红的权利 • 内部股	优点: • 使公司成为员工自己的公司 • 为了自己的事业而工作 缺点: • 股权变得更敏感 • 有时代价很高 • 难以操作

续表

激励方法	特　点
(5)加薪 方法： • 增加其基本工资标准 • 增加津贴额 • 增加其他取得更多收入的机会	优点： • 加薪是一件令人高兴的事 • 对于迫切希望挣很多钱的员工来说，具有激励作用 缺点： • 有不少员工认为是应该的 • 成本较高 • 由于加薪一般是定期(年度)进行，有不少员工认为是应当的、例行的
(6)福利 方法： • 美味的工作餐(免费) • 严格的社会保障 • 额外的商业保险 • 为员工提供饮料或食品 • 报销子女的部分入托费或学费 • 交通补贴　• 住房补贴　• 班车 • 住宅电话　• 健康保险储蓄 • 购买健身卡　• 送健身器械 • 节日礼金　• 付钱为员工订杂志 • 美容	优点： • 培养出员工的归属感 • 感受到公司对员工的关怀 • 与其他公司相比，有优越感 • 稳定大多数员工 缺点： • 费用比较高 • 如果公司没有很好的竞争机制、福利项目，很容易养出惰性 • 与员工工作成就无关
(7)显示身份 方法： • 配专车　• 配秘书　• 宽敞的办公室 • 令人尊敬的"名分"　• 弹性工作时间 • 会员卡、贵宾卡	注意事项： • 适用于较高职位的人员

（四）间接动用高层掌握的激励菜单

对于高层掌握的激励资源，你也可以通过特定的方式来动用它们。例如：

1.绩效考核

规范化管理要求有完善的绩效考核，它是对员工工作的评价，与薪酬、晋升、奖励等有密切的关系。这一环节是由中层经理具体操作的。中层经理可以通过做好公平、有效的绩效考核，提高下属的工作积极性。

2.提供帮助和辅导

例如，帮助下属改进工作方法、提高工作效率，使其更快获得晋升。

三、职业经理人通过激励菜单制定的激励方法

通常认为，给员工提供更高的薪酬、更好的待遇就可使员工快乐，达到激励效果。金钱的确是激励员工的主要因素，一个稳固优厚的报酬计划对吸引、保留优秀人才非常关键，但在实践中金钱并不是唯一的解决办法，在许多方面也不是最好的解决办法。在反对过分依赖金钱因素激励方面，管理大师彼得·德鲁克曾指出："经理人必须真正的降低物

质奖励的必要性,而不是把他们当作诱饵。如果物质奖励只在大幅提高的情况下才产生激励效果,那么采用物质奖励就会适得其反。物质奖励的大幅增加虽然可以获得所期待的激励效果,但付出的代价实在是大,以至于超出激励所带来的回报。"

对于大多数经理人来说,行使加薪、升职等硬性的激励权力有限,但有作为的经理人并没有放弃激励下属和员工的努力,他们在管理实践中,创造性地总结了不少行之有效的低成本甚至零成本的软性激励方法。

1.不断认可

当员工完成某项工作时,最需要得到的是上司对其工作的肯定。上司的认可就是对其工作成绩的最大肯定。经理人对下属认可是一个秘密武器,当下属表现优异或者取得了哪怕微小的进步的时候,上司不妨发一封邮件给员工,或是打一个私人电话祝贺下属取得的成绩,或在公众面前跟他握手并表达对他的赏识。另外,拍拍员工的肩膀,写张简短的感谢便条等,这类看似微不足道的认可与鼓励,比公司每年召开盛大的表彰大会效果可能更好。

不懂激励的主管

有一个员工出色地完成了任务,兴高采烈地对主管说:"我有一个好消息,我跟踪了两个多月的那个客户今天终于同意签约了,而且订单金额会比我们预期的多20%,这是我们这个季度最大的订单。"但是这位主管对那名员工的优异业绩却反应冷淡:"是吗?你今天上班怎么又迟到了?"员工说:"二环路上堵车了。"此时主管严厉地说:"迟到还找理由,都像你公司业务还怎么做!"员工垂头丧气地回答:"那我今后注意。"一脸沮丧的员工有气无力的离开了主管办公室。

通过上面的例子可以看出,该员工寻求主管激励时,不仅没有得到任何表扬,反而只因偶尔迟到之事,遭到主管主观、武断的训斥,致使这名员工的工作积极性受到了极大的挫伤。实际上,管理人员进行激励并非一件难事,对员工进行口头上的认可,或通过表情传递都可以满足员工被重视、被认可的需求,从而收到激励效果。

我的经营理论是要让每个人都能感觉到自己的贡献,这种贡献看得见,摸得着,还能数得清。

——杰克·韦尔奇

2.真诚赞美

中国人总是吝啬于自己的情感表达,对于赞美别人更是金口难开。其实,赞美下属并不复杂,你随时随地都可以称赞他们,如在会议上、正式或非正式的集会和宴会上等,任何可能之时都可以给予一句话的称赞。最有效的做法就是走到下属中间,告诉你的下属:"这是一个令人激动的创意!""你做得太棒了,再加把劲创造咱们公司的纪录,到那时我要给你开庆功会。"……总之,要抓住任何一个立即传达赞美能带来积极影响的机会。

《1001种奖励员工的方法》的作者鲍勃·纳尔逊说："在恰当的时候从恰当的人口中道出一声真诚的谢意,对员工而言比加薪、正式奖励或众多的资格证书及勋章更有意义。这样的奖赏之所以有力,部分是因为经理人在第一时间注意到相关员工取得了成就,并及时地亲自表示嘉奖。"

3.荣誉和头衔

为工作成绩突出的员工颁发荣誉证书,强调公司对其工作的认可,让员工知道自己在某个方面是出类拔萃的,更能激发他们工作的热情。

员工感觉自己在公司里是否被重视是决定工作态度和员工士气的关键因素。经理人在使用各种工作和荣誉头衔时,要更有创意一些。可以考虑让员工提出建议,让他们接受这些头衔并融入其中。从根本上讲,这是在成就一种荣誉感,荣誉产生积极的态度,而积极的态度则帮助员工不断进步并走向成功。比如,你可以在自己的团队设立诸如"创意天使"、"智慧大师"等各种荣誉称号,每月、每季、每年评选一次,当选出合适人选后,要举行隆重适当的颁奖仪式,让所有团队成员为此而欢庆。

4.一对一指导

不少经理人往往担心指导下属会浪费自己的时间,其实,大多数情况下指导下属正是经理人日常工作内容的一部分,而且,上司对下属的指导意味着你关心他的发展,你非常在乎他们! 这一信息对下属来说无疑是重要的,也是他们最为看重的。在指导的过程中,下属会清楚地了解你对他们的期望,并强化上下级之间的关系和情感交流。

同时,作为员工来讲,他们都希望了解自己的潜力是什么,他们将有哪些成长的机会,他们是否能够从内部得到提升。所以,每隔一段时间,上司要抽出时间就下属的职业发展与进步进行推心置腹的交流,并给予真诚的指导和帮助,这将使下属看到自己的职业发展方向和希望,更能激发他们的工作热情和积极性。

经理人可以建立一个员工职业发展指导记录表(见表7-3),每季度、每半年或每年与下属就其职业发展问题交换意见。

表7-3　员工职业发展指导记录表

姓名	职业倾向讨论	职业方向路径	未来职业目标所需知识技能	现存差距	改善与加强建议
王×					
刘×					
……					

案 例

韦尔奇的便条

读过《杰克·韦尔奇自传》的人,肯定对韦尔奇的便条式激励管理记忆犹新。1998年,韦尔奇对杰夫·伊梅尔特(后来成为他的接班人)写道:"……我非常赏识你一年来的工作……你准确的表达能力及学习和付出精神非常出众。需要我扮演什么角色都可以——无论什么事,给我打电话就行。"2001年2月19日,杰克·韦尔奇又给杰夫·伊梅尔特写了一张便条:"祝贺你——祝贺你在通用电气医疗领域的经历,祝贺你被选为世界上最好的公司的首席执行官,祝贺你在新的岗位上作为一个良好的开端。我早就知道你是好样的——但是你比我想象的还要好。我期待着为你呐喊加油,并且只要你觉得有必要,随时都可以找我。"

在这本书的后面有韦尔奇从1998年至2000年写给杰夫的便条。这些充满人情味的便条对下级或者朋友的激励让人感动,而这种尊重和付出也带来了韦尔奇所料想不到的巨大收获。

5.领导角色和授权

授予员工领导角色,以表彰其表现,不仅可以有效地激励员工,还有助于识别未来的备选人才。比如:让员工主持简短的会议;当某位员工参加培训或考察后指派其担任团队培训会议的领导,让他对团队成员进行再培训;让员工领导一个方案小组来改善内部流程;成立一个类似于"青年突击队"的团队,并让员工轮流担当队长等。

授权是一种十分有效的激励方式。授权可以让下属感到自己担当大任,感到自己受到重视和尊重,感到自己与众不同,感到自己受到了上司的偏爱和重用。在这种心理作用下,被授权的下属自然会激发起潜在的能力,甚至为此赴汤蹈火也在所不辞。

福特汽车公司在设计兰吉尔载重汽车和布朗Ⅱ型轿车的时候,大胆打破了那种"工人只能按图施工"的常规,公司把设计方案拿出来,请工人们"说三道四",参与设计决策并提意见。结果,操作工人总共提出了749项建议,经过筛选公司采纳了542项,其中有的建议效果十分明显。比如,以前装配车架和车身,操作人员要站在一个槽沟里,手拿沉重的扳手,低着头把螺栓拧上螺母。由于工作吃力而且不方便,因而往往干得马虎潦草,影响了汽车的质量。工人格莱姆说:"为什么不能把螺母先装在车架上,让工人站在地上就能拧螺母呢?"这个建议被采纳后,既减轻了劳动强度,又使质量和效率大为提高。所以,经理人应该明白,对工作最有发言权的是你的员工而不是你自己,授权给下属或权力下放,不仅能解决很多原来没有解决的实际问题,更能够调动下属自动自发的积极性,因为这是他们被尊重与自我实现的机会。

6.团队聚会

不定期的团队聚会可以增强凝聚力,同时也有助于增强团队精神,而这样做最终会对工作环境产生影响,营造一个积极向上的工作氛围。如中秋节前夕的晚会、元旦前的野餐、重阳节的爬山、妇女节前的出游、员工的生日聚餐、团队庆功会等,这些都可以成功地将员工聚到一起度过快乐的时光。同时,最好再将这些活动通过图片展示、DV摄制等手段保留下来,放在公司或团队的网站或网页上,让这些美好的回忆成为永恒,时刻给员工以温馨的体验与团队归属的激励。

7.主题竞赛与活动

组织内部的主题竞赛不仅可以促进员工绩效的提升,更重要的是,这种方法有助于保持一种积极向上的环境,增强员工对团队和公司的忠诚感。一般来说,可将周年纪念日、运动会等作为一些竞赛的主题,还可以以人生价值的探讨、工作中的问题、价值创新、团队合作、爱心互助等为主题开展一些读书报告会、主题演讲会、创意设计大赛、感恩之旅等活动,这些活动的举办无疑会给员工带来快乐的感觉,活跃团队的氛围并强化团队的凝

聚力。

8.榜样

标杆学习是经理人团队领导的一个重要武器。榜样的力量是无穷的,通过树立榜样,可以提高全体成员学习进步的积极性。虽然这个办法有些陈旧,但实用性很强,一个优秀的榜样可以改善群体的工作风气。树立榜样的方法很多,有日榜、周榜、月榜、季榜、年榜,还可以设立单项榜样或综合榜样,如创新榜、总经理特别奖等。

麦当劳的全明星大赛

麦当劳公司每年都要在最繁忙的季节进行全明星大赛:先由每个店选出自己店中的第一名,每个店的第一名将参加区域比赛,区域中的第一名再参加公司的比赛。整个比赛都是严格按照麦当劳每个岗位的工作程序来评定的,由公司中最资深的管理层成员作为裁判。

竞赛期间,员工们都是早来晚走,积极训练,大家期望能够通过全明星大赛脱颖而出,奠定自己个人成长和今后职业发展的基础。发奖的时候,公司主要高层领导都亲自参加颁奖大会,所有的店长都期盼奇迹能出现在自己的店中,因为这是他们集体的荣誉。很多员工在得到这个奖励后也非常激动,其实奖金也就相当于一个月的工资,但由此而获得的荣誉感却是巨大的。

9.目标与愿景

为工作能力较强的员工设定一个较高的目标,并向他们提出工作挑战——这种做法可以激发员工的斗志,激励他们更出色地完成工作。同时,这种工作目标挑战如果能适当结合物质激励,效果会更好。一家外国公司为了迅速拓展中国市场,制定了一个大胆的目标:2005 年要比 2004 年销售额翻一番。根据这种产品和当时的市场竞争状况,大家心里都觉得难以完成任务,包括中国区总经理在内。但目标下达之后,按照销售政策,公司购置了宝马、奥迪、本田、现代等样车放在公司楼下作为奖励,每一辆车上都清晰地标注着要完成的销售额。事实是 2005 年年底,该公司超出预定目标 60% 的比例完成了任务,创造了该类产品和该公司亚太销售的奇迹。

卓越的领导者是一个卓越的梦想和愿景的布道者。他们经常以鼓舞员工的方式传播公司的愿景,给予员工实实在在的责任。而且,他们对员工的每次成功都给予认可和奖励。华为总裁任正非在创业初期曾说:"我们以后一定要建造大阳台的房子,这样如果我们的钱发霉了,就可以把钱放在阳台上面晒一晒。""华为阳台"的故事一直流传至今,这其实就是一种愿景激励。

10.传递激情

自称是"激情分子"的杰克·韦尔奇登上通用电气总裁宝座时说:"我很有激情。通过我的激情来感染我的团队,让我的团队也有激情,这才是我真正的激情所在。"杰克·韦尔奇为把自己的激情传递给他的团队,凡是出差到分公司,即使时间再紧张,身体再疲劳,他也要抽出一定的时间,给分公司所有员工讲话,除了专业知识以外,他还告诉他们如何看待自己的职业生涯,应具备什么样的态度,如何使自己准备好,如何提升自己的信心。杰克·韦尔奇的每一次演讲总能让听者热血沸腾、备受鼓舞。

四、职业经理人运用激励菜单的技巧

对于员工的激励问题,由于公司的实际情况和经理人的领导风格不同,激励政策和措施也会千差万别。激励政策与其他管理制度的不同之处在于:激励具有更大的风险性,如果它不给公司带来正面的影响,就很可能带来负面的影响。所以,经理人在制定政策和实施激励行为时一定要谨慎,应该遵循和注意一些基本的技巧。

技巧之一:因人而异

人的需求就像人的指纹一样千差万别,不同员工的需求不同,即便是同一位员工,在不同的时间或环境下,也会有不同的需求。所以,激励要因人而异,并且因员工不同时期的需要而异。在制定和实施激励政策时,经理人首先要调查清楚每个员工真正需求的是什么,并将这些需求整理归类,然后制定相应的激励政策,达到"你所给予和激励的正是他所需要的"。

针对员工的需求量身订制激励措施,要求经理人提供的奖励必须对员工具有意义,否则效果不大。每位员工能被激励的方式不同,经理人应该模仿自助餐的做法,提供多元激励,供员工选择。例如,对上有父母、下有儿女的女员工而言,给予其一天的假期奖励,比多发奖金或许更具有吸引力;对于衣食无忧、渴望上进的单身汉,奖励他们外出学习培训可能正是他们的最大愿望。所以,在管理实践中,经理人要努力避免方案单一,才能最大限度地利用激励资源,并达到激励效果的最大化。

技巧之二:公平公正

"不患寡而患不均"可以说是人们的一个普遍心理,所以,无论是激励政策的制定,还是激励措施的实施,经理人都要十分注意激励的公平与公正。任何不公的激励行为,哪怕是你的一个眼神、一句赞扬的话,都会招来其他下属的不满和抱怨,进而影响到他们的工作效率和工作情绪,这就是我们通常所说的"表扬了一个人,打击了一大片",不仅起不到激励的作用,还会起到负面的作用,浪费激励资源,影响激励效果。

因此,取得同样成绩的员工,一定要获得相同层次的奖励;犯了同样错误的员工,也应该受到相同层次的处罚。不可亲疏有别、厚此薄彼,如果做不到这一点,宁可暂时不激励。做出激励行为时,抱有一颗公平、公正的心,不带任何偏见和倾向。即使是你不太喜欢的下属,只要他们做出了成绩,就应该得到正面的激励;同理,即使是你喜欢的下属,只要他们犯了错误或完不成目标任务,你也应该公正的执法,让他们得到应有的惩罚。

技巧之三:奖励正确的事情

如果我们奖励错误的事情,错误的事情就会经常发生。这个问题虽然看起来很简单,但在具体实施奖励时却常常被经理人所忽略。有一个流传很广的故事:渔夫在船上看见一条蛇口中叼着一只青蛙,青蛙正痛苦地挣扎。渔夫非常同情青蛙的处境,就把青蛙从蛇口中救出来放了生。但渔夫又觉得对不起饥饿的蛇,于是他将自己随身携带的心爱的威士忌让蛇喝了几口,蛇愉快地游走了。渔夫正为自己的行为感到高兴时,突然听到船头有拍打的声音,渔夫探头一看,大吃一惊,他发现那条蛇正抬头眼巴巴地望着自己,嘴里还叼着两只青蛙。

"种瓜得瓜,种豆得豆",渔夫的激励起到了作用,但这和渔夫的初衷是背道而驰的,本想救青蛙一命的渔夫,却由于不当的激励使更多的青蛙遭了殃。奖励得当,种瓜得瓜;奖励不当,种瓜得豆。经营者实施奖励最忌讳的莫过于奖励的初衷与奖励的结果存在很大差距,甚至南辕北辙。比如有的上司可能不经意间表扬了一个下属工作总结写得漂亮,结果,所有的下属都把精力放在写总结报告上,久而久之,形式主义盛行,自我表扬泛滥,而这位上司却不知道原因何在。

技巧之四:及时激励

不要等到发年终奖金时才打算犒赏员工,也不要总是在年终时才评选和表彰先进。在员工有良好的表现时,就应该尽快给予奖励。等待的时间越长,激励的效果越可能打折扣。

"金香蕉奖"的启示

美国一家名为福克斯波罗的公司专门生产精密仪器设备等高技术产品。在创业初期,碰到了一个久久不能解决的技术难题,如果这样下去,公司的生存很成问题。一天傍晚,正当公司总裁为此大伤脑筋的时候,一位技术专家急急忙忙地闯进他的办公室,说找到了一个解决办法。听完专家的阐述后,总裁豁然开朗,喜出望外,便想立即给予嘉奖。可他在抽屉中找了半天,只找到了早上上班时老婆塞给他的一个香蕉,这时,他也顾不上多想,激动地把这个香蕉恭敬地送给这位专家,并说:"吃了他,好补一补你的脑子!"这是他当时所能找到的唯一奖品了,技术专家为此很受感动,因为自己的努力得到了领导的肯定与赞赏。从此以后,这家公司授予攻克重大技术难题的技术人员的就是一个金制的香蕉形别针。

激励就要把握好"赏不逾时"的及时性:第一,当事人在渴望得到肯定的时候,你及时地肯定并奖励了他,他当然会继续加倍努力,以达到并超出你的期望;第二,领导的当场兑现表明了诚意,其他下属知道后会立即效仿,大家就会争相努力,以获得肯定性的奖赏。这样,在经理人的激励之下,一个争先恐后干事创业的团队氛围就慢慢形成了,而这正是各级管理者梦寐以求的。

五、职业经理人激励的五个策略

(一)策略一:创造良好的工作气氛

如果我们能在这样一种气氛下工作:

• 宽松、和谐较自由的气氛,管理有条不紊

• 办公场所整洁温馨

• 团队成员间相互帮助,精诚合作

• 人际关系简单明了

• 敢于尝试,不会受到指责

• 你的微小进步和成绩都获得了上司和同事的认可和赏识

• 都在静静地工作

显然,我们会心情开朗,使工作节奏加快。不努力工作就会被人"另眼看待",这种"不协调"的感觉迫使我们努力工作。

相反,在以下气氛中工作:

- 干活就出错,一出错就有人指责你
- 大事小事都要请示
- 办公环境乱糟糟的,干什么的都有
- 周围净是聊天、打私人电话、吵架、不干活的
- 团队成员相互拆台、不负责任
- 人际关系复杂
- 上司总是板着脸

显然,我们的心情是不会愉快的。自己要么同流合污,要么比那些自己看不起的人还要"坏"。所以,创造良好的工作气氛,是职业经理的重要责任,别人替代不了。

特别提示

职业经理实际上不可能激励下属,只能创造一种良好的工作气氛诱导下属自我激励。

1.改变先入之见

有些职业经理经常存在偏见,认为下属本质上都是散漫的,他们工作的目的只是赚钱,逃避工作,天生倾向于不好好干工作,而老想偷懒。所以,他们认为,为了维护纪律,需要采取专制的态度,这些职业经理想用"鞭子"来让下属工作。

实际上,即使下属开始对工作抱着中庸的态度,但如果工作气氛和谐,而且工作也能满足个人需要,他也会对工作采取积极态度,自然也开始热心地工作,希望承担责任,发挥主动精神。

创造良好的气氛需要:

- 让他们参与制定自己的工作目标和计划
- 使他们感到个人对于工作品质和成果负有责任
- 工作的变化,新奇
- 鼓励独立思考及决策
- 融洽的私人关系
- 良好的人际关系(亲切、开放、互信)
- 有张有弛
- 宽容
- 信任

2.职业化的面孔

作为一个经理人,如何通过创造良好的工作气氛来激励下属呢?其中很重要的一点就是打造一张职业化的面孔。

所谓"职业化面孔",就是一张充满自信、微笑的面孔。也就是说,作为职业经理人,无论是在家庭当中遇到挫折、在上司那里受到批评,在下属、在客户那里,你永远都要面带自信、微笑,你的自信和微笑就像一缕阳光一样照耀着你的员工。当员工看到上司永远是面带微笑、自信地去工作和面对他们的时候,他们就会感觉到轻松、气氛和谐、受到鼓舞、自

信。否则大家都在非常压抑的气氛工作，工作热情就很难发挥出来。

体操运动员刘璇，她的技术很好，就是不会微笑，她的教练跟她说："你现在技术很好，就是因为还不会微笑，很严肃，给人感觉很不好，所以每次评委给你打分都比较低，什么时候学会微笑了，你什么时候就会成为世界冠军。"刘璇听到后，下决心改变这点，就天天去训练。结果我们现在看到的刘璇的微笑是灿烂的。这个灿烂是怎么来的呢？完全是通过训练。一个人很多地方看似不可改变，其实是可以改变的，而特别是作为一个经理人，你真想给你的下属创造一个良好的气氛，你就必须在一分钱不用花的、能够长时间给下属创造良好工作气氛的面孔上下一点工夫。如果连这一点都做不到，你怎么能很好地激励下属呢？

3. 批评的技巧

批评是一个影响气氛的负面因素。

这种方式往往比较直接和简单，职业经理在管理中由于对批评采取的一般是单向行为，批评者不去注意听者的意见，也不向听者提出建设性的修正意见；找出一点小的不是就把被批评者其他许多可取之处都抹杀掉了；总是在事情发生后以不满的口吻指责，或以偏概全。这样的批评方式一般是不被下属接受的，他们抵触、不满、积极性不高及情绪受到压抑，导致形不成一个良好的激励的气氛。

如果能把批评作为一项艺术来使用，运用良好的批评策略则能起到一定的激励作用，尤其在工作中的批评，可以：

- 从中了解我们工作的成败；
- 从批评中求改进；
- 彼此沟通、形成融洽的工作环境；
- 对效率、士气都有很大的帮助。

每一名员工都不希望听到与自己不一致的观点，特别是关于自己工作能力、态度、效果的评语。他们往往把批评看成是负面的，甚至把你的批评当成一种威胁、一种压力。来自上级的批评尤其会造成下属的心理恐慌，他们往往会加以抵抗，认为不公平等，但要知道，批评是我们经理人生活中不可缺少的一部分，如果我们能了解批评，进而利用批评，那批评就能使我们的员工变得更为优秀。表7-4列举了两种不同的批评方式。

表7-4　两种批评方式

不恰当的批评方式	恰当的批评方式
不容下属解释和说明理由	与下属进行沟通，以商量的口吻进行
你必须服从于我、听我的命令	允许下属创新和改进，给予鼓励
以主观印象决定自己的判断	以事实为依据注重客观
全盘否定、一无是处	具体、有针对性和肯定某一方面
羞辱、埋怨、贬低	维护自尊、信任，使下属感到受到重视
受自己的情绪控制	理智、不受感情支配
态度强横	态度温和、有理有据

续表

不恰当的批评方式	恰当的批评方式
"你看你,怎么搞的!" "好好的一件事办成了这样。" "什么也别说,我才不听你的所谓的理由和解释。" "我说你不行,结果就是不行,你也真够蠢的了,死狗扶不上墙。"	"工作有什么困难,需要帮忙吗?" "你应该及时找我一下。" "说说你的想法,你认为怎么解决好,我的建议是……" "我也曾经历过类似的情景,我相信你的能力和水平……"

(二)策略二:认可与赞美

作为职业经理,当你的上司经常对你的工作加以认可并赞美时,你感觉如何? 美滋滋的,感觉不错吧! 你会更加努力地工作。如果你的下属得到你的认可与赞美呢?

1.为什么很少运用认可与赞美

原因之一:归因错误

职业经理的工作方式倾向于找下属的毛病。尽管职业经理在评价他人的行为时有充分的证据支持,但总是倾向于低估外部因素的影响而高估内部或个人因素的影响,这称为基本归因错误。个体还有一种倾向:把自己的成功归因于内部因素如能力或努力,而把失败归因于外部因素如运气,这称为自我服务偏见。就像你在评论下属时,当你的销售人员业绩不佳时,你80%倾向于将其归因于下属的懒惰而不是客观地分析外界因素的影响。

原因之二:怕下属"翘尾巴"

没有分清认可与赞美、表彰与表扬的区别。认为对下属进行赞美会引起下属的误解,怕下属由于经常受到赞美及表扬而骄傲、翘尾巴,自认为了不起而不服从管理。其实认可与赞美本身并没有任何的错,运用恰当会起到积极的激励作用,运用不当则会导致不良的后果。(表彰与表扬是比较正式的,所以比较少、稀缺;认可与赞美是非正式的,所以比较多,密度可以大)

原因之三:不注意平时

只注意每年一度的制度化、正式化的员工业绩评估和奖励,不注意对下属工作进步的随时肯定和鼓励。殊不知管理工作贯穿在日常的工作过程中。其实,只要不到肉麻、令人不舒服的地步,你尽管认可与赞美好了。

2.认可与赞美的常用语

•"真不错!"

•"小李,你报告的第三部分写得真出色!"

•"非常好!"

•"真能干!"

•"没关系,思路挺好,顺着这个思路干下去一定不错。"

•"就这么干吧。"

•"挺好!"

•"干得漂亮。"

3.常见的障碍

- 这么一点小事不值得赞美呀!
- 我对他的大部分工作不满意,如何认可?
- 总赞美下属他们不就翘尾巴了吗?
- 我的威望是干出来的。
- 我这人就是这样,不会恭维别人。
- 我哪里有时间去琢磨赞美他。
- 下属已经够难管的了,还要赞美?

4.障碍破除

- 真心认可与赞美下属的每一个小的进步,每一个进步的细节。
- 那就只认可满意的部分。
- 诚实地赞美下属的进步。
- 赞美下属的同时也提高了自己。
- 威望是能力等的结合体。
- 适当改变自己,你也喜欢赞美不是吗?
- 能花多少时间呢?
- 就因为你老是看不惯,他们才抵制你!

(三)策略三:金钱激励

1.金钱奖励的优点

- 人人都喜欢
- 容易支配、容易处理
- 谁都能接受
- 可以在长期的工作计划里,随时注入一剂强心针

2.金钱奖励的缺点

- 没有保存价值和纪念意义
- 没有特殊感觉
- 大家都猜得到是什么,没有意外惊喜
- 感到比较俗气
- 成本高

3.金钱激励注意事项

从调查及排行榜可以看出,金钱仍是最重要的、最好的激励手段之一。需要强调的是,必须恰当地运用金钱的手段,如果使用不恰当,将会带来一系列恶果:成本上升、业绩下降、不公平感上升、员工懈怠⋯⋯

在使用金钱奖励时一定要考虑到:

- 员工最需要的是什么?不要总认为员工是为了钱。
- 金钱的奖励必须与业绩有十分明确的相关性。
- 金钱的奖励标准和规则对于所有人都是一样的。也就是说,金钱的奖励是正式的、制度化的。
- 金钱的奖励是其他奖励的基础。就是说,金钱的奖励、奖励标准应当较早制定出

来、较早实施,在此基础上,辅以其他激励手段。

• 在同样业绩的情况下,需要不同的其他激励手段。

4.应对员工涨薪问题

既然金钱地位如此之重要,运用起来又如此之复杂,而作为职业经理你没有权力给下属加薪、发奖金、给补助等。可是实际中你却经常面临员工的金钱的问题,你应该采取什么策略呢?

你可能有以下几种选择:

选择一:回避

你不做正面的回答,因为你知道自己做不到。他们会从此不再对你提出此要求,但他们工作起来也不会再尽心尽力,有时候会突然爆发出对公司、对上司的不满,令你不明就里,原因原来在此。

选择二:推诿

"这是人力资源部门的事,你去找人力资源部门去说,要不你去找老总去说,他掌握着财权。"你最了解你的员工的能力、业绩等情况,老总会说你对下属管理不佳,而员工也不会因此去找老总;即使你的下属去找了人力资源部门,人力资源部门也会同样的推诿:我们做不了主,找你的职业经理,我们得向上级汇报一下商量商量,你回去等着吧。显然,问题并没有解决。

选择三:共鸣

你内心也对公司的薪酬政策不满,下属要求加薪时,正好借此与你的下属大发牢骚,一起发泄对公司的不满。"是啊,我们公司的薪酬政策太不合理了,像你这样的员工、像你这样的业绩,工资早该涨了。"你要注意到,你的这种"共鸣"没有解决任何问题,相反,可能会使你的下属坚定了"给我的工资不合理"的信念。

选择四:陈述政策

当下属和你谈及此事时,你采取陈述公司政策的方法,同时表示理解。

"小李,关于加薪的问题,咱们公司是有明确政策的。公司每年调薪一次,调薪的依据是年末的绩效考核结果。特殊情况下的加薪需要老总特批。你说到其他公司里像你这个职位的人的工资比你现在拿的要多不少,关于这一点我可以向人力资源部反映,并请他们对公司的薪酬水平问题作一个答复,你看怎么样?"

公司调薪一般都是以年度为单位进行的。下属中间提出加薪问题,一般都是听说其他公司的同等职位薪水怎样怎样,心理不平衡引起的。公司的薪酬水平,一般应根据人力市场的供求关系、劳动力价格水平、企业支付能力、企业盈利状况等多方面来定。如果有较多下属有此反映,职业经理应向人力资源部和老总反映,由公司予以正式的答复。应避免:

第一,打官腔。官腔十足地陈述完公司政策就完了。

第二,信以为真。对于下属的说法,要分析,不要轻信。因为企业的薪酬水平,特别是各个职位薪酬水平的确定,是一件比较复杂、严肃的事情。一般的下属不懂得其中的复杂性,可能仅仅因为同学、朋友的闲聊中的"说法",就认为自己在本公司拿少了,其他公司拿

得多。很多人根据道听途说来判断一个公司薪酬水平和一个职位的薪酬水平,是不对的,是会出现偏差的。

选择五:运用手中的资源

在给下属加薪这个问题上,职业经理可以动用的资源有:

- 考核等的决定权,从而影响下属年度调薪;
- 晋升职等、职级,甚至是职位的建议权——职位的晋升会大大提高下属薪酬水平;
- 特殊调薪的建议权。

在这三类资源中,最难动用的是特殊调薪(特批调薪)的建议权,因为除非下属有重要贡献,通常情况下公司不会接受你的建议,仅仅因为一名下属提出加薪要求,就为其加薪。

所以,当下属希望加薪时,职业经理应考虑运用前两类资源,而前两类资源归根到底还是有赖于下属业绩的提升。

(四)策略四:晋升激励

晋升对人的激励作用是非常大的。晋升同时伴随着地位、荣誉、薪酬、尊重等多方面的提高。可以说,晋升激励是所有激励中最为有力、最为持久的方式。但是,晋升激励也是许多职业经理用得最少的激励手段,特别是对于组织结构简单的部门来说更是这样。

1. 晋升激励的障碍

障碍一:职位太少

公司里的组织结构、人员都已经比较稳定,下属晋升的空间不大。现在又比较盛行国外的做法:部门不设或少设副职。导致职业经理可以决定或可以推荐的职位太少,影响晋升激励。

其实,在哪家公司都存在职位少的问题,公司也不可能为了某个人而专门设一个职位。关键在于:公司要有明确的、透明的、竞争的晋升政策。这样,才能激励所有的员工努力工作,争取晋升。如果公司的晋升政策是神秘的、不确定的、变来变去的、因人而异的,晋升的导向性就大大减弱,晋升的激励作用就大大降低。

障碍二:逃避

当员工提出晋升要求时,由于你做不了主,只好采取逃避的办法:"我可没有那么大的权力","我的工作是让你们多干活";或推给人力资源部门,"找他们去,你们的考核结果、工作评价都是人力资源部门管,他们有权",或者说是老总定,等等。

关键在于:你逃避不了。晋升的意愿是人性中最重要的一种需求逃避只能使下属垂头丧气,毫无干劲。

职业经理人不能回避和推诿,必须正视问题,你对员工负有解释企业晋升政策、强化公司组织原则、推荐晋升职位的职责。

障碍三:怕下属取代或超过自己

当员工比较能干并有这方面的要求时,职业经理唯恐会直接威胁、侵犯到自己的利益,"他这么能干,我往哪里去? 总共就那么几个职位,我可不能让他超过我",因此对下属进行哄和骗,更甚者对下属打击报复,对下属的成绩进行压制或归到自己的头上,生怕下属夺了自己的金碗,而不给予他们任何权力或发挥下属能力的机会。

不管你愿不愿意,"长江后浪推前浪","一代新人换旧人",下属总是要赶上并且超

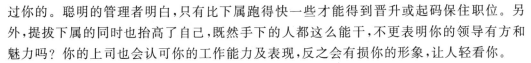

过你的。聪明的管理者明白,只有比下属跑得快一些才能得到晋升或起码保住职位。另外,提拔下属的同时也抬高了自己,既然手下的人都这么能干,不更表明你的领导有方和魅力吗? 你的上司也会认可你的工作能力及表现,反之会有损你的形象,让人轻看你。

障碍四:用自己人

职业经理虽没有直接晋升的权力,但承担着推荐和培养手下的责任和角色,一些职业经理出于偏见、自私推荐下属。"我当经理,手底下得自己的人,提升谁,第一条是听话,自己人……"。他们不关心下属的成长,不客观、准确地评价下属,提升下属的能力,主动为企业培养和选拔接班人。这样还能激励所有下属吗? 充其量只能激励"自己人"。

障碍五:装聋作哑

晋升是所有需求中埋藏最深的。许多人想升职,只能把这个想法藏在心里,无法告诉别人。另外职业经理有时与下属在晋升上可能是利益关联人(下属可能晋升到职业经理目前这个职位上),加上这种事情牵涉许多人的利益,所以,许多职业经理采取装聋作哑的办法,自己不提这些事,下属暗示也好,明说也罢,都装作没听见,没看见,或者让人力资源部他们去"摆平"吧。

2.解决的要点

要点一:不要逃避,也逃避不了

你必须直接地、正面地面对政策的这种需求,因为你整天和下属在一起,你的绩效要靠他们。

要点二:不要封官许愿

晋升的机会只有公平、平等、公开,才能起到激励作用。封官许愿之后能不能兑现还是一个问题,一旦不能兑现,或者不能如期兑现,你就惨了。

要点三:转换问题

晋升激励有两个阶段:第一个阶段是追逐职位阶段,在没有获得某个职位前,由于追求晋升而激励;第二阶段是在获得晋升后,任职时所表现出来的工作热情。职业经理所面对的晋升激励主要是在第一阶段。职业经理所能做的是:将晋升问题从"我何时能升职"转换成"那个职位需要什么任职资格?"将升职看成是一种结果、一种认可的话,职业经理在晋升激励上的角色就会变成:

• 让下属充分了解:那个职位需要什么任职资格?

• 下属的晋升计划实际上就转换成职业发展计划,职业经理应当协助下属制订职业发展计划。

• 作为教练,帮助下属执行和推进职业发展计划。

(五)策略五:根据人格类型进行激励

有四种人格类型:指挥型、关系型、智力型、工兵型。对这四种人格类型的下属,要分别采取不同的激励方式:

1.指挥型

以自我为中心,能够承担自己的责任,对管理他人感兴趣,但不是个人主义者;重事不重人,公事公办,务实而讲效率,喜欢奖赏;重视结果,懂得竞争,以成败论英雄,轻视人际关系。

对于指挥型的人,你要表明你的建议是合情合理和卓有成效的;从他的角度设想;只提供有限的选择余地,不要把权力过于下放,让他们带头去做,还要注意其他员工的想法,不要为了照顾某一名下属的性格而忽视了其他员工;加快工作节奏,让他们较高效率地工作,支持他们的结论,摆事实,重结果,提出更好更完整的看法,不能放任他们,否则后果不堪设想。

◆指挥型的激励技巧

让他们在工作中弥补自己的不足,而不要指责他们;别让效率低的人和优柔寡断的人去拖他们的后腿;容忍他们不请自来地帮忙;巧妙地安排他们的工作,使他们觉得自己在安排自己的工作;别试图告诉他们怎么做;当他们抱怨别人不能干的时候,给他们支持。

2. 关系型

重人不重事,善于处理人际关系,比较随和乐观,很少盛气凌人;优柔寡断,希望别人关注他们,没有观众,他们是不能努力工作的。

争取一个关系型的人的合作,你在对他们陈述时要表现热情和鼓励,使陈述和讨论迅速进展,不要吝惜表扬,但是不要与他们的关系过于亲密而形成酒肉朋友,导致公私不分,影响正当的工作关系和交往,使自己处于被动的局面,从而对其他的员工没有说服力和失去领导力。

◆关系型的激励技巧

对他们的私生活表示兴趣,让他们感到受尊重;与他们谈话时,要注意沟通技巧;给他们安全感;给他们机会充分地和他人分享感受;别让他们感觉遭到了拒绝,他们会因此而不振;把关系视为团队的利益来建设,将受到他们的欢迎;安排工作时,强调工作的重要性,指明不完成工作对他人的影响,他们会因此为关系而努力和拼搏。

3. 智力型

偏于思考,富有探索精神,对事物的来龙去脉总是刨根问底,乐于收集信息,不讲究信息的实用性;工作起来条理分明,但过分注重细节,常常因局部小利益而造成全局被动,他们是完美主义者;他们懂得很多,但是不懂的更多。

争取一个智力型的人的合作,与他们交流时必须有充分的准备,有事实和数据的支持,避免空谈观点和意见,不要让他们总处于思考阶段,要协调部下的业绩、目标,另外,不要让智力型的人把你拐带跑了而脱离了公司的大环境。

◆智力型的激励技巧

肯定他们的思考能力,对他们的分析表示兴趣;提醒他们完成他们的工作目标,别过度追求完美;别直接批评他们,而是给他们一个思想,让他们觉得是自己发现了错误;不要用突袭的方法打扰他们,他们不喜欢惊奇;多表达诚意比运用沟通技巧更重要,他们能够立即分析出别人诚意的水平;他们喜欢事实,你必须懂得的和他们一样的多;别指望说服他们,除非他们的想法和你一样;赞美他们的一些发现,因为他们努力思考得出的结论可不希望别人泼冷水。

4. 工兵型

他们是天生的被管理者,忠诚可靠,但缺乏创意,他们乐于从事单调重复的工作,因为这样他们感到心里踏实;他们遵守规章制度,善于掌握分寸,喜欢在旧环境中从事熟悉的工作,能弄清职责的极限,决不会越线;他们只做分内的事,不愿指挥他人,而且也只要自己应得的那份报酬。

争取一个工兵型的人的合作,要注重友谊和感受,给他们以关心和培育,对他们支持和帮助,因为他们不轻易地改变决定,要与他们建立一种牢固的工作协作关系,给他们制定明确的目标和计划,帮他们克服犹豫不决的心态,培养自信心和果敢性。

◆工兵型的激励技巧

支持他们的工作,因为他们谨慎小心,一定不会出大错;给他们相当的报酬,奖励他们的勤勉。

六、职业经理人的激励误区

(一)下属缺乏士气的原因

下属士气低落不是一时、一事偶发的,而是有其长期的、内在的、累积的原因:

1.需求长期得不到满足

具体见表7-5。

表7-5

一些常见的情景	下属想得到什么	职业经理的想法
工资长期没有得到增长	满足基本生存需要	工资制度我管不了
工作场所缺乏安全措施	希望得到改善	那是公司的现状
没有晋升的空间	能实现自己的一些抱负	你上来我去哪儿
没有学习、深造的机会	追求自我发展和个人价值	你干好工作就行了
不能发挥自己的能力	喜欢挑战性的工作	你能干好吗? 不信任
不了解自己未来职业发展	希望能干的比较明白	从来没有考虑过

如果这些比较正常的需求长期没有得到满足,会打击下属工作的积极性,使士气低落,对工作产生负面影响。

2.控制过严

具体场景见表7-6。

表7-6

控制过严的场景	职业经理的想法	下属的想法
下属工作时受监视	不看着就不好好干活	像个监工、讨厌
下属工作事事要请示	没有我你们干不好	有些事情我可以做好
下属没有丝毫的权力	我是职业经理	我没有办法进行工作
你要这样和那样	我有经验你懂什么	什么都把着不放,能做好吗?
下属做的都不如职业经理的意	我不管行吗?	你的就一定都对吗?
下属处处有问题	一点也不让人放心	你也有第一次和干错事的时候
受压制的下属	就要管严一点儿	我需要挑战和成长
过分关照下属	他没有经验又年轻	我又不是小孩子
制度政策没有灵活性	理所应当的事	死板、教条

作为职业经理你是否在工作中存有这种心理：

- 对下属不放心、不信任；
- 对下属不愿意放权和放手；
- 可能比较注重过程和细节；
- 更注重自己当官的威信和威严。

形成控制过严的原因是多方面的，既有制度性的也有非制度性的，制度性的严格管理是一个企业所必需的，因为它是从管理角度及公司的组织结构、政策、工作程序等方面对员工的约束。然而影响士气的非制度性的控制过严却是职业经理自己造成的，是其管理风格形成的。

3.目标问题

- 目标太低没有挑战，目标太高员工够不着
- 目标过低干着没劲，目标过高干也白干
- 目标过低不需费力，目标过高干脆别干
- 目标过低等于大锅饭，目标过高形式主义

除了目标过高或过低之外，目标在标准、实施、结果等几方面也影响士气的高低。

案例

目标不合理	某公司给销售部门下达 10 000 万元的销售额中只允许有 1％ 的呆账，而同行业的呆账率平均是 7％。
目标的实施无法控制	这 10 000 万元的实现与广告的宣传力度分不开，但是广告宣传工作由市场部负责，他们做得怎样销售部不能控制和参与。
目标的结果无检查	为了达到 10 000 万元销售目标要发展 50 家大客户，但公司对此没有检查措施。
目标朝令夕改	才定下 10 000 万元目标没几天，又宣布 15 000 万元的目标，既不解释原因又不做出书面通知，一说什么事就风风火火要干，没两天却杳无声息。

目标过低或过高都不符合实际情况及目标的实施原则，下属会对公司和部门目标失去信心。同时若目标不连续、不检查、不控制、朝令夕改，下属同样会对工作失去耐心和责任，甚至拒绝服从。

4.经常被批评

职业经理由于处于上下级之间，工作繁忙心情烦躁，工作方式方法有时比较直接，尤其对下属更容易采取一些不太受欢迎的方式，诸如老爱批评、指责、命令下属等。

职业经理在实际工作中，几乎都会把批评作为一种简单可行的工具和方法。有时对下属适当的批评是能起到良好的作用，但批评有时是一种最伤害人的方式，特别是对某一员工的经常批评，会极大地伤害员工的自尊心，挫伤其工作的热情和干劲。

但关键是你对下属的批评是否妥当，是不是总爱批评某个人，是不是某个人不符合你的口味或你刚刚受完上司的数落、愤怒的情绪还没有发泄，正巧一位员工你看着不顺眼，

结果员工当了你倒霉的出气筒。常见批评及下属的反应如表7-7所示。

表 7-7

常见的批评	下属的可能反应
总是批评下属的能力不行	自信心逐渐丧失——大概我就不行
当着同事的面批评下属	感到难堪
没有事实根据的批评	不会接受,辩解和不服
习惯性的偏向主观的批评	自有理由——加以抗拒、抵触和不满 愤怒——怨恨、反感、情绪极端化

特别注意:

不管什么样的批评,效果一般是反面的;批评不是一种简易可行的工作方法;不恰当批评的确产生许多负面影响;老挨批的后果就是极大挫伤下属的士气;指责、命令式的方法都是不恰当的。

5.不公平

在实际工作过程中,如果职业经理处理问题时总是不公平、偏心,下属就会对此提出强烈的抗议,而此种不公平对员工的士气打击最大。具体事例见表7-8。

表 7-8

不公平的事例	分　析
小李有做某事的决定权;小张没有,要请示	权力不等、不公平
小李可以去培训进修,小张则只能干工作	机会不等、不公平
小李的奖金提成多、报销也好报,小张报销则不好报	制度因人而异
小张经常遭埋怨和批评,小李有错则没事儿	职业经理的偏心、一贯的成见形成的不公平
小李刚一进公司就提拔他,小张一直勤勤恳恳却得不到晋升	晋升等公司政策不透明、不公平
总让小张去做困难的事,做不好就挨批,小李却总做露脸的事儿	职业经理随意性太强,工作安排不根据职责划分

不公平有确实不公平和感到不公平两种情形,见表7-9。

表 7-9

确实不公平	感到不公平
职业经理主观上偏心、有偏见	制度、政策等不透明、制度的人为性
事实不全、材料不准造成的	凡事都要求公平的下属

作为职业经理,你的态度、工作方式、你对员工的工作评价、领导风格,甚至你对员工的熟悉程度都极易引起员工的不同感受。

你是经理,你有权安排下属的工作,根据员工的工作能力、业绩表现、部门平衡、工作需要等进行诸如提成、晋升、进修等方面的安排。在工作当中你应做到一碗水端平,不然

· 195 ·

的话,下属的不公平感会日益增强,从而导致不必要的麻烦。

职业经理应理解下属对公平的要求和消除偏见的方法,在部门、公司创造一种公平的气氛和良好的公平竞争的环境,形成公平的空间和土壤。

(二)职业经理的激励误区

1. 激励是公司的事情

职业经理人有时会认为,自己既没有加薪的权力,又没有升职的权力,所谓的激励应该是老总的事情、是公司的事情,公司也已经制定了统一的激励政策,然后我们照章执行不就得了。

如表 7-10 所示的激励政策不是职业经理制定的。

表 7-10

激励的方法	决定者
参考同行业及本地区的薪资水平,定期调整员工的工资水平	老总制定
定期设立公司部门业绩排行榜,如利润、销售排行榜等	老总与人力资源部规定
设立一些特殊成就奖,如超额奖、节约奖	老总拍板
定期改善工作环境并提高工作条件	公司统一规定是否改善
根据任务完成情况等指标,安排员工携带配偶出去旅游等	老总定
给员工配股	董事会决定

激励不仅仅是上述的一些制度性或政策性的激励,它是一个更广义的概念,还包括工作的软环境即组织气氛,人事关系,经理与下属、下属之间的协作等关系,以及职业经理的工作风格,对公司对工作的责任与态度,人格魅力,威信,对下属的认可与赞美,与下属之间彼此的信任程度,下属的成就感与满足感……

案例

一位下属工作成绩突出,按照公司政策应予以奖励,下属对职业经理提出要求,而职业经理认为这是人事部门的事而一推了之。

人事部门去做的结果:

人事部门由于不了解具体情况,或忙于其他事务等,耽搁了奖金的发放。下属认为领导说话不算数,士气低落。

职业经理激励的效果:

对下属的工作及时给予肯定、认可;与人事部门协商奖励问题;给予解释和沟通。下属感谢职业经理的认可和注意,工作还会努力。

因此,激励不仅仅是公司的事情,职业经理对下属的激励起着非常重大和微妙的作用。

2. 重业务不重激励

一些职业经理在实际工作中,往往只注意员工的业务成绩,诸如是否完成了工作、是否达到了工作标准、部门的工作业绩如何、所定的指标是否完成,但是,对员工的工作态度、内心想法、有无积极性、是否发自内心认同等不很关注,更不要说如何去激励下属了。

经理的想法:"小王,这项工作要在元旦之前完成,只能干好,我要的是结果,我不管你怎么完成。做完了,还有另外的事情要做。我让你是来工作的,不能讲什么条件。"

下属的想法:"光知道催命地完成工作,许多条件都不具备,时间又这么紧,这么累也不让喘口气儿,还不给加班费,谁愿意这么玩命地工作,再催,老子不干了。"

根据管理方格理论,方格网的纵轴表示对下属的关心度,横轴表示对业务、对任务的关心度,如图7-2。

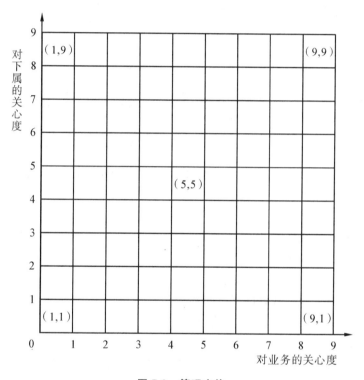

图7-2 管理方格

(1,9)型经理,此类职业经理对下属关心体贴,人际关系良好,组织内气氛非常友好,有点像俱乐部,不适合管理和目标的完成。

(9,9)型经理,他们对业务和下属都极度关心和爱护,职业经理使下属清楚地知道工作目标和利益关系,与下属建立起相互信任和尊重的人际关系,能圆满高效地完成工作。

(5,5)型经理为适度型职业经理,这类职业经理对业务和下属工作都不是太过关心,又都能平衡二者的关心度,他们在保证完成工作的同时,也注意将士气保持在适当的水平,使二者达到必要的平衡,达到较好的绩效,是一种比较好的管理模型。

(1,1)型经理,这类职业经理对工作和下属都不关心,对业务也不强求,只是维持组织中成员的关系,是最低级的一种管理方式。

(9,1)型经理,可以说是权威型或重业务型经理,这种职业经理对业务、任务高度重视和关心,对下属的关心明显不足。

假如你是个重业务不重激励型的职业经理,你可能就是(9,1)型的职业经理,你应更加注重你的下属,关心你的下属,逐步成为(5,5)型,再过渡到(9,9)型,达到管理的最高境界,这是当今人力资源管理的中心。

对下属的关心是多种多样的,下属也同样有各种需求和要求。不能只重业务而忽略了下属的正当要求,别忘了要适时地激励下属,包括对过程、对结果。所以,激励在管理过程中充当着重要的角色。

3. 将激励等同于奖励

有人认为激励就是奖励,发奖金、送红包、买礼物就是激励。其实二者是有区别的,见表 7-11。

表 7-11

奖　　励	激　　励
对员工或下属的工作给予一定的表彰,或奖励一定的金钱、奖品、礼物等,是对结果加以表扬和鼓励的行为。	从下属的内在动力出发,使员工在开始工作时就充满热情,发挥潜在的能量,它是一种内在的更深刻的激励下属工作的方式。

因此,激励与奖励不是一回事儿,奖励侧重于事后,激励侧重于事前。奖励是激励的一个方面,但不是全部。

4. 激励主要是钱的问题

(1)下属跟我说这困难、那困难——要钱

(2)下属要求涨工资——要钱

(3)下属要求晋升——还是要加薪

(4)下属辞职时——加钱就能解决问题

(5)下属业绩突出点儿——奖金、提成

说来说去不就是一个钱字吗?

金钱是一项重要的激励资源,一项不可缺的物质基础。没有钱是万万不可的,但只有钱也是万万不可的。而有的经理却把这当成了万能的金钥匙,不管遇到了什么情况都用这把钥匙去开,结果是有的打得开、有的打不开。他们只相信金钱的巨大力量,而没有考虑到钱同时也会造成一项巨大的成本,要知道你的财力资源是有限的,为什么不试着使用一些投资少或者不用投资而同样产生激励的方法呢?

在你的工作过程中请想一想,下属真的都是只要钱就行了吗?或者钱是万能的吗?

5. 我的激励没问题

有的职业经理自认为形成了一套管理方法:

(1)我的下属工作都很努力,在激励这方面没有什么问题;

(2)我的部门业绩挺好,用不着激励;

(3)我在部门内威信高,他们都服我;

(4)我手底下都是哥们儿,从不给我丢脸;

(5)我的下属好对付,给点小恩小惠就行;

(6)谁不好好干我就开了他;

(7)我有权谁敢不听;

……

殊不知这常常是职业经理的一厢情愿,你知道下属是如何看待自己的上司的吗?一项国际调查表明:下属认为80%的麻烦是来自上司,80%的下属认为上司是笨蛋。

6.随意的激励

你是不是滥用激励、毫无原则地激励下属,或没有章法地随意激励你的下属呢?

(1)激励时有时无,下属做同样的事今日有激励,明天就没了。

(2)激励时大时小,同样的业绩激励的力度和范围此一时彼一时。

(3)激励言行不一,经常口头答应,没有实际的激励;或实际与所说的激励不一样。

(4)激励因情而变,高兴时或心情好时将下属猛夸一顿,情绪不好时大发脾气。

(5)激励因人而变,与自己关系好或听自己话的大大激励一番,反之则反之。

激励如果经常是随意的行为,还不如不激励。

第八章 只有理性授权，
才能实现有效授权

"陈旧、低效的等级制组织模式应被新型的授权放权制组织模式取代，后者有可能将分析性思维和决策的技巧置于训练有素的员工队伍手中。"

——苹果计算机总裁斯加利

案例

诸葛亮可谓是一代英杰，赤壁之战等广为世人传颂之战，莫不显示其超人智慧和勇气。然而他却日理万机，事事躬亲，乃至"自校簿书"，终因操劳过度而英年早逝，留给后人诸多感慨。诸葛亮虽然为蜀汉"鞠躬尽瘁，死而后已"，但蜀汉仍最先灭亡。这与诸葛亮的不善授权不无关系。试想如果诸葛亮将众多琐碎之事合理授权于下属处理，而只专心致力于军机大事、治国之方，"运筹帷幄，决胜千里"，又岂能劳累而亡，导致刘备白帝城托孤成空，阿斗将伟业毁于一旦？

这个案例表明了有效授权的重要性，勃隆查德培训和开发公司董事长勃隆查德认为：有效地授权，就得同时做两件事：一是要创造发挥"能字当头"精神的氛围；二是需要有一批基层的员工，他们有愿望、有能力、有勇气去开创自己的事业，做好自己的工作，解决自己的问题。

一、何谓授权

领导者应该做到：大权独揽，小权分散，绝不可权力集中，事必躬亲。

（一）授权是什么

决定实施授权的经理们这时也许应该平心静气地坐下来探求"到底什么是授权"和"如何授权"这样一个极具操作意义的问题了。授权具有严格的管理学的内涵，西方管理学者认为，授权是指上级委派给下属一定的权力，使下属在一定的监督之下，有相当的自主权和行动权。授权者对于被授权者有指挥和监督之权，被授权者对授权者负有报告及完成任务的责任。

授权实质上是将权力分派给其他人以完成特定活动的过程，它允许下属做出决策，也就是说，将决策的权力从组织中的一个层级移交至另一个层级，即由组织中较高的层级向较低的层级转移或转交（见图8-1所示）。

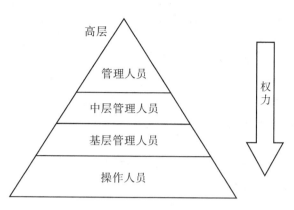

图 8-1　授权金字塔

追溯授权的管理学历史，我们知道，"科学管理之父"弗雷德里克·泰勒主张在管理当局和工人之间明确分工和划分职责，他要管理者从事计划工作和思考工作，要工人只是按管理者的指令去完成具体的任务。这种方法曾在 20 世纪初极大地促进了生产效率的提高，并记入了管理学的历史，但是在今天，却早已成为明日黄花。教育、培训水平的极大提高，工作复杂性的几何增加，使今天的员工通常比他们的管理者更清楚如何把工作做得更好。管理者们认识到，他们可以通过重新设计工作和让员工决定与工作有关的事情，使质量、效率和员工的责任感得到改进。这种变化已经十分接近今天的授权。现代管理学意义上的授权思想最初源自人力资源理论家。他们指出，许多组织压抑住了它的员工们的才能与创造力，把员工当作不会思考的机器，授权式的管理革新则带来了多重的收获：提高组织效率和员工的发展。

管理思想在超越了泰勒的科学管理时代之后，大量引入了行为科学的观点和视角，20世纪 50 年代的管理进入了全面的人本管理的时代。在授权与人本管理之间有着千丝万缕的关系，世界上大多数现代化水平较高的公司组织，已运用了授权的管理手段，例如，苹果电脑公司（Apple）、美国电话电报公司（AT&T）、德尔塔航空公司（Delta Airlines）、摩托罗拉公司（Motorola）和沃尔玛公司（Walmart）等。

授权带给现代组织的是一种全方位的转变，已成为一股不可阻挡的潮流。

（二）授权不是什么

要想更准确更清楚地理解"什么是授权"这个问题，我们不能只停留在知道"授权是什么"这个问题上，因为这意味着我们对问题只了解了一半，而其另一半则是"授权不是什么"这个问题。然而，"授权不是什么"这个问题常被包括职业经理人在内的众多授权者们所忽视，也正是这种忽视，他们往往在授权中偏离最恰当的轨道，导致一系列的负面问题，甚至会直接导致授权的失败。

授权具有特定的含义，具体说来，"授权不是什么"主要指以下几点：

1.授权≠参与

经理们毫无疑问要进行决策。下属参与决策是指下属对决策的形成产生一定的影响，下属以特定方式和标准的程序同经理们一起制定决策。显然，此时，企业的权力状态是"共享式权力"。当然，这种共享主要只是表面上的共享，因为决策的形成通常并非由下

属和上级对等投票的结果,决策总是上级意志的表达。换句话说,下属参与只是一种"软约束",对决策的影响总是极为有限。

然而,授权则不同,它是决策权的下移。一般而言,上级只为下属拟定一个目标,至于如何实现目标(实现目标的途径)则可由下属自行选择,也就是说由下属自己制定决策。不可否认,下属的这种决策权是严格限定的,但在限定的范围内,上级通常不会干涉下属,而是让下属有充分的决策权。

2.授权≠弃权

不少授权者之所以失败是因为他们将授权等同于弃权来对待的。在他们看来,授权就是把任务一股脑儿地全推给下属,但又未清楚阐明下属应该做的具体工作,没有对下属自主决策的范围做出明确的界定,没有要求下属在某个时限内必须完成任务,更没有事先确定绩效评估的标准。有人曾戏言这是"最彻底的授权",因为这样授权就意味着上级什么都不管了。然而,这也是"最糟糕的授权",因为过不了多久,这样的"授权者"就会面临一系列的麻烦。

上级心中应该清楚,授权充其量只是一种管理方式和工作方式的转变,而并不是弃权不管。授权后,上级仍然享有职权,仍须对自己的职权负责。授权带给上级实质性的变化主要体现在可以通过接受、听取工作报告的方式来取代事必躬亲的工作方式。

对上级来说,明白这一点具有重要意义,因为这意味着上级的职责不再是"把事情做好",而是"让人把事情做好,自己实施有效的控制",也因此,授权后,控制能力在上级能力构成中的地位凸现,弃权则是最大的错误。

3.授权≠授责

如果上级将工作交给下属并授予其相应权力后在办公室里偷偷地舒了一口气:终于把肩上的一副重担卸下来了!那么,这位上级还并没有真正懂得授权的含义,因为事实往往恰好相反,上级授权后,其肩上的担子通常不是减轻了,而是加重了。

授权通常会带来工作实质内容的扩展,作为上级,他对自己授权的和未授权的所有工作都负有同样的责任,因此,其担子无疑加重了。

上级永远要清楚的一点是,自己向下属授权,那只是把一部分权力分散给下属,而并非同时将"责"转移给了下属。换句话说就是,当上级将某几种决策权授给下属时,下属无疑因此而获得该决策权,但是,上级仍然负有相同的责任。比如说,一个总经理授权给其所属部门主管后,当该部门主管未能按期完成任务,该部门主管肯定自觉应对此完全负责任,但是,该总经理仍免不了要最后负责。

杰出的管理专家史罗马曾说过:"责任是某人肩负的某种东西,无人能授予它。一个负责任的人将永远负起责任,而一个不负责任的人永远都必是不负责任的。"

授权后,下属犯错误几乎是难以避免的,上级应该预期到并接受下属所犯的一些错误,应该意识到自己对下属的错误负有义不容辞的责任,因为,错误原本就是授权的一部分。

当然,对待错误,上级应有正确的认识,错误有时就是"代价",能用它换来其他更加宝贵的东西,如能力提高、经验、经典案例等。如果错误所付出代价并不是太大,对下属就是一个很好的锻炼机会,高明的上级也应意识到,这同时是他树立威信的良好机会。

4.授权≠代职

不少经理们在授权中不能很好地区分授权与代理职务这两个概念，比如说他们会对下属说："小宋，这事就由你全权负责了，我就不管了。"其实，所谓代理职务，是指在某一特殊时期，依法或受命代替某人执行其任务。一般而言，在代理期间，代理者与被代理者职位相等，是平级关系，而非上下级的授权关系。

代理与授权的差异性很明显，如授权主要针对具体的工作任务，而代理常常是针对日常性管理工作；授权关系较稳定地存在于任务全部完成之前，而代理关系则通常随着领导归来而告终结；授权时人选范围较广，而代理人的选择通常更受局限，一般要求其在企业内具有一定权威，又能理解领导的意图。

虽然授权与代理有明显的差异，但很多时候经理们会通过运用这两种手段物色和培养自己的高级助手或接班人，这使它们的界限模糊不清。不过，经理们心中还是应该明了：授权不等于代理职务。

5.授权≠助理

有些经理在工作中将很多琐事都交给自己的秘书、助理等去做，并因此而认为自己是充分授权的上级。事实上，他们将"复印文件五份"这类工作都称为"授权"了。如果这些真的就是授权的话，那授权也就真的无处不在了。

经理应该清楚，助理、秘书甚至幕僚们都只是帮助他工作，而授权是一种高难度的管理手段，与助理等的帮助不能同日而语。

一般而言，助理和秘书主要是完成事务性工作，或在决策性工作中提供基础性的材料，即使他们有较强的领悟力和深刻的见解，为经理的决策提供了较大帮助，他们的角色还是隐在幕后的，决策依然是属于经理的。但是授权却不同，它是把下属推向前台，让下属获得充分展示自己的舞台，在被允许的决策范围内，下属可以独立决策，并为自己的决策负相应的责任。

6.授权≠分工

分工越来越细是现代社会的一大特征，分工精神在现代社会得到了很好的体现。波音737飞机的制造涉及几十个国家上百个厂商的参与，这是分工的一个典型例子。

在不少企业中，经理们将分工和授权相提并论，其实，他是混淆了这两个概念。一般说来，分工在企业内的表现是由各个成员按其分工各负其责，彼此间无隶属关系。作为经理，为下属分工主要是指将工作任务合理切割的过程。而授权则是指经理和下属间的监督与报告关系，一般而言，分工中经理处于任务中心，他主要任务就是协调下属的工作，以保证任务按质按量地完成；而授权则是被授权者处于任务中心，他要担当并完成所托付的工作，上级则独立于任务之外，其工作主要在于听取下属的汇报，帮下属解决超越其权限的各种困难。从这一点来说，授权和分工的区别很明显，经理不应将其混淆。

二、如何授权

(一)授权的准则

管理专家们在研究各种授权之后提出，不管哪种授权，总是存在一些共同的准则可以遵循。

1.根据目标进行授权准则

实行授权时,应根据已经明确的目标进行授权,这是授权的基本准则。如果所设定的目标不明确,职责不清楚,那么为实现其目标需要的相应权限就难以确定。因此,制定明确的目标,根据目标责任实行授权,是授权的前提。

2.责任绝对准则

在推行目标管理的过程中,实行授权时,在授权人与被授权人之间,关于责任权限的行使,还会产生责任的关系问题。也就是说,上级授权者并不能由于在目标管理过程中实行授权,就完全解除其应负担的责任。上级授权者还应该对被授权者的目标实施情况及行使的职务权限是否妥当担负监督的责任。这就是所谓的责任绝对准则。该准则规定了在目标推行中,可以授权,但目标责任却不能推让。

3.目标职能明确化准则

目标职能明确化准则,是指企业内各职能部门必须有明确的目标,这样,才有利于实行授权。其次,对于各个职能部门授权的内容也必须清楚,才能使下级更好地了解授权内容并行使应有的权限。

4.阶层化准则

阶层化准则,要求在目标推行中,应根据企业目标的层层展开、上级到下级的直接权限关系及企业各部门方向一致的目标关系,实行授权和监督。以便于实行授权和有利于各部门目标的实现,最终达到共同目标的完成。

5.统一准则

无论做什么工作,都只能有一个有效的指挥系统,这样才能命令统一、步调一致,才能卓有成效。对企业管理来讲,也应是这样的。例如,在一个工厂,某科长只能听从主管副厂长的领导。如果几个副厂长都能指挥这个科长,怎么会产生有效的管理呢?在企业里,必须由主管的领导下达集中统一后的意见,才能避免多重领导,减少目标执行者无所适从的问题。

6.职权与职责相对称准则

职权是执行任务的权力,职责则是完成任务的义务,两者必须相称;行使职权的同时就应当负有相应的职责;把职责交给下级的同时也要给予下级履行职责的相应职权;要避免有权尤责或有责无权现象的发生。

7.管理例外准则

在一般情况下,依据已有的规定由各级组织行使自己的职权并履行自己的职责。但是,在特殊情况下,可由上级来处理意外出现的问题。这样,既能保证稳定性的正常管理工作,又能应付特殊性的例外管理工作。

8.明确所要达到的结果准则

管理者要决定成功完成任务所必须达到的结果,一般来说,被授权下属都会用自己的方式去完成任务。如果管理者希望他们运用特定的方法来完成工作,一开始就要让下属知道。

9.设定时间准则

每个人对时间都有不同的解读。如果管理者希望交付的任务在某个时间段内完成,

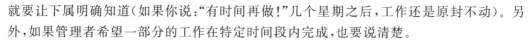

就要让下属明确知道（如果你说："有时间再做！"几个星期之后，工作还是原封不动）。另外，如果管理者希望一部分的工作在特定时间段内完成，也要说清楚。

10.制定后续时间表准则

交付任务之后，还要定期和下属开会，来了解进度及提供必要的协助。了解进度是用来避免到期前两天才发现进度落后的窘境，同时也能知道下属是否需要协助。

有些下属不太敢提出疑问，所以开会讨论该项授权任务时，可以让下属有机会提出问题。至于会议的次数，则依不同任务而有所不同，不同下属所需要的次数也不一样。新授权的下属与经验丰富、值得信赖的下属相比，所需的会议次数就会比较多。

11.视能授权与及时收回准则

管理者要根据待完成的工作来选人。虽然一个高明的管理者主要将从所要完成的任务着眼来考虑授权，但在最后的分析中，人员配备作为授权系统至关重要的一部分，是不能被轻视的。被授权者或授权者的才能大小和知识水平高低、结构合理性是授予权力的依据，一旦管理者发现授予下属职权而下属不能承担职责时，他应明智地及时收回职权。

12.有效授权的及时奖励准则

管理者在授权中的责任，不仅是授权的提出与实施，他还有责任为授权活动不断地注入动力，这种动力有两种，一种是来自外部，另一种是来自内部，后者更具有经济性和便利性。提供内部动力的一种重要方法是对有效的授权和成功的授权给予及时的奖励。尽管管理者们应用的奖励手段大多是奖金，但是，授予更大的自由处理权，提高他们的威信——无论是在原职位还是提升到更高层次的职位上——往往有更大的激励作用。这种有效的奖励，将会使授权本身产生推动的力量，使管理者的授权达到新的境界。

（二）授权的关键

一般而言，职业经理人在授权过程中，必须把握住授权的关键，这些关键主要有13个方面，下面我们将逐一予以简介。在很大程度上说，掌握授权的关键是合理授权的前提。

1.注重技巧

授权是指企业管理者根据情况将某些方面的权力和责任授给下级，使其在一定监督之下，获得一定的自主权。授权时，管理者要注重一定的技巧。

下面将简单介绍几种授权的形式，而授权技巧就是以这些形式为基础而不断演变摸索出来的。

其一，一般授权

它是上级对部下所做的一般性工作指示，并无特定指派，属于一种广泛事务的授权。

通常情况下，一般授权又包括三种，即柔性授权、模糊授权和惰性授权，而这是授权技巧性的主要内容。

进行柔性授权时，管理者对被授权者不做具体工作的指派，仅指示一个大纲或者轮廓，使被授权者有很大的余地，能因时因地因人而相机处理。

模糊授权有明确的工作事项与职权范围，管理者通常在必达到的使命和目标方向上有明确的要求，不过，至于到底该怎样实现目标，管理者则通常不做出具体要求，因此，被授权者在实现的手段方面有很大自由发挥和创造的余地。

惰性授权通常是管理者不愿意多管琐碎纷繁的事务，且自己也不知道如何处理，便将其交给下属去处理。

其二,特定授权

特定授权又称刚性授权,在这种授权中,管理者通常对被授权者的职务、责任及权力均有十分明确的指定,下属必须严格遵守,不得渎职。注重技巧要求管理者在授权之前就明确自己应采取的授权形式,有技巧地进行授权。

2.合理授权

合理授权是指授权时要通过合理的程序,要为了实现合理的目的。坚持这一原则,要求经理们给其下属授权要做到适当,也就是不要过分。一旦上级授给下属的权力过重,那就超出了合理的范围,相应的问题也就会随之发生。换句话说,合理授权是针对授权范围而言的,它要求经理们不能把不该授的权都授出去。

管仲是我国春秋初期杰出的政治家,他在《七法》中讲过:"重在下,则令不行。"其意思是指,如果下级的权力过大,超越了合理的范围,那么国家的政策法令就不能顺利的贯彻执行。韩非子是战国末期杰出思想家,他在自己的《孤愤》篇中也对权力的拥有进行了论述:"万乘之患,大臣太重;千乘之患,左右太信。"其意思是指,无论大国小国,祸患在于君主过分宠信左右臣子,让他们拥权过重。可见,管理者向下属授权时一定不能超出合理的范围。

但是,在现代企业中,不合理的向下授权的例子同样很多。例如,用人偏听偏信,放权不当,授权超出了合理的范围。一般而言,如果上级向下属过分授权,往往就会促成大权旁落,出现难以收拾的局面,当然,上级的领导活动也就会因此而受到干扰,其工作计划就会遭到破坏,甚至影响到企业的经营成果,导致企业任务、目标无法顺利实现。事实证明,管理者放权不是放任,放任就是坏事,该放多少权,就放多少权,要放得适当。由此可见,管理者在授权过程中,千万不可大撒手,让下属完全自我做主,那只会使事情变得糟糕。

因此,合理授权是非常重要的,以下就是一个典型的例子:

卡尔松是北欧航空公司的董事长。作为老牌的航空公司,北欧航空具有许多陈规陋习,为了破除这些陈规陋习,卡尔松采用合理授权的方法进行改革。开始时,卡尔松将把北欧航空公司变成欧洲最准时的航空公司定为目标,但是他又想不出该怎么下手,于是,到处寻找,看到底哪些人适合于负责处理此事。最后,卡尔松终于找到了那个合适的人选,于是去拜访他:"我们怎样才能成为欧洲最准时的航空公司? 你能不能替我找到答案? 过几个星期来见我,看看我们能不能达到这个目标。"几个星期后,对方约见卡尔松。卡尔松问他:"怎么样? 可不可以做到?"

该人回答:"可以,不过大概要花6个月时间,还可能花掉160万美元。"

听到该人的回答,卡尔松兴奋得叫了起来:"太好了,说下去。"因为他本来估计要花5倍多的代价。

该人吓了一跳,继续说:"等一下,我带了人来,准备向你汇报,我们可以告诉你到底我们想怎么干。"

卡尔松所要求的欧洲最准时的目标已经实现，此时，该人请卡尔松看他几个月来的成绩，而这还不是他请卡尔松来的唯一原因，更重要的是，他还省下了 160 万美元经费中的 50 万美元。

对此，卡尔松事后分析得很到位："如果我先是对他说：'好，现在交给你一件任务，我给你 200 万美元，你使我们公司成为欧洲最准时的航空公司。'结果怎样，你们一定也可以预想到。他一定会在 6 个月以后回来对我说：'我们已经照你所说的做了，而且也有了一定进展，不过离目标还有一段距离，也许还需花 90 天左右才能做好，而且仍要 100 万美元经费。'但是，我并没有对他这样说，因此这次没有发生拖拖拉拉的事。他要这个数目，我就照他要的给，他顺顺利利地就把工作做完了，也办好了。"

显然，合理的授权具有重要作用。作为职业经理人应坚持合理授权的原则。

3. 目的明确

无目的的授权是极不明智的，只会闹笑话，只会出现诸多问题，因此，职业经理人在授权时应该明确授权的目的。首先，授权要以企业的目标为依据，分派职责和委任权力时都应围绕企业的目标来进行，只有为实现企业目标所需的工作才能设立相应的职权。其次，授权本身要体现明确的目标。上级在向下属授权时，不能只对下属说："这权力就交给你了。"因为仅这样授权会令下属感到茫然："他授我这权力是干什么用的？"因此，授权的同时，上级应明确下属要做的工作是什么，达到的目的和标准是什么，对于达到目标的工作应如何奖励等。

授权时上级将目标明确化，则下属受权后也就能明确自己所应承担的责任，就知道自己该怎样做，否则，盲目授权只会导致混乱，降低下属的工作效率。

4. 逐级授权

上级向下属授权时，其所授的权力应是其自身职务权力范围内的决策权，即上级自身的权力。同时，被授权者是上级的直接领导者，也就是说，被授权者是上级的直接下属，而并非企业中任何一位员工。比如说，总经理只能将自己享有的决策权授给直接领导的经理等，而不能把经理所拥有的权力授给经理的下属行使，否则，就在实质上侵犯了自己直接下属的合法权力，就属于越级授权行为，其结果通常是造成自己的直接下属有职无权，使其工作被动，使其与其下属之间产生矛盾与隔阂。

作为职业经理人，要尽力避免在授权过程中违反逐级授权的原则，而要做到这一点，经理们在授权前就应该明确自己应授的权力及授权的对象。在现代企业中，职业经理人和下属们各自拥有自己的权力，因此，职业经理人在授权过程中也应符合企业组织原则，要按正常的权力运行机制进行。若非情况极为特殊，职业经理人都不应越级授权，而要遵循逐级授权的原则。

5. 带责授权

职业经理人授权并不意味着推卸责任。权力下授，职业经理人的责任却并未减轻，也就是说，职业经理人将权力授给下属，他还要把责任留给自己。带责授权是授权的基本原则之一。但是，在向下授权的同时，职业经理人也必须明确被授权者的责任，将权力与责任一并赋予对方。这种授权方式不仅可以有力地保证被授权者积极去完成所承担的任

务,而且可以堵住上下推卸责任的漏洞,使被授权者也不至于争功诿过,而会忠于职守,努力工作,发挥自己的主动性和创造性。

6.分类授权

分类授权的目的在于方便授权,提高工作效率,其做法是按工作程序、类别等分设工作机构,分清哪些权力可以下授,哪些权力应该保留。对于该保留的权力,职业经理人就应坚决予以保留,而不能将其统统下放,否则就是过度授权,就是放弃职守,就会使管理失控,给企业带来损失。一般来说,有关企业全局的重大责权不应下放,例如,决定企业的经营战略方案和年度经营计划,决定企业重要规章制度的建立、修改和废除,决定重要的职工奖罚,决定企业管理干部的培养计划等事项的权力,这些都不应下放,而应保留。职业经理人首先在大脑中清楚自己有哪些权力,在此基础上他才能有效地将权力予以分类。如果职业经理人糊里糊涂,连自己所拥有的权力都搞不清楚,自然会对权力的轻重、大小等都把握不好,授权时也就只能含糊其辞、乱授一通了,其危害性也就不言而喻了。

7.信任为重

无论是用权还是授权,信任都是一个关键。能否用好权,授权有没有效,在很大程度上都取决于职业经理人是否信任自己的下属。职业经理人不信任的授权,等于没授权。想放又不敢,放后又干涉,放了又收,收了又放等等这些分明都是授权中不信任被授权者的表现。在授权过程中,职业经理人要以信任为重,要摒弃包办主义,要尽可能地放权,要真正放手让下属去干。

案例

我国许多获得成功的企业界人士都懂得授权中信任的重要性,并在自己的授权中将信任的原则予以贯彻实施,比如说香港光大实业公司,其总经理下设许多"项目经理",总经理鼓励这些"项目经理"放手去干,让他们在职权范围内自主处理问题。有一次,中国远洋公司为加收一笔3万美元的运输费,打电话找到光大公司的一位"项目经理",没想到,这位年轻的"项目经理"竟当即拍板同意。远洋公司的人听了大吃一惊,一再问是不是要请示一下你们的总经理。该项目经理回答得很干脆:"在我职权范围内的生意,我说了算!"结果,这件事很快办成了。显然,授权中坚持信任原则在该公司已深入人心,否则,被授权者就不敢这么干,这件事能否办成得打一个大大的问号,即使办成了,其效率也要大打折扣。

正如日本著名企业家光敏夫所说的:"目标与方针确定下来即可,至于完成任务的方法,就应放手让他去决定。"可见授权中的信任是非常重要的,授权不信任,就几乎什么都难以干成,职业经理人授权一定要充分信任被授权者,若无法信任该下属,不如授予其他可信任的下属。

8.适度授权

授权中,职业经理人授予下属决策权力的大小、多少与被授权者的能力、与所要处理的事务应相适应,授权不能过宽或过窄,这就是适度授权的原则。

如果职业经理人授予下属的权力过宽或过度,超过了下属智能所能承担的限度,那么,这就是明显的小材大用,这种授权注定是要以失败而告终的,而超过所处理事务需要的过度授权，就相当于职业经理人放弃了权力，下属的权力就在职业经理人的放弃中无形地增大，职业经理人也就有被"架空"的危险。另一方面，如果职业经理人授权过窄或不显，那么下属的积极性就难以被充分调动，下属的才能也不能得以充分发挥，这则是大材小用，这种授权使下属不能充分地代表职业经理人行使权力，处理相应的事务，下属得事事请示汇报，职业经理人仍不能从繁杂的日常事务中解放出来，因此，这种授权并未真正达到授权的目的。

通常而言，职业经理人授权下属所从事工作的难度应比该受权下属平时表现出的个人能力大些，这样才能对其产生一定的压力感。同时又不至于将其压垮，而且，一旦工作完成，该下属就会有种成就感。这也在一定程度上激发起其斗志，使其充分发挥自身的积极性和创造性。

适度授权就是建立在目标明确、事实清晰基础上的授权，它要求职业经理人授予下属的权力要精确、充分。然而，我们知道，目标、事实及环境条件都并非一成不变的，相反，它们总是处于不断变化的状态。另外，对下属能力、水平的估量等，职业经理人在授权时要做到精确、充分准确也是相对的。因此职业经理人在授权时要做到精确、充分是十分困难的。为了解决这一困难，职业经理人在授权时就应给予下属充分的余地，使下属有适当的灵活性、自主性，要有一定的弹性，使下属有较大的自由去选择完成任务的具体方法和途径。拥有了一定的弹性，当目标环境等发生变化时，下属就能自主地选择目标，以免继续执行原计划而造成巨大损失。其实，《孙子兵法·九变篇》中"将受命于君"与"君命有所不受"的关系就是如此，只有处理好二者之间的关系，才能真正实现授权的目的，实现企业的目标。也正因此，职业经理人在授权的同时还应该注意选择正确的方法，使下属有自主的选择性、灵活性。通常而言，职业经理人授权时只需明确下属（被授权者）所要完成的任务和组织目标，而不需具体规定下属实现任务、目标的途径和方法，另外还应赋予下属在任务、目标变化之后有自主调整任务和目标的权力。当然，作为被授权者的下属，也应在目标、任务明确的前提下，采取相应的措施、办法，努力实现其目标与任务；另一方面要敢于在目标、任务等要素发生变化之后坚持机动灵活地进行相应的调整，而不是机械地执行命令。应该说，下属若不是出自私心，在目标、任务发生变化后自主做出有利于企业整体利益的决策都应得到职业经理人的鼓励与支持。

9.充分交流

交流对授权而言作用重大，无论是授权前、授权中，还是授权后，职业经理人都不应忽视与下属的交流。通常而言，职业经理人把权力授给了下属，其工作任务即责任却并未从他的肩上卸去，只是换成一种更有效率的方式。职业经理人不能因为授权而放弃对于职权的责任，因此，授权并不意味着下属可以在管理上绝对独立出来。事实上，科学合理的授权不应造成上下级关系的隔断，这就是说，上下级之间的信息应该自由流通，授权者既要了解被授权者完成工作的情况，又要将一些与授权相关的规定向被授权者说清楚，而此过程中就必须进行充分的交流。

现代高科技介入现代公司管理，尤其是网络的介入，为这种开放畅通的交流渠道提供了极大的便利性。如今，越来越多的企业采用信息管理系统，为企业内部上下级或同级间的信息交流、沟通协调等提供了更为便利的渠道，这在一定程度上也有利于职业经理人与

被授权者之间的交流。无论是作为授权者的职业经理人,还是被授权者的下属,都应该尽可能地通过各种渠道进行充分的交流。

10. 整体意识

职业经理人授权并不是将权力分割开来,将任务分解开来,而只是让下属分担更多的责任。授权后,职业经理人应更具有整体意识,要尽力发挥统帅综合才能,协调各方面力量,使各局部的发展更好地服从于整体目标。因此,优秀的职业经理人要善于把最大限度地向下级授权和保证指挥全局的权力高度集中辩证地结合起来。有关全局的最后决策权、管理全局的集中指挥权、主要部门的人事任免权和财权等都不能被轻易地授给下属,否则,职业经理人就有可能对整个企业组织系统失去控制。高明的职业经理人在授权中通常都会做到"大权独揽,小权分散,办也有决,不离原则"。职业经理人能否处理好大权与小权、集权与分权的关系,是否有整体意识,这是其授权艺术高低的一个衡量标准,也是其能否有效授权的一个关键因素。

11. 授中有控

授权之后,职业经理人还要运用适当的控制手段,而不能将权力授给下属后就撒手不管了,那既是不负责的表现,也是有危害的。授权是可以控制的,它具有某种程度的可控性,并不像有些人所担心的"会出乱子"那样。

应该说,不具备可控性的授权并不是真正的授权,而只是弃权。所谓可控授权,就是授权者应该而且能够有效地对被授权者实施指导、检查和监督。其实,这在前面已零星提到过,就是授权者不能把自己所有的权力都放给被授权者,而是只授给被授权者执行任务所应该具有的那一部分权力,至于事关企业前途命运的一些大事、要事的决定权,直接领导的有关部门的人事任免权,以及需要直接处理的下属之间发生问题的协调权等"重权",职业经理人应紧紧地将其握在自己手中。高明的职业经理人,他在授权中通常可以做到权力收放自如,也就是真正做到权力能放、能控,也能收。权力被授给下属以后,职业经理人的具体事务就减少了,但是,他的指导、检查和监督的职能却相对地增加了。这种指导、检查和监督并不是干预,它只是一种把握方向的行为。职业经理人应该经常关注被授权者的工作动向,要及时发现被授权者工作中出现的问题,更要及时地加以指导乃至纠正。职业经理人之所以应这样,无非也是为了促使被授权者能正当地运用所授予的权力,为了保证既定的企业目标能顺利实现。如果职业经理人只授权而不对被授权者加以一定的控制和监督,即授而不控,那么就可能出现无法预料的情形。

"将在外,君不御",这是我国历史上许多高明的君主所宣称的用将原则之一,然而,任何一位君主都不可能真正做到绝对的"不御",实际上他们仍然会在授权后予以一定的控制,只是控制的方式和程度不同而已。一般而言,君主越是称其"不御",受权的将帅就越要注意,越要经常汇报情况,而不能视君主为"无物"。松下幸之助曾说"君不御"是有条件的,条件就是,下属必须"坚持经营方针,有使命感"。再比如说《孙子兵法》中有"将能君不御"一说,很明显,这里的"君不御"也是有前提的,那就是要"将能"。"将能"包括:一是有能力,有搞好工作的本领;二是能够自觉地以高度负责的精神把工作做好。可以说,如果职业经理人能在授权前掌握住"将能",那他就在实际上掌握了授权后的控制权。有些职业经理人之所以能在授权后"轻松自如","超脱得很",原因就在于他掌握了"将能",他所实行的是"不控制的控制"。

至于怎样做到"授中有控"，职业经理人主要应尽力坚持这几点：确信下属是称职且训练有素的，确信其能圆满完成任务；授权责给下属时应一步步逐渐地进行；要在必要时表扬下属的成绩并纠正其错误；在关键时候要立即插手制止可能出现的严重错误。

12. 授后考核

不通过考核，职业经理人就难以清楚地知道自己授权所产生的效果，也就难以有效地进行控权。因此，作为职业经理人，应在授权后注意定期对下属进行考核，对下属的用权情况做出恰如其分的评价，并将其与下属的利益结合起来。在考核中，职业经理人既不能急于求成，也不能求全责备，要看工作的质量，看下属的工作是否扎扎实实，认真细致，是否有实效。考核既要看近期的业绩，也要看远期的业绩；既要看全局，又要看局部。在考核过程中，如果发现有些下属的工作从近期来看确实有成绩，但从长远角度来看会给企业带来灾难的话，职业经理人应坚决予以制止。总之，只有通过考核，职业经理人才能对企业目标的实现情况有准确的认识，才能对下属有个正确的判断，才能知道自己授权的效果如何，才能及时地发现并解决授权中的问题。

13. 宽容失败

"真正的授权是以管理者宽容下属的失败为前提的。"这是日本神户大学教授占部都美所写的《领导者成功的要诀》中的一句话。事实上，真正的授权也确应如此，授权的职业经理们也确实不能怕下属失败。惧怕失败就会停滞不前，在授权上也是，职业经理人怕下属失败就不敢对下属充分授权，一是对被授权者的潜在能力缺乏了解，二是害怕下属失败后自己得来承担责任，缺乏允许下属失败的勇气。

在国外，不少成功的企业家经常给下属打气："别怕什么失败，充分行使你的职权吧！全部责任由我来负！"因为他们心中很清楚，办什么事情，失败的可能性都是经常存在的，试验100次获得的成功，其中有99次就是失败。过分害怕失败，就不能坚持，就不愿去尝试，而不去坚持和尝试就注定永远不会成功，这与失败又有什么分别呢？也正因此，成功的企业家们通常对下属的失败一般都是很宽容的。授权以后，如果出了问题，他们通常很少立刻责备下属，而是先从自身做起，先检讨自己，再启发大家总结经验，找出失败的原因及问题的症结，然后对症下药，争取下次获得成功。他们不时地告诫自己：要减少授权的失败，唯一的途径，就是职业经理人要能宽容下属的失败，就是职业经理人要具有允许下属失败的勇气和度量。宽容失败是他们获得成功的要诀之一，是他们授权取得良好效果的保证。

我国也有很多企业的领导懂得宽容下属失败的道理，比如说广州白云山制药厂厂长贝兆汉就是一位能宽容下属失败的领导。有一次，该厂进了一名药剂师，一个星期后，贝兆汉就授权让该药剂师搞一个科研项目。但是，这位药剂师以前曾受过打击，心有余悸，因而不敢领受这个差事。对待药剂师的顾忌，贝兆汉就直接当着他及众人的面"打包票"："你别担心，权力授给你了，你就大胆干，成功了是你的功劳，失败了由我负责！"既然领导如此信任他，药剂师自然无话可说，乐意地领受了这个任务，并认真负责，积极工作，不但

完成了这个科研项目,而且又研制成了其他更好地填补国内空白的项目。应该说,这是药剂师的成功,也是贝兆汉的成功。而贝兆汉的成功在于他有一颗宽容之心,在于他对药剂师潜在能力有相当的了解。显然,如果贝兆汉没有允许药剂师失败的勇气及对他的宽容态度,那么药剂师就推掉了一个成功的机会,也就不存在这个授权的成功了。

"推卸责任是可耻的",这在国外不少成功企业中已形成共识,包括其职业经理人在内,所有员工都应自觉地承担起属于自己的那份责任。作为一个企业的职业经理人,如果在下属出了问题以后,只是一味地予以批评,而丝毫不检讨自己的问题,这必定会让下属难以接受,即使下属接受了,这依然不能否认职业经理人有过错这一事实。授权后出了问题,职业经理人不应先乱指责,而应静下心来寻找问题的原因及解决问题的措施,应认真检查自己的毛病,总结经验教训,这才是最重要的。

当然,话说回来,强调职业经理人授权时应有宽容态度,并不是要职业经理人毫无原则地迁就下属的错误。宽容和迁就是两个不同的概念。宽容表现为不计较小过错,它是职业经理人气质的体现;迁就属于不讲原则性。宽容和迁就不可混为一谈,职业经理人应加以区分,该宽容的应予以宽容,该惩罚的还是要坚决予以惩罚。

以上13条原则并不是孤立的,职业经理人在授权过程中应统筹考虑,灵活运用,只有以授权原则为基础并创造性地加以运用,才能更好地取得实效。

三、职业经理人授权常见的误区

毋庸置疑,授权给下属,已经成为提高领导效能的重要手段。管理者越来越倾向于鼓励下属根据自己所面临的具体情况独立负责地行使权力,以增强组织的适应性和灵活性,这是正确的。但是,在层层授权的过程中,就会出现诸如授权过分、授权不足及授权后缺乏必要的权衡制约体制等问题。这样势必造成下属积极性、创造性受到压制,不利于下属开拓性地开展工作,并进而引发个人与组织不分、个人凌驾于组织之上等一系列问题。

职业经理人授权工作中常犯的错误具体表现在以下各个方面:

(一)不授权

我们常常可以听到这样的抱怨,即管理人员不愿给自己的下属授予决策权。在某些企业中,需要统一决策,也可能由一名或少数几名管理人员来做决策,这样就既不需要也不希望分职权。但是决策渠道的阻塞,过多地将不重要的问题提交上级处理,使最高层管理人员埋头于细枝末节、连续不断的"救火"和"会议危机"中,以及组织的下层管理人员的培养欠缺,所有这些都表明,在本应授权的范围内不授权显然是一个错误。

(二)不能均衡地授权

职业经理人常犯的另一个错误是不能保持均衡地授权。换句话说,也就是有些职业经理人在分散职权时不当地将决策权下放给手下。最高层管理人员必须保持某些职权,特别是影响到整个公司的决策,并且至少有足以应对计划和下属人员的业绩审查的职权。管理人员不应该忘记有些职权是不能授予的。他们也不应忽视这样一个事实:他们必须保持足够的权力以确保当他们将权力授予一位下属人员时,下属能按照授权所希望的方式和目的来使用这个职权。一般来说失衡授权有两种情况:

1.授权过度。主要表现为,职业经理人把本该由自己亲自处理的事情也授权给他人,甚至当"甩手掌柜"。这样做，职业经理人虽然减轻了负担，得到了解脱，但是必须由自己亲自处理的事情授权他人处理，可能会使事情得不到圆满处理，甚至会将简单的事情复杂化，误了大事要事。假如本该由董事长、总经理决定的关系到公司发展方向的经营决策，却让一个部门经理来决断，肯定是不合适的，甚至是危险的！授权过度的原因主要可能是授权者缺乏事业心、责任感和自信心，或者对自己的工作本身就不满意或不感兴趣，或者是过分信任（宠幸）他人。

2.授权不足。主要表现为，职业经理人把本该授权的事情不授权，喜欢事事亲历亲为，事事自己说了算。这样做不仅增加了自己的负担，使自己不堪重负，使本该自己处理的事情处理不好，甚至是"拣了芝麻，丢了西瓜"，耽误了大事的思考和处理；而且还使下属感觉不受重用和信任，不利于发挥和调动下属的积极性、责任感，使他们对分内的事也不能做到全力以赴。如果职业经理人事事亲历亲为，即使是能忙得过来，也是吃力不讨好，更何况绝大多数情况是累死也忙过不来的。授权不足的原因主要有二：一是不信任他人，二是本人权力欲太强。

（三）将权力系统与信息系统相混淆

广开信息渠道可以减少各层次组织及各部门问题和费用，除非是机密的信息（很多机构经常滥用这种保密机制），否则没有任何理由要求信息系统遵循权力系统。也就是说，有关的信息应该广泛地提供给本组织各级人员。信息的收集应与决策的做出分开，因为只有后者才需要有管理职权。企业往往迫使信息系统应遵循权力系统，而遵照一连串命令去做的唯一理由是为了保持决策权的完整和责任的分明。

（四）授权而没有使其负责

授权不当的一个重要原因是授予某人权力而没有使他负起责任。授其权力并不等于授其责任：上级对下属的正当行使权力仍负有责任。但是，那些被授予权力者也必须愿意对自己的行为负责。

（五）有责无权

被授权者通常抱怨上司要他们对结果承担责任，但却不授予其完成的权力。其中有些怨言是没有道理的，是基于他们误解了如下事实：下级人员不大可能在任何领域掌有无限的权力，因为他们的行动必须与其他职位上的人的行动相配合，而且必须符合政策。下属人员常常认为他们的工作包罗一切，忘记了他们的职权必须只限于自己的部门，并在政策指导的控制范围。

但也有些怨言是有道理的：管理人员有时在自己也没意识到他们会这样做的情况下，要求下属对某些结果负责，但下属却没有权力来完成。如果已明确宣布了组织界线及职责，这个问题就不会发生，但是如果职责结构是不明确或含混不清的，就会发生这个问题。

四、授权的实施

（一）授权发布的技巧

如何把授权的决定以正式的形式发布给授权对象和公司的相关部门、人员，许多授权的职业经理人并没有仔细地考虑过，他们也许认为，关键的事情是让受权的部属去做这件工作，其余的都并不重要。这类职业经理人或许是由于粗心，或者是着急，他的授权从一

开始发布,便埋下了许多的隐患。

有位职业经理自认为是一个很开明的人。每次他向部下交派一项任务时,他总是说:"这项工作就全拜托你了,一切都由你做主,不必向我请示,只要在月底前告诉我一声就可以了。"

初看起来,这位职业经理非常信任他的部下,并给了部下极大的自主权,希望他们能放开手脚而不受约束,按照他们自己的意愿去做。但实际上,他的这种授权法会让部属感到:无论我怎么处理,他(她)都无所谓,可见这次工作并不怎么重要。就算是最后做好了,也没什么意思。他(她)把这样的任务交给我,不是分明小看我吗?

这的确是让人啼笑皆非的结局,不能简单地归结为上级和部下之间的误解,问题的关键在于,实施授权的职业经理没有意识到,他在发布授权时采取的态度、语言对受权者来说同具体授权的内容是同等重要的。

一个有效的授权主管在授权时,不仅能从主管自我的立场去看待授权这件事,他还要善于站在下属的位置上,去体会下属的心理,去思考授权带给部下的意义。有效的授权发布的技巧正在于此:让部下感知意义。

不论你采用怎样的语言告诉受权的部下,"授权发生了",你都必须让他们感到:

· 你重视这项工作,这项工作对于公司整体的使命负有责任。

· 你信任他们,他们有能力把这件事情做得十分出色。

· 这件工作是不可能轻易做好的,承担者需要付出足够的奋斗与智慧。

· 这件工作只有他们做才是最合适的,你是在充分思考之后决定交给他们来完成的。

· 你是他们坚强的后盾,会支持他们的工作,遇到切实不能解决的困难,你会出面为他们扫清障碍。

· 你准备放手让他们去做,他们可以立即动手制订计划了。

如果你能恰当地做到这样的几点,我们有十分的理由确信,当接受工作的部下昂首走出你的办公室时,他一定是踌躇满志,甚至心潮澎湃,脸上显露出掩藏不住的笑容。

(二)明确授权界定

一位公司业务主管决定委派一名下属到另一城市的某分公司从事推销工作,这项工作在此之前是直接由他本人管理的,他向接受任务的下属规定职责:

每天打个电话给一般顾客

寻找新顾客

与分销处的销售员共同推销某产品

而事实上,这样的指示全没有让部属发挥自己创意的余地,授权界定处于十分模糊不清的处境之中,而有效的授权则必须具有明确的界定。按照明确授权界定的原理,上述授权可以改变为:

你的责任辖区是……和……

预定的成果:

销售额提高 8%

每个月增加三个新顾客

把产品的销售额提高 12%

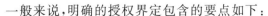

一般来说，明确的授权界定包含的要点如下：

• 你委派给他的任务是什么

任务的表述必须是明确的，要清楚地告诉受权者，这项任务的内容、结构，尤其要把预定的成果表述清楚，这种成果必须是尽量量化、可测量的，至于完成任务的途径选择，则留给下属独立去完成。

• 我们为什么必须做这项工作

要表明，这项工作是确有必要的，例如，告诉被授权组织一次公益活动的部属："我们公司需要树立一种新的公司形象，这次活动必须出色地完成，否则，公司将蒙受损失。"

• 这项任务在公司战略中的地位

作为主管，你比下属对公司的宏观发展掌握更多信息，有更深刻的理解，你有责任告诉受权者，这项工作应如何与其他工作相互配合，相互辉映。例如，告诉他们，这次公益活动是构成公司 B 计划的第一步，之后我们准备推出的活动是……

• 受权者有哪些职权，它们的限度是多少

任何授权在职权上都具有一定的不可逾越的范围。例如：公司许可他为这项任务的完成添购所需物品，但要在某个金额之内；他可以提高员工的薪水或钟点费，但不能超过公司规定的预算；他没有权力雇用或辞退员工，这是人事部的权限，但他可在一定数目内向其他部门借调人员。

• 受权者必须承担的责任

受权者拥有权力的同时，必须承担相应的责任，这种责任是对公司的，也是对下属的，是物质的、经济的，也是道义的。他在运用权力的同时，要时刻牢记所肩负的责任。

• 受权者对授权主管的义务

主管在授权之后，仍负有对这项工作的监督之权与监督之责，受权者有义务向授权主管证明工作正在以恰当的进度被完成。如受权者必须把行动计划提交给主管备案，每月底，要向主管汇报工作的进度，如工作中出现重大事件，要及时主动地向主管作出解释说明。

• 任务完成的期限与验收

委派的工作应该在什么时间最后完成，如何验收。比如：受权者要递交工作总结汇报、提供项目财务报表，由主管或组成验收小组考核任务完成结果与预定结果的比较关系，评价工作质量的等级及个人表现，如果做出过奖罚承诺，应据实际结果予以兑现。

（三）参与式授权方案形成

明确授权界定的过程，实际上是一套授权方案形成的过程，那么，准备承担这项任务的受权者担当的角色是什么呢？试看下面一种情形：

当项目经理敲响公司主管办公室的门时，主管应了一声，继续低头批阅文件，项目经理在主管的办公桌前坐下，主管这才抬起头，说："公司准备委派你组织一个小组，对公司的岗位进行调查，形成公司的岗位说明书，这是关于这项委派的方案，你回去研究一下，可以开始工作了。"说着，递过几页打印纸，上面是关于这次授权的规定与说明。项目经理拿

着授权方案走出主管的办公室,心中没有一点儿接受重大任务的兴奋感,相反,却有一种说不出的不愉快的感觉充斥在胸中。

许多的主管正是用这样一种"集权"的方式做一件"授权"的事情。

正确的授权方式是授权者并不提供一个完全确定的授权方案,他在向受权部属交派任务时,总是采取一种亲切民主的方式,他并不把任务的目标、权限、期限等和盘托出,当然,在他与下属约谈之前,早已形成了关于这些问题的"底线"水平。

"我希望委派你负责某地区的销售工作。"

"该地区去年的销售额达到了××,但我并不满意,我希望你能给公司一个更好的成绩。"

"公司将为你提供什么条件,许可你在××范围内调用公司资源。"

"我认为你是这项工作的最佳人选。"

"我想听一下你对该地区销售工作的设想。"

接下去,授权主管会仔细地聆听部属的谈话,不时地给予引导。

"你看,今年的销售额比去年增长20%可能吗?"

"你认为公司应给你哪些权限?"

"你希望公司以何种方式检查你的工作,你认为向公司汇报工作的频率应是多少,采取什么方式为好?"

……

主管的征询、启发、诱导与信任极大地鼓舞了接受委派的部属,在磋商之中,双方对授权的方案都已经了然于胸,部属深受感动,将长时间对某地区销售工作的想法和盘托出,并对即将到来的新任务充满期待和信心。

(四)为受权下属开路:授权系统论

许多主管将手上的工作委派给下属之后,原以为可以享受清静了,他的办公室的门却总是被受委派者敲响,有时甚至是为了让他签字从财务处支取几十元钱,因为财务处坚持任何数额的单据都要经主管签字才有效——公司以前正是这样做的。

这种现象在初次尝试授权的公司层出不穷。对于公司来说,授权实际上意味着权力结构的转变,必须用系统的观点对其进行整体考虑、全面规划,否则必将造成整个部门权力结构的失调。

授权的同时必须给受委派者全面的调用人、财、物、信息的权力。光下达任务而不提供所需的条件,就会使下属难为无米之炊。

譬如,要求第一流的客房服务,经理就必须提供吸尘器和清洁剂;销售经理应有必需的差旅和交际费用才能招揽业务;人事经理要配备秘书;厨师长没有勤杂工就不能保持厨房整洁;餐厅经理没有足够的服务员就无从提供快餐。

有效的授权要求将任务委派出去时,同时弄清受委派者完成这项任务所需要的条件是什么;这些条件涉及哪些部门、人员;这些条件哪些是可由受委派者自己创造的,哪些需要授权主管书面协调。

下一步要做的,是由主管以正式的方式向公司或部门全体下达授权通告,尤其是向与这项工作直接相关的部门、人员打招呼,解释授权安排。

这样，主管可以向接受委派的部属说："现在，你可以放手去干了，如确有必要，再来找我吧。"

（五）传授工作要诀

要委派出去的工作，在此之前可能一直是由你亲自负责的，在长期的工作中，你积累了丰富的经验。你深知，有许许多多的要诀是在工作本身之外的，初次接手这项工作的注定要花很长时间才能发现或积累起这些要诀，而且这种要诀又难以用文字的形式记录在工作档案之中，这种现象也许会让你对是否授权颇多踌躇。

事实上，这很难成为你不授权的充分理由，这只意味着你在授权时需要负起另一项职责：向受权者传授工作要诀。

这些要诀是关于待授权工作的背景和有关细微却可能至关重要的细节的，它们可能包括：

• 这项工作过去的情形

例如："我们过去曾搞过三次这种同业公司联谊会，有两次十分成功，我们有很大的收获，有一次却不怎么理想，问题出在……这一次，你应在这方面加强注意力。"

• 这项工作的深层动机

例如："公司组织这次联谊会虽然是每年度例行的，但这一次却有些不同，公司正在谋求本行业中领路者的地位，因此，这次联谊会上应特别留心各公司代表的反应，收集相关信息，以适当形式传递这一信号。"

• 经常采用的程序、形式

例如："这种联谊会一般邀请本公司的公关经理主持，总裁致辞，接下来是座谈会、自助午餐会、报告及讨论、酒会等内容。过去，我们过于注意联谊会的象征意义，这一次我们希望收集更多的资讯，你看是否能有所改进。"

• 微妙的细节提示

例如：哪些公司与我们合作很愉快，而另一些公司曾有过过节。某公司老总很难对付，但他的助手却很容易接近。某主管部门的主任对公司是至关重要的，他性格如何，喜欢游泳，曾是运动员，教育背景……哪位老总有民族禁忌，需要注意不要冒犯……

这类提示当然是依据你的具体工作内容而各自不同，但在他们接手之前，让受委派者了解这些，无疑会极大地有利于他们把事情办得尽可能地漂亮，而不至于出现毫无准备的尴尬场面。

（六）受权下属的能力训练

许多的主管都希望能够这样：能找到一名下属，听自己讲清了要做的工作，他便能完全胜任。而事实上，这总是不现实的。

你精选出的下属可能非常出色，他们在以往的工作中显示出很强的能力和素质，但每个人的能力总是有限的。与以往的工作任务相比，你要授权的任务将更有挑战性，更具综合性，而你的下属很可能是初次接触，或者至少是初次独自担当此任，他们一时还不能完全胜任，这是一件极为自然的事情。

（1）有效的授权者会注意对受委派的部属进行能力的训练，以引导他们出色地完成任务。

这种授权中的能力训练与员工的一般培训具有明显的不同,因为前者明确地瞄准眼前授权的工作。因此,能力训练实施的前提是对授权工作能力要求的分析:

- 授权的任务要求具备怎样的能力?
- 接受委派的下属具备其中哪些能力,缺少的能力是什么?
- 这些缺少的能力哪些是短时间能弥补的,哪些要逐渐提高?
- 弥补这些能力最佳的途径是什么,公司能提供的训练是什么方式的?

(2)授权中的能力训练与一般的员工培训不同,前者强调受训练者的参与,而不是主管向部属灌输知识。因此,主管在对其委派的下属进行训练时,重在引导:

- "你把思路谈一下,我们共同来看其中有什么问题。"
- "如果你需要以最快的速度掌握这套新的软件,你可查阅那本书,或向技术中心人员咨询。"
- "这项工作要求承担者足够耐心和细致,希望你多加注意。"
- "如果你的外语水平的确不足以直接与外商谈判,你可以考虑在你的谈判小组中增加一名合适的人选。"

(3)针对授权的能力训练的最重要形式被称为"面对面指导",作为"指导者"或"训练者"的主管需要首先确定:

- 指导的目的

让受委派者真正弄明白,公司所期望的结果是什么,为达到这一结果,下属应该怎样去完成工作。

- 授权工作的基本特征

授权的工作任务职责与构成是怎样的;需要什么样的技能;该工作与其他工作的关系是怎样的。

- 给予指导的时间是多少

授权工作复杂程度是怎样的,下属对工作要求的技能掌握了多少,缺少哪些。

- 完整的能力训练计划

指导的内容包括引导下属理解工作要求的技能,告知更加专业的技能到哪里去学习,公司能提供哪些帮助。

(4)能力训练的要点:

- 将受委派下属置于不受拘束的情景之中,激发他们的兴趣,使他们自己想学。
- 向受委派者解释工作的目标、重要性及与其他工作、整体目标策略的关系。
- 了解受委派者已具备哪些技能与关于工作的知识,他们还需要学些什么。
- 鼓励受委派者就授权的工作发问。
- 指导训练分阶段进行,给受委派者回味咀嚼的时间。
- 允许受委派者在工作中学习,直到他们完全胜任工作。
- 允许和鼓励受委派者对指导提出建议和要求。
- 定期检查受委派者学习训练的效果,及时反馈。
- 当受委派者需要帮助时,随时提供这种帮助。
- 不断肯定受委派者的进步和成绩。

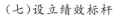

（七）设立绩效标杆

公司的业务主管决定向一名部属授权负责采购工作，他这样向这名部属说明公司的有关意图：

"公司希望由专人负责本季度的采购工作。"

"公司要求采购部门应能保证生产部门所需的全部材料，但公司也不希望余料过多地占用公司的库房。"

"公司上一季度的采购成本似乎过高，本季度希望得到有效的控制。"

"公司将根据采购部门和采购人员的成果给予奖励。"

……

这是授权中十分常见的一种情形，许多主管以为，向受委派的下属说明了"工作是什么"就已经实行了授权，至于如何评价下属工作完成的情况则是事后主管个人的职责了。

这种认识恰恰是错误的。授权的主管不仅要让受委派的下属清楚地知道"工作是什么"，还要让他们知道，"工作应达到什么程度"和"公司以什么标准评价工作的完成结果"。只有这样才有理由期望下属感受到压力，看到明确的目标而努力工作。

这项工作便是设立绩效标杆。绩效标杆的设立有如下的技巧与要求：

• 绩效标杆基于工作而非工作者

标杆的恰当形式是"工作应完成到什么程度"，而非"你应该做什么"，就是说，标杆不是因为你而设立，而是因为"工作本身要求是这样的"。

• 绩效标杆是可以达成的

标杆的规定应在合理、可能的限度内，过高的绩效标杆会从一开始便使下属失去信心，或者背负过大的压力，影响工作的完成。如你不能轻易地要求公司的销售额增长20％，除非你有充分的理由证明这是可能的。

• 绩效标杆要有挑战性

一个跳高运动员如果把目标放在1.8米，他就可能通过刻苦训练，达到1.78米，但一个只想跳过1.6米的运动员，无论如何也达不到1.7米，这正是绩效标杆设立的意义所在。这个标杆应是一个"不能轻易达到"，却又"在你的潜能范围之内的"，标杆激励着下属努力地工作，向这个目标迈进。

• 绩效标杆为人所知

绩效标杆应该公之于众，至少是主管和部属对此清楚地知道，标杆不应藏在主管的档案架里，变成单纯事后评判的依据，标杆的实质的管理学含义在于提供压力和动力。

• 绩效标杆应求得双方的认同

标杆的设立不应是单方面的下达命令，在这一点上，主管应同受权部属磋商讨论，确定绩效标杆。如果部属认为标杆的设立不公平，他们就不会认真地对待它。

• 绩效标杆是可测的

笼统地说："公司希望没有太多的余料占用库房"和"公司希望控制成本"是缺乏实际效果的，标杆必须是具体的、可衡量的，你必须研究实际情况提出"公司希望原材料储备率是××""在保证供应的前提下，公司希望本季度的采购成本比上一季度下降×％"。

• 绩效标杆要有时间限制

标杆要在何时达到,公司将在什么时间按照标杆来评定你的工作。

• 绩效标杆是可调整的

标杆一经设立,不应成为恒定不变的量,需要经定期的评估与改变,以适应工作可能面临的新情况,当然这并不是否定标杆的权威性。

• 绩效标杆是奖罚依据

如果设立的标杆不能作为对受权者奖罚的依据,受权者就很可能按照标杆的最低要求来完成工作,而是不追求超额完成,甚至他们根本不担心标杆完不成、达不到会有什么后果。如果规定"成本控制的底线是××,这是你的基本职责,如果低于这个底线,在差额中,公司将分段按××比例给予提成,用以奖励你与你的团队",情况自然会大不一样了。

案例

某公司成立新员工招募小组,授权人力资源项目经理负责这项工作。

	绩效标杆
工作要项: 征募	1. 收到人力要求后三周内,90%的需求能有合格的人选补齐。 2. 每名员工的征募成本应比通过介绍所寻找低。 3. 合格申请人的资料应保持最新档案以备补缺。 4. 工作询函应于两个工作日内回复。

（八）构建授权回馈系统

一位主管抱怨:"把工作委派给下属之后,我对这件工作的进度一无所知,这让我很不安心,我希望一切在我的控制之中,至少应让我知道它们正在恰当地被做着,因为这件工作很重要,如果不能按时完成,公司会蒙受损失的。我试图把下属叫来,听他把事情的进度详尽地告诉我,但我又知道,我不能过多地这么做,我既然放手让下属去做这件事,就不能再过多地干涉他们……"

这位主管的困境来自他自己的授权行为,有一个必备的环节被他忽视了,有效的授权在形成授权方案时,还包括一个有关授权的回馈系统,正是这个回馈系统,使授权的主管虽然不亲自处理交派出去的工作,但依然能随时掌握有关工作的讯息,并能对预见的问题提出改进方案的意见。

日本公司向来是以管理严格、权力集中而著称的,但并不意味着日本公司采用严格的集权主义的管理方式。日本公司是以一种奇特的方式来管理的,他们广泛地采用授权管理,但对于授出的工作任务,他们必然会建立严格的报告制度,接受委派的员工必须按制度定期向主管上司汇报工作进展情况,对工作过程中的重大事项进行说明,他们负有义务向上司证明:事情正在正确的、预定的轨道上发展。

这正是有效授权的要诀之一。授权的主管必须在事前与受委派的下属商议回馈系统的建立,并把它作为一项正式的制度来对待。

回馈系统包括:

• 事先由受权者提交工作计划书

其中,要给出确定的工作计划时间表,保证工作是会按步骤进行的。

- 确定定期汇报制度

受权者说明事情实际进展与计划表的同或异,报告事项。汇报的频度可能是一周,也可能是一个月,过频会有干涉下属工作之嫌;而过少,则失去实际意义。汇报的时间长度应控制在十分钟之内,以一种简洁高效的方式进行。

- 阶段性总结制度

工作可能分成几段,应在每一个重要的关节点,总结过去的工作,它产生的成果可能有两个,一是对授权方案可能要作出调整,二是对下属的工作提出表彰或警示,如有必要,可以物质的形式奖励或惩戒。

- 提醒受委派者:公司始终在支持他

这对下属是一种心理支持,同时还包含另一层含义,"如果有什么需要,随时来找我",而作为主管,你还可以从中了解到工作进程中的难题。

五、授权的艺术

高明的授权不是一项技术,或者说不仅是一项技术,它更是一门管理的艺术;它需要主管用知识、理论,更需要他们用才情、领悟力、激情甚至于勇气去把握。

(一)授权第一定理:信任

案例

A公司的员工们感到他们的主管和公司在发生着某种变化,在变化之初,他们曾经带着迷惑,甚至有些不太习惯。

A公司属于那种一切都很平常的公司,员工们领着一份不算丰厚但也说得过去的薪水,做着不很轻松但也没什么压力的工作,一切都平平淡淡,员工们也似乎并没有什么期望,不期望大的改变或什么更有意义的事情。也许他们曾经有过期望,但现在,这种念头已很微弱了。

一天,主管召集员工开会,他向大家宣布:公司将采取某种改变,我们检讨,公司以前并没有给予大家充分的信任与空间,而我们即将采取的改变正涉于此。公司相信每位员工都有独立完成工作的愿望和能力,而不是接受一份十分具体的任务。我们要求主管们做的,正是由后一种分派任务的方式转向前一种放手让大家独立探索问题的解决的方式。

员工们清清楚楚地听见了主管的每一句话、每一个单词,尽管他们表面上还是那么无心的,心潮澎湃却难以掩饰。但是,他们仍在犹豫:真的会这样吗?

此后,主管们在向他们分派工作时,不再说"只要照着我告诉你的话去做就可以了",而是在告诉他们"事情是什么"之后就不再过问,只是约定每两周的周五下午,员工团队的小头目应该来谈一下事情的进展。

一开始,员工们并不敢按自己的意图去做,因为,以前不是这样的,他们甚至感到有些手足无措。

最初的几次,员工们犹犹豫豫地敲开主管办公室的门,就一件工作的细节问题向主管请示,主管总是微笑着说:"我相信你自己能解决它,做出最好的选择。""让你的工作小组

来讨论决定吧,相信大家能得出完美的结果。"

员工走出主管办公室的门时,内心有一种激动,他感受到了信任,而这种感觉无疑让人产生动力;他感受到了挑战,这让他有一种冲动,需要把这件工作做到最好,来回报主管的这份信任。这时,员工们才发现,长期以来在公司里,他们总是感觉少了些什么,以前,他们总不知道到底少了什么,而现在,他们找到了,那就是:信任。而在此之前,他们隐隐约约一直在渴望的,也正是这样一种感觉。

对于高明的授权者来说,这无疑是第一要诀。对你来说,你要真正从内心相信员工们是能做好这件事的,你要把整个事情托付给对方,同时交付足够的权力让他做必要的决定。

授权又附有控制往往导致失败,因为这会揭露你的"信任"只是表面的,这会伤害下属的尊严,妨害你们的感情。例如,如果你要下属去印一本小册子,你就不必再交代一些有关形式、封面,以及附图说明等的详细意见,而让他自己去选择,相信他会把工作做得很好,而他也会感激于你的信任。

经营之神松下幸之助说过:"最成功的统御管理是让人乐于拼命而无怨无悔。"这显然不是靠科层制,不是靠强制,而只能靠信任。

柯维对于"充分信任型的授权"作过精彩的描述:充分信任型的授权,才是有效的管理之道。这种方式注重的是结果,不是过程。被授权者可自行决定如何完成任务,并对结果负责。

充分信任型授权必须双方对以下事项达成默契与共识:

• 预期的成果:管理与被管理的一方须对预期的成果与时限进行沟通,宁可多花时间讨论,确定彼此认知无误。讨论重点在成果,不在手段。

• 应守的规范:授权有一定的限度,所以必须加以规范,但切忌太多,以免掣肘。然而也不可过度放任,以免违背了原则,对可能出现的难题与障碍,应事先告知对方,避免无谓的摸索。

• 可用的资源:确定对方可用之人力、物力、财务、技术或其他资源。

• 责任的归属:约定考评的标准及次数。

• 明确的奖惩:依据考评结果订定赏罚,包括金钱报酬、精神奖励与职务调整等。

(二)寻求授权平衡点

授权的实际实施者们常常发现授权的教科书是没用的:他无法从中读到到底如何授权给下属,而保持主管与下属的平衡。

凯基说过:"在实际的授权过程中,授权过度使主管放弃权力;然而授权不足,使主管自己负担过重,以及让部属处在无所事事和事事请示的状况中,乃至造成主管领导的无能。"

寻求"授权适度"的平衡点是授权的最大难题。然而,这能求助于授权的教科书来揭示它的奥妙吗?

授权平衡点不是魔术师的箱子,一旦我们亲自打开它,谜底和神秘之处便显露无遗。平衡点正是要求高明的主管去用心把握的艺术。

授权无疑会造成失去部分的控制权,没有哪个组织会把授权推行到使企业濒临崩溃和阻碍目标完成的程度。如果主管们要避免组织涣散，必须在事关重大政策中实行有选择的集中权力。

集权和授权平衡妥善的公司可能是在最高主管部门对下述事务实行集中决策的：财务、总的利润目标及预算、重大设备及其他资本支出、重要的新产品方案、主要销售战略、重要人事调整、员工培养与报偿等。

寻求恰当的授权平衡点是艾尔弗雷德·斯隆管理通用汽车公司期间取得的最伟大成就之一。虽然他不断鼓吹并实践着权力下放，但他和他的最高层管理班子认识到不能给予各员工和部门完全自由的权力。主管们始终把那些事关公司巩固与成功的重大决策权牢牢握在手中。这成为通用公司的一个传统。

而一旦公司高层就主要决策和方案选择做出决定，无数的涉及执行这些决策的决定，都被充分地授权给下属部门和员工团队去完成了。正是这种形式，维系着公司在如此大规模下的运转。

授权平衡点的存在源于这样一个事实：授权是不完善的。授权平衡点代表授权在授权的优势与缺陷之间的一种选择。

（1）授权的优势

- 减轻主管，尤其是高层主管们的决策负担
- 鼓励员工承担责任
- 给员工更大的自主性与独立性
- 建立有效的控制机制，保证员工积极性的发挥
- 培养员工
- 市场导向与顾客满意
- 更灵活地决策以应付外界环境的变化

（2）授权的缺陷

- 统一政策的制定可能变困难了
- 命令的贯彻效率有时受到妨害
- 协调与沟通难度加大
- 部分的权力失控
- 控制技术的可能不足
- 员工中合格受权者不足
- 培训员工的大量费用
- 可能得不到某些业务的规模经济好处

"如果下属不会捅出篓子的话，我是很乐意授权给他们的。"一位主管坦然承认。许多主管的内心或许都有这样的想法，只是觉得不适于说出口。而正是这种想法，阻碍他们更有效的授权。

（三）做一个宽容的主管

下属犯错误，肯定是有原因的，光揽责任是不行的，还要共同查找原因，寻求出路，这是你为下属设置的"台阶"。因为你这样地帮助、理解、关心下属，而不是训斥、责备和怪罪他，一个聪明的下属一定对你心存感激，觉得你真正是信任他的，是与下属"同呼吸，共命

运"的好主管,因而会更加自责自惭,会下定决心,努力把工作干得更好、更出色,以报答你的"厚爱"。

这就是宽容的力量。

宽容不仅是在工作中,甚至在工作之外,也同样是珍贵的。

案例

第二次世界大战时,一位英国将军举办了一次祝酒会。到会的除了上层人士外,还有一批作战勇敢的士兵,酒会相当热闹、隆重。可在酒席中,一位从乡下入伍的士兵不懂席上的一些规矩,竟捧着一碗用来洗手的水咕噜咕噜地喝了,顿时引来达官贵人、太太小姐们的讥笑之声,那位士兵被羞得无地自容。这时,只见那位将军慢慢地站起来,端着自己面前的那碗洗手水,面向全场贵宾,充满激情地说:"我提议,为我们这些英勇杀敌、拼死为国的士兵们干了这一碗。"说罢,一饮而尽,全场顿时肃然,稍后人人都仰脖而干。那位士兵已是泪流满面,感动不已。这位将军适时地给了士兵一级"台阶",顺理成章地把尴尬不已的战士接下"台",士兵的感激就可想而知了。

高明的主管会在授权之前对被授权下属可能的错误事先有心理准备并能够接纳。错误一旦发生,则视之为需要对下属进一步训练的信号,这对于授权来说,是一种挑战而非威胁。

授权是一种在职训练,主管不能因怕下属做错事而不予训练,反而应更充分地提供训练的机会,因为做错事正是下属有所进益的绝佳时机。这次的错误很可能会避免下次做错事,从而承担更大的责任。

但是,一个宽容的主管绝不是一个好好先生,小心谨慎地避免批评下属;恰恰相反,他往往是一个深谙批评之道的主管。

高明的批评者必须显示纯正的动机,并让下属感受到它。"杰克,这件事的结果不够理想,让我们一同来找一下原因,我不希望下次还出现这样的错误。"这也许是个恰当的说法。

(四)如何使工作有意义

一个授权的主管可能会为这种事情伤神:他把一件自己认为重要的工作交给下属去完成,他原以为下属会被这种授权激发起斗志,而事实却多少让他感到失望:下属们似乎并不认为这很重要,他们将工作领去了,以一种你无法责备的热心和速度去完成,眼看期限将至,他们尚在慢条斯理地做,根本就无视期限的存在,而这时或者由于你没有其他合适的下属,或者由于你没有充足理由终止他们目前的进展,你只是在心里感到无比的着急。你弄不明白的是:为什么把这么重要的事授权给下属,仍然激发不起他们的热情呢?

对于一个员工来说,他对工作意义的判断远不只是取决于"工作对公司来说是怎样的",他也许更关心"工作对我来说是怎样的"。

主管可以把一件自认为重要而有意义的工作交给下属去完成,但没有理由要求员工一定会竭尽全力去完成它。员工有自己的判断,只有他们认定"这件工作对我个人有意义"时,他们的潜能才被充分地发挥出来。

对于授权的主管来说,这意味着:你要知道员工想要什么样的工作,然后根据不同的员工分配不同的工作,或在工作中加入员工想要的因素,这样将导致"工作对我有意义"的效果,这也是授权成功的一个技巧。

那么,员工想要的工作是什么样的呢?

• 自己喜欢的工作

"做自己没有兴趣的事是一种折磨。"

"兴趣是最好的老师。"

对于管理来说,兴趣是效率最好而又最经济的加油器 80％的员工都会说:"假如给我做自己喜欢的工作,工作效率一定可以提高。"

主管们应该知道哪类员工想做哪类事,不要让内向的员工去做公关,也不要让难以片刻安定的员工去做会计。

• 能带来高回报的工作

莎士比亚说:"高报偿高动力。"没有任何理由鄙视金钱,即使金钱不能带给你全部,这并不说明金钱与幸福无关。员工期望从工作中获得高的回报丝毫没有值得责备的。如果授权给下属只意味着责任,而没有回报的话,不要对绩效期望太高。

• 带来升迁的工作

有人调查 300 位 25 岁以下的职员:"你想不想成为管理者?"有 57％的人想成为。

又问:"你希望升到哪一级别?"三种阶层的人回答是:普通低级职员中半数想当处长,25％想当科长,另 25％想当股长。

普通中级职员想做科长及处长各占一半;

普通职员中老资格者,90％想当处长,10％想当科长。

当把工作委派给下属时,你应不失时机地暗示他们:"这是一个表现的舞台,希望你的能力让大家有目共睹。"

• 发挥专长的工作

并不是所有的主管都了解下属各有什么专长,而这对于授权的成功与否至关重要。

你的下属就能力而言,可能有高低之分,但了解他们在结构上的差别可能更有意义。不要小瞧任何一位员工,他可能身怀绝技,在你遇到特殊困难时挽袖出手,常能出奇制胜。

• 丰富多变的工作

除特殊人外,没有员工喜欢单调乏味的工作。把员工当成螺丝钉的时代也已经一去不返,必须把你的工作安排得丰富多变,才会有足够的吸引力。授权给下属的不应是十分狭窄而具体的事务,应包含相当宽泛的内容与跨度。应该为员工提供转换、交流的机会,增进工作生活质量。

• 能学习、成长与发展的工作

年轻人甚至中年人、老年人越来越重视学习了,"学习型组织"、"学习型人才"成为他们的口头禅。他们在你的公司打工,甚至可能只有一个目的:学习。为此,他们能忍受低的薪水、高的工作压力,因为他们对未来抱着期望,随时准备充实自己,跃入自己梦想的领域开创新事业。当委派给下属工作时,告诉他们,这其中有什么值得学习的东西,如何去学习,公司会为他们提供什么方便,等等,这无疑使他们对未来的工作充满期待与兴趣。

（五）忌虚假授权

老板把当月的生产计划交给了生产部经理杰克，说明由他全权负责生产计划的实施。人员的调配、原料的供给及机器的使用全部由杰克来指挥。杰克受领任务后，很快根据生产计划掌握的人员、机器情况做适当的安排，工作有条不紊地开展起来。

一周过去了，老板来检查工作，发现本周的产量已达到计划产量，于是便把杰克叫来，责怪说："你是怎么搞的？把一周的产量定得这么高，工人过度劳累怎么办，机器磨损过度又怎么办？"

在第二个周末的工作汇报会上，老板发现本周产量较上周下降了，又埋怨说："杰克你是怎么搞的，本周的产量怎么下降了这么多？你要加强管理，否则计划要完不成了。"

这样一来，杰克真是不知所措了。本来他满心欢喜，以为老板让他全权负责组织生产计划的实施，他自己也成竹在胸。可自从受了两次批评后，他不禁怀疑老板是不是真的让他负责，他感到自己是有名无实，根本做不了主。还是稳妥点好，于是从第三周起，他不再自己负责，而是请示老板应该如何安排生产。

或许，杰克的老板并不是有意插手部属的工作，而只是出于善意的督促，或者只是出于一种习惯和责任感；而对于部属来说，感觉却是老板根本无意于授权给他。这种授权对部属来说，是一种虚假授权，它非但不能取得好的效果，往往还会适得其反。

大文保谦说："对部下，首先给予任务，对于以后的手段、方法，大胆地委托给部下。一旦委托给了部下，在无碍原则的前提下，对于细小之处不要过分干涉，让部下能自由地去行动。"

国外管理界有句行话："有责无权活地狱"。

美国前总统罗斯福有一句名言："一个最佳的领导者，是一位知人善任者，而在下属甘心从事于其职守时，领导者要有自我约束的力量，而不可插手干涉他们。"

中国古代《贞观政要》卷五中，记载了齐桓公与管仲的一段对话。齐桓公向管仲请教如何防止有害于霸业的行为，管仲回答说："不能知人，害霸也；知不能任，害霸也；任不能信，害霸也；既信而又使小人参之，害霸也。"

管理学家大卫·拜伦甚至说："我在管理工作上，一直谨守着两句格言：一是'决不让自己超量工作'，二是'授权他人然后就完全忘掉这回事，决不去干涉'。……最好的方式是告诉员工，他的工作性质、职权、责任、升迁标准是什么等等，让他清楚自己的工作之后，便放手让他自己去做。这便是'授权并遗忘'。"

"授权并遗忘"或许是极端强调放手的一种说法，但对于一个决心授权的主管来说，切忌虚假授权，不要让授权伤害你和你的部属，却是一条重要的启示。

（六）防止逆向授权

"授权是由主管指向下属的吗？"

主管们从来不曾怀疑这一点，尽管授权的教科书不厌其烦地告诉人们："授权是主管和部属的互动，是一种'团队游戏'"。但这并不能改变一个事实：授权标志着主管将自己手中的权力部分地下移传授到部属手中。

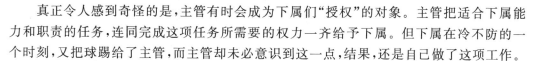

真正令人感到奇怪的是，主管有时会成为下属们"授权"的对象。主管把适合下属能力和职责的任务，连同完成这项任务所需的权力一齐给予下属。但下属在冷不防的一个时刻，又把球踢给了主管，而主管却未必意识到这一点，结果，还是自己做了这项工作。

这就是某些下属自觉或不自觉地玩的一种把戏："逆向授权"。

这种情形，你或许并不陌生：

一位主管正经过走廊，看到他的一名下属从走廊另一头走过来。下属向主管打招呼说："您好，我们碰到一个问题，您看该怎么办？"下属开始详细地说明这个问题。最后，主管说："谢谢你告诉我这些情况。我现在很忙，我要想一下再给你答复。"然后两个人分开了。

让我们来看一下吧。在主管与他的下属遇见之前，"猴子"是背在下属背上的。分开以后，"猴子"却移到了主管背上，下属成功地施行了"逆向授权"，现在该由可怜的主管亲自来照顾这个棘手的"小猴子"了。而他自己，却可能并未意识到这一点。

有些主管成天手忙脚乱，他的办公室里总是排满了向他请示工作的人，这些人是他属下的各个部门的头头，他们把本该由他们自己去做决定的事一股脑儿都推到了主管头上。而这位主管在逐一替他们做决定、拍板时，非但没意识到他是在替他的下属工作，反而可能还沾沾自喜，沉迷于受到尊重的美妙感觉之中。

下属们的"逆向授权"即使不是故意所为，也是潜意识的产物。他们这么做或是为了减轻自己的工作负担，或是为了绕过难题，或是为了逃避责任，或者纯粹是工作的惯性，还没有授权带来的工作的变化。

当然不能排除员工故意作恶的嫌疑。人们总是难以避免遭到利用，譬如说，当一件重要的工作急着要完成时，即使人们不愿帮助那个拖延工作的人，但最终还会去帮着他做的。正是人们的这一弱点，给"逆向授权"以可乘之机。

高明的主管们不会允许这种事情发生，更不会纵容下属这种不负责任的行为。

主管们最可利用的技巧是把球巧妙地踢回去，把这只麻烦的"猴子"立刻掷还给下属。当下属请示该怎么办时，他会说："你认为有哪些可能的办法呢？""你觉得哪一个办法更好些，能说一下理由吗？"这只"猴子"便乖乖地爬回了下属的背上。

记住，你是主管，你总是能采取主动的。

然后，在某个适当的场合，主管们会重提这件事，他会或明或暗地正告他的下属们："不要试图逃避责任，如果事事都要由我来自己决定，你们根本没有在这里的必要了。"

六、授权不是测验

"事必躬亲"成为管理者的一个严重的时间陷阱。跨越这个陷阱的唯一途径便是"授权"。在探讨授权的真义与授权的技巧之前，希望你先根据下面的测验，做一番自我考核，看看自己是否具有"事必躬亲"的倾向，你是否授权不足。

下面共有 20 道题目，请据实回答。

（1）当你不在场的时候，你的部属是否只继续推动例行性工作？

(2)你是否感到例行性工作太占用时间,以致无法腾出时间作计划?

(3)一遭遇紧急事件,你掌管的部门是否即刻出现手足无措的现象?

(4)你是否常常为细节问题而操心?

(5)你的部属是否经常要等到你示意"开动"才敢着手工作?

(6)你的部属是否无意提供给你意见?

(7)你是否常常抱怨工作无法按原定计划进行?

(8)你的部属是否只机械式地执行你的命令,而欠缺工作热忱?

(9)你是否常常需要将公事带回家中处理?

(10)你的工作时间是否经常长过你的部属的工作时间?

(11)你是否经常感到没时间进修、娱乐或休假?

(12)你是否常常受到部属的"请示事宜"所干扰?

(13)你是否因接听过多的电话而感到厌烦不已?

(14)你是否常常感到无法在限期内完成工作?

(15)你是否认为一位获得高薪的管理者理应忙得团团转才像话(才配取得高薪)?

(16)你是否不让部属熟悉业务上的秘诀,以免被他们取代你的职位?

(17)你是否觉得非严密地领导部属的工作不可?

(18)你是否感到有必要装置第二部电话?

(19)你是否花费一部分时间去料理属下能自行料理的事情?

(20)对你来说,加班是不是一种家常便饭?

测验结果评鉴:

(1)假如你对以上20道题的答案都是"否",则表示你已能做到授权的要求。

(2)假如你的答案中有1~5个"是",则表示你授权不足,但情况并不严重。

(3)假如你的答案中有6~8个"是",则表示你授权不足的程度相当严重。

(4)假如你的答案中有9个以上的"是",则表示你授权不足的程度极其严重。换句话说,你极可能是一位不折不扣的"事必躬亲者"。

第九章　勇于挑战，展现领导决策艺术

成为员工的教练，而不是成为一个下命令的人。

——杰克·韦尔奇

Andrea Jung 是近年来美国公司最成功的 CEO 之一。她重新梳理了雅芳的各项业务。在成为 CEO 后，她直接上门推销，并从这个过程中了解到顾客和她的销售队伍面对的挑战。她知道了雅芳的短板后，就制定了转折计划。Jung 宣布开辟新产品线，推出重头产品，在零售店里销售雅芳产品（这是雅芳以前从未做过的）并削减了上百万美元的成本。计划是雄心勃勃的，但多数人都认为无法推行。佩恩韦伯公司的一个分析师认为计划"非常有可能令人失望"，Jung 最终证明了批评是错误的。"若在其他人管理下，结果肯定是完全不同的"，美林的一位分析师如是评价。雅芳的董事会提名她为董事长，这是直到认可她的能力才给予的头衔。

E-Trade 的 CEO Christos Costakos 希望将公司从一个网上交易商变成金融服务超级市场，包括支票账户、抵押、保险和信用卡业务。批评家担心公司的客户群是低端的，不会使用这些服务，特别是在熊市时。而且与 Charles Schwab 和 Fidelity 相比，公司的总资产规模较小，在被问到他 5 岁的公司能否成长到那么大时，他说，"我对你们问这样的问题很恼火，他们（公司）已经有 40 年的历史了，在五岁时他们和我们一样。"

David S. Potrruck 改造了 Charles Schwab 这个传统的金融服务公司，将他树立为一个互联网时代能够快速运行，并与新进的小公司成功竞争大公司的榜样。开始的时候他把自己变成一个注意聆听而不是回答的管理者。他说："希望追随我的人越多，我也就能了解他们越多，我们一起干大事的能力越强。"

Francis Collins 是美国国家人类基因研究院国家卫生学院的院长，和 Celera Genomics 的前 GEO J. Craig Venter 是直接的竞争对手。他们彼此并不喜欢对方，但是他们却有着共同的梦想。2000 年他们一起宣布其所在的组织已经破解了人类 DNA 的生物化学"代码"。知道遗传代码将会改变医学，带来疾病诊断和治疗的革命。这两位梦想者的联合声明标准着基因时代的开端。

以上描述了什么造就了杰出的领袖。不同行业、各个层次的经理人都对这个话题感

兴趣。他们相信,对这个问题的回答将有助于改进组织绩效和获得个人事业的成功。他们希望获得这样的技能,以便从"普通的"管理者成长为真正的领导者,幸运的是,领导技能是能被传授和掌握的。有人说过:"尽管大多数人都具有管理技能,但是只有少数人能够在实践中运用。管理技能是这样一种东西,它能被任何人学习并被传授,而且从来没有人拒绝它。"本章将讲述领导艺术及其决策。

一、领导

什么是领导?领导应该是能够影响他人以达到组织目标的人。追随者越多,其影响力越大;获得的成功越多,其作用就越显著。

杰出的领导者能够结合好战略要旨和有效的人际关系,以形成并实施能产生良好效果和可持续优势的战略。他们会创办企业、建立组织文化、赢得竞争,甚至改变重大事件的进程。他们是战略家,决不错失良机,尤其是被他人所忽视的机会,他们同样满怀热情地关注每一个细节,这些细节有可能促成一个宏伟的计划,也可能破坏他的宏伟计划。

领导也是一个动态的行为过程。领导学大师约翰·科特教授研究认为,对于一个企业的领导者来说,成功的领导过程应该包括下述四个方面:

(1)制定企业的长远发展目标和规划;

(2)为实现企业的设想和规划,基于各种主要的相关环境因素和企业内部因素,做出战略安排;

(3)建立一个强有力的资源协作体系;

(4)打造并凝聚一支担负着将设想变成现实的热情高昂的核心队伍。

(一)领导与管理的关系和区别

领导与管理是一个问题的两个方面,既有联系又有区别,二者的关系和区别可以从以下几方面来理解:

第一,领导侧重于宏观与未来,管理侧重于微观与现在。领导者更多地关注外部,在对国内外的政治、经济、法律、文化、行业等诸多宏观因素的洞察与了解的基础上,发现机会,抓住机会,勾画企业未来的愿景、价值观与战略规划;管理则更多地关注内部,在对企业人、财、物等各种资源分析与判断的基础上,科学合理地进行制度设计和资源分配与整合,将战略和机会转化为企业现实的经营成果和竞争力。

第二,领导侧重于"人"的工作,通过选人、用人、育人、留人,打造一支具有凝聚力、创造力和战斗力的团队;管理则侧重于"事"的工作,通过将企业各类事务标准化、制度化、规范化和程序化,建立稳定而连续的企业经营秩序。

第三,领导强调激励、授权和教练,通过发挥领导者的非权力性影响力去激发和调动下属的积极性与创造性;管理则强调指挥、控制和监督,通过发挥管理者的权力性去规范下属的行为。

表 9-1 是关于领导与管理的一些关键区别:

表 9-1 领导与管理的区别

管 理	领 导
执行计划	建立愿景
改善现状	创造未来
只见树木	看见森林
集中于事	集中于人
检视内部	洞察外部
指挥、控制、监督	授权、激励、教练
注重正确地做事	注重做正确的事
询问"做什么"和"如何做"	询问"是什么"和"为什么做"
重视制度、政策与程序	注重价值观和原则
多快好省地爬上梯子	把梯子搭在正确的墙上
身体力行，鞠躬尽瘁	振臂一挥，应者云集
典型人物:周恩来	典型人物:毛泽东

领导与管理存在差别，并不意味着领导比管理更重要。我们认为要达到组织的最佳效果，领导与管理具有同等的重要性，二者缺一不可。在企业相对稳定的时期，有限的领导与强有力的管理相结合可使企业具有良好的运营效果;在企业动荡和混乱时期，强有力的领导伴随着一些有限的管理可能更符合企业运作的要求。

领导能力与管理能力是经理人必须具备和修炼的两大基本能力，是手心和手背的关系。但是，随着经理人的职位升迁，其所需要的这两种能力，哪一个更重一些，也有比例上的变化(见图 9-1)。而且，在不同的企业和不同的环境下，所需要的两种能力也是不同的。

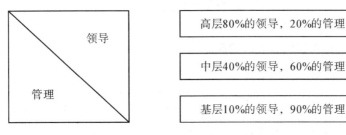

图 9-1 不同层级的领导与管理

对于一个企业来讲，一个强有力的领导者必须有一个或多个强有力的管理者和执行者。整个企业偏重于领导型，会"头重脚轻"，缺乏扎实的基础和稳定性;而偏重于管理型，则会"头轻脚重"，缺乏活力，辨不清未来的方向。所以，在一个企业中，领导型和管理型的人才必须合理搭配、相得益彰。

在中国革命的历史进程中，毛泽东是天才的领导者，他高瞻远瞩、志存高远。四渡赤

水就像他那浪漫而飘逸的书法作品,三大战役则诠译了他运筹帷幄、决胜千里的领袖气魄。他极富哲学思辨,又具有现实的洞察力,总是在中国革命的关键时刻,拨云见日,指出中国人民革命的方向和道路。他又喜欢挑战,"与天斗,其乐无穷;与地斗,其乐无穷;与人斗,其乐无穷"。而周恩来、陈云等老一辈革命家相对于毛泽东来说则是天才的管理者,他们充满了理性而稳健的运作智慧,"不唯书,不唯上,只唯实"。他们总能以缜密的思维把毛泽东的天才创意转化为具体可行的行动计划,又总是以坚定、干练、彻底的执行力把毛泽东的梦想创造性地变为现实。他们殚精竭虑、鞠躬尽瘁,与毛泽东一起开创了新中国。

(二)新经济时代领导能力的变革

有一则关于爱因斯坦的逸事:

一名学生拿到试卷时对爱因斯坦说:"教授,上面的问题和去年的完全一样呀。"爱因斯坦答道:"是的,但今年的答案不同了。"

在 21 世纪的新环境、新条件下,需要的是新的领导者和领导力。Worthing Brighton Press 公司专门研究报道重要的管理发展趋势及其在新经济条件下的应用,在该公司的一项调查中发现,具有广泛号召力与影响力的领导通常具备以下 12 种素质。这些素质在领导企业变革时更显得弥足珍贵:

(1)充分的自觉意识;

(2)善于激励他人;

(3)善于合理分配有限资源;

(4)富有远见并能向他人传播;

(5)拥有完善的个人价值体系;

(6)强烈的集体责任感;

(7)成熟的知识和学习网络;

(8)有效分析与整合复杂信息的能力;

(9)具有灵活性和快速反应的能力;

(10)在非常不明朗的局势下果断决策的能力;

(11)勇于并善于进行突破性思考;

(12)迅速建立高效率职业关系的能力。

大师智慧

领导力不是命令与控制,它是关于内在的"怎样为人",而不是外在的"怎样做事",它决定了"我是谁,我为什么要做这项工作,我信仰什么"。好的领导向整个组织传播使命和价值观,致力于打造一个使命为中心、价值观为基础、以人为本的组织。归根到底,是领导素质和性格决定了企业的业绩和成果。

——Leader to Leader 杂志总编辑　赫塞尔本博士

(三)新旧领导者的差异

我们姑且将仍然抱着传统领导观念的权谋式领导称为旧领导者,将勇于变革、扬弃自我的 21 世纪领导者称为新领导者,他们的区别如表 9-2 所示:

表 9-2 新旧领导者的区别

旧领导者	新领导者
1.面对实物的管理执行力	1.卓越的预见与洞察力
2.关注内部和现在,漠视变化	2.关注外部,面向未来,应对变化
3.主导产业的制胜力(赢在今天)	3.产业链条的整合力(赢在未来)
4.依靠权谋和霸术的政治家	4.政治经济家与人文领导者
5.内部资源的配置能力	5.全球生态系统中的运作能力
6.用权力管理企业	6.用激励、教练和授权领导企业
7.高胆商的市场投机者	7.高智商、高情商、高胆商的战略家
8.靠物质奖惩驱动员工	8.用愿景、文化与成长引领员工
9.业务层面操作能力	9.战略层面资源整合能力

 案例

从 NBA 中看领导

一位身为 NBA 球迷的经理人从 NBA 比赛中领悟到的领导含义很有见地(这里我暂且将一支球队的教练比做领导):

(1)有一个共同的目标(夺取总冠军或企业持续发展);

(2)有自己比较个性的打法(企业个性、领导风格、核心竞争力与企业文化);

(3)有一个团结协调的团队(精神领袖、明星球员、关键先生、蓝领工人、板凳队员);

(4)为保持团队的竞争力和足够的活力,必须赶走一些,引进一些(识人、选人、用人、育人、留人、裁人);

(5)进攻时一鼓作气,防守时同仇敌忾,僵持时全神贯注,关键时懂得喊暂停(领导者的决策力和影响力)。

(四)领导和追随者的关系与区别

组织的成败不仅在于领导者,还在于员工。正如管理者往往不是好领导者一样,员工也并不总是好员工。最有效的员工能够独立思考并能积极承担实现组织目标的责任。曾领导艾维斯租车公司走出低谷的传奇人物罗伯特·汤森(Robert Townsend)说,员工最重要的品质是说出事情的真相。杰出的领导者也是如此。

作为一个管理者,应该扮演领导者和追随者两种角色。就像你领导的下属要向你报告一样,你也要向领导你的上级报告,你也将是一些团队的成员,或者可能是其他人的领导者。由于领导的角色是如此迷人,因而它成为许多人竞相追逐的目标。作为追随者也必须谨慎地履行职责。

有效的追随者掌握对组织有用的技能,他们的工作业绩超过所要求的。有效的员工可能默默无闻,但他们知道自己对组织贡献的价值。而且当他们为组织做出贡献时,通过

学习,也为自己将来担任领导角色做好了准备。

二、权力

职业经理是企业管理指挥链条中的一个环节。对下属来说,他是一个领导者。职业经理从开始担任企业管理者那天起,就一天天地按照指挥链在晋升,一天天地走向权力的更高台阶。有人认为,有了权,就可以指挥别人,别人就要听我的,就没有办不到的事情。实际情况并不是这样。

（一）权力的三个特点

1. 强制性

运用权力的时候实际上是强制别人做事情,也就是说让别人必须按照自己所说的去做。权力的第一个特点就在于它是带有强制性的,常迫使别人做什么事情。

案例

肖经理说:小王,你今天下班之前把销售报告交给我。

如果没有肖经理的命令,小王今天也许不会上交销售报告。他做这件事是在肖经理的命令下做的。

2. 潜在性

权力往往是潜在的,对每一个经理人来讲,往往是最后的手段和解决办法。但是很多职业经理忽视了这一点,在自己的工作当中,甚至每时每刻都不忘动用自己的权力。实际上,让别人自觉地做事情,权力才会发挥它的价值。

如果你天天用权的话,权力也就失去了它的威力。试想,如果你每次向下属布置工作时,都要用权力迫使下属接受和服从的话,你这个经理也就当到头了。可是,这一点往往被许多职业经理忽略,以为自己有了权力就可以随时动用权力。特别是当下属对于指令不理解、不情愿时,经理动用自己的权力,用"如果明天早上一上班我还看不到这个报告,你就别来上班了"之类的话迫使下属去做事。其实,这样做已经是"黔驴技穷"了。

3. 与职位相联系

我们所说的权力,其实指的是与职位和职责相联系的权力,不可能超越职位去行使权力。比如说一个部门的经理不可能去指挥别的部门的员工或者下属做这做那,人家根本就不会理你,因为这是在你的权力界限之外。权力的行使,仅仅局限在和职权职位有关的方面,所以企业当中的权力就叫职权。超越职位的权力是没有的。

案例

肖经理让部门秘书小王写一份销售总结。

人力资源部任经理与公司各部门的关系,是计划和建议关系,而不是命令的关系。

（二）权力戒律

权力是一把"双刃剑",有好处也有麻烦,正确地运用权力对职业经理来说非常重要。

1.权力不能用来激励

权力的特点就在于它的强制性,就是强迫别人做事情,而每个人最愿意做的是出自本意的事情。世界上没有人愿意被别人领导,没有人甘心情愿地当别人的下属。

当你运用权力的时候,如果不能带来任何的激励,实际上是在强迫下属,他的内心是抵抗的,在这个时候,每个人的创造性是极其有限的。所以,权力不能带来激励,它不能激发下属去做一些事情。

有些经理认为有权力给予下属奖赏,认为"有权就好办""有权就能激励下属""如果我有给下属加薪、晋升的权力,我就能够激励下属"等。其实,有权给予下属奖赏与激励并不是一回事。

对于一位想得到较高职位的下属,加薪对他来说没有激励的作用,就是说,并不是权力,如加薪的权力、晋升的权力本身带来了激励,而是因为满足了下属的某种需要动机、欲望,从而带来了激励。

2.权力不能让人自觉

权力的特点,在于迫使别人服从自己的意见。这就意味着,当你运用权力时,你的下属是被动的、不自觉的,或者说,是你说一下,他动一下,你说怎么办,他就怎么办。

对于销售部肖经理不可能通过命令的方式使下属小王自觉地按照自己的种种期望做事。如果不理解、不情愿的话,小王并不会因为肖经理的命令而发自内心地、自觉地去做肖经理期望做的事。实际上,只有小王理解了肖经理的期望,并且与个人的期望达成一致时,才会自觉地做事。

许多职业经理,在拥有一定的权力之后,往往有一种潜意识,认为既然我是你们的上司,下属就应当自觉地服从我的意志,自觉地按照我的想法去做事。结果许多经理发现,自己已经明白地强调了多次的问题,下属就是"死不悔改"。

3.权力不能带来认同

职业经理常犯这样的错误:

一种是:这件事情就这么定了,大家别争了。

还有一种:你们懂什么,我做多少年经理了,这个业务我干多少年了,你们根本就不懂,你们就按我说的办,没错,就这么干。

这种方式只能强迫别人按照你的想法去做,但是你绝对不能让别人认同你的想法。

很多下属实际上对上司的评价并不那么好,并不像上司自己所感觉的那么好。在官本位传统很深的社会里,很多的职业经理可能觉得自己很会玩弄权术,通过玩弄权术使得下属认同自己。其实,运用权术导致下属怕你,怕你运用权力去整他,或者给他穿小鞋,或者是给他难堪,总之你是想让他怕你,他怕的结果就是你说什么他都认同。这是一个虚假的认同。

4.权力对下属的影响有限

现代社会中,员工和企业之间的关系是一种契约的关系,而契约仅仅发生在劳动方面,就是付出劳动获得报酬,不是说他把整个人都交给组织了。这种情况下,权力根本就不能滥用。

案 例

小王的销售报告没有能在肖经理要求的时间交上去,肖经理大怒。在部门会议上狠狠地批评了小王。结果,小王觉得很委屈,对肖经理的批评无法接受,部门的其他人虽然没有说什么,但会后却议论纷纷,认为肖经理做得过分了,认为大家都十分忙碌,而肖经理却因为这么一点事就狠批小王,有点小题大做。

另外,权力对于将要离开的人根本没有效果,权力对于那些资格很老、工作成绩一般、不求上进的人也没有效果。

有些职业经理有权力崇拜的倾向,认为并非权力的作用有限,而是不会用。有些上层经理认为,有了权力,事情还不好办?下属还能不"巴结"自己?他们沉溺于对权力的迷信之中。

5.权力不能滥用

职业经理本身没有太大的权力,但经常滥用权力,有的时候对于下属,对那些希望在公司获得成长的人来讲,直接上司滥用权力对他生存和发展的压力比高层的权力滥用要大得多。职业经理权力的滥用往往是损害具体的人。

公司里权力滥用的典型表现:

①仅仅因为拥有一定的权力,就凭主观意识,凭个人好恶采取某些如任用、辞退、晋升、奖励的手段;

②为了个人用途私自动用组织资源;

③以授权的名义将个人职责推给下属;

④在工作决策时,不让他人参与,不征求下属建议就武断采取措施;

⑤主要依据权力(惩罚或奖赏),而不是运用影响力去改变下属的行为;

⑥给与自己关系好的下属额外的好处或给与自己关系不好的下属额外惩罚;

⑦运用权力"统一"下属的思想和行为。

6.慎用权力

慎用权力,就意味着你必须依据前后一致、公平、公开的规则做出奖赏或惩罚的决定。

销售部经理在给销售代表们分派销售责任区和销售指标时,必须用事先确定的划分标准和原则,否则可能会因为客户的"肥度"不同而引起某些销售代表的不满。

慎用权力,还意味着不到万不得已,不要运用权力。

你的下属小王最近经常迟到,你怎么办呢?如果运用权力的话,你只能是:批评、扣工资、辞退、开除。问题是,这种惩罚常常是消极的。如果下属行为出现偏差,首先应当寻找原因,他可能有问题需要你的帮助,而不是接受你的惩罚。而且一旦你采取了惩罚的手段,很难再取得下属的好感和认同。

小王经常迟到让肖经理很恼火，批评他几次也不见好转，于是有两次小王请事假时，肖经理就不予批准，还调整他去做一个新行业的客户，作为对他的惩罚，工作难度更大了。后来才了解到，小王父亲最近住院，他又不愿意和上司谈及此事。由于肖经理与小王的关系已经僵了，虽然肖经理后来表示理解，小王仍耿耿于怀，不久就离开了公司。

因此，必须让下属明白你为什么要这样行使权力。这样，你行使权力才能对他们未来的行为产生你所期望的影响效果。

当只有一个主管职位空缺，而表现不错的销售代表有好几位时，你必须对那些有资格但最终未被升迁的人解释，决定升迁的因素不单是他们现在的工作表现，同时也考虑到升迁者能不能成功地胜任销售主管的职位。

显然，如果你事先就让下属明白，什么样的表现可以升迁，或者升迁的标准是什么，不仅可以引导下属的行为，而且在做出升迁谁的决定时，争论和不满会降低到最低程度。相反，如果你事先什么也不说，下属们不知道升迁的标准，你决定了升迁者后，才告诉他们标准，不仅不会引导下属的行为，还会引起激烈的冲突。

（三）领导者非权力性影响力

领导的非权力性影响力，指的就是经理人的内在品质、作风、知识、能力、业绩、资历、智慧、魅力及行为榜样等非权力因素对被领导者造成的影响。这种影响力更多地属于自然性影响力，具有"随风潜入夜，润物细无声"的功效，其产生的基础要比权力性影响力广泛得多。这种影响力表面上并没有"合法"权力那种明显的约束力，但在实际上它常常能发挥权力性影响力所不能发挥的约束与激励作用。

在实际操作中，非权力性影响力一般表现为领导者的道德品质、言传身教、个性魅力、智慧能力、领导风格、人文关怀等，让追随者口服心服、五体投地，产生"粉丝"般的崇拜、凝聚与追随效应，甚至让追随者心甘情愿地两肋插刀、义无反顾。所以，经理人应该注重从品格、能力、知识、感情等方面不断积累和强化自己的非权力性影响力。

领导的实质就是利用权力性和非权力性影响力，特别是发挥非权力性影响力，带领团队和下属全力以赴地实现预定的正确目标。

丘吉尔的领导名言

1930 年，丘吉尔在《我的早年生活》一书中有这样一段话："有一次我受邀为法国一座纪念碑撰文，写下了'作战时，奋战到底；挫败时，全力还击；胜利时，心存宽厚；和平时，友好亲善'。"其实，这正是一个卓越的领导者所应该具备的品质体现。

"团结，我们就站立起来；分裂，我们就扑倒在地。"英国在战时能凝聚民心、跨越危机，正来自上述丘吉尔式的经典名言。丘吉尔也没想到，在 60 多年之后，美国总统与纽约市长正是运用同样的口号与精神带领美国人民渡过"9·11"危机。

1941 年第二次世界大战当盟军处于最困顿之际，丘吉尔在母校的演讲中说："我们不要说这是黑暗的日子，要说是严峻的日子，这不是黑暗的日子，而是伟大的日子，是我们国

家曾有过的最伟大的日子,我们都必须感谢上帝,允许我们在各自的岗位上,参与了让这些日子名留青史的过程。"丘吉尔的领导远见与鼓动力量由此可见一斑。

在"二战"最艰难的时刻,丘吉尔发表了世界历史上最简短的演说词,那就是他号召他的人民:"永远,永远,永永远远,永永远远不要放弃!!"而他那从容不迫的抽雪茄的神态和"V"字形手势,已成为世界人民追求胜利的代表性符号。

三、领导风格

作为一个领导者,你平时的工作风格是什么? 有的下属可能说你挺民主的,能听取群众的意见,能集中集体的智慧,等等。有些人评价你挺专断的,谁的话也听不进去,老是按自己的想法行事。这两种评价就反映出下属感受到你有不同的领导风格。

(一)四种领导风格

对于下属来讲,每个领导都呈现出两种行为:

一种是指挥行为。就是通过指挥的行为使下属去做事情,这叫作指挥性的行为。

另一种是支持行为。支持性行为就是不通过指挥命令,而是通过比如提建议、给他反馈、劝告等方法,不是在强迫下属,而是以支持的行为来领导下属。

用矩阵方式来排列,支持行为和指挥行为这两个坐标可以组成一个矩阵,这个矩阵有4种领导风格,见图9-2。

支持行为

支持型 低指挥 高支持	**教练型** 高指挥 高支持
授权型 低指挥 低支持	**指挥型** 高指挥 低支持

指挥行为

图9-2 四种领导风格矩阵图

1.指挥型的领导风格

呈现出一种通过指挥使下属完成工作的特点。是很多职业经理人可能采用的。即通过下达命令或者指示的方式让下属按照你的指令去办事,最后完成指令上的工作目标。

2.教练型的领导风格

经理给下属的指挥行为和支持行为都比较强。一个管理者首先应该是个教练,每一位下属70%的工作能力实际上是上司在工作当中以教练的方式教给他的。上司如果不能做一个好教练,下属就成长不起来。做教练就是通过支持行为和指挥行为来引导下属的行为。

教练型的领导风格是现代企业非常倡导的领导风格。

3.支持型的领导风格

领导者对下属主要采取支持性的行为,而不采取指挥性的行为。就是说支持性的行为很强,指挥性的行为很弱。支持的方法就是作为一个绩效伙伴在旁边,不给他答案,也不给他主意,但是告诉他需要改进的地方,为了完成目标,可以考虑别的思路。

4.授权型的领导风格

这是一种支持性行为和指挥性行为都比较弱的情况。给下属一个明确的授权,希望他在授权之后达成一个目标。在做事情的过程当中,完全是发挥他的主动性和积极性,在授权范围内完成这件事情。

人们往往容易把授权型的领导风格和指挥型的领导风格混为一谈,因为很多的职业经理向别人做出指挥型命令的时候,他以为是授权。而授权是要划分相应的权限,比如说一次招聘活动,就是明确指出这次活动主要由谁负责,有关费用方面的事情怎么解决,有关招聘审批的事情怎么解决,中高级面试由谁来决定等,都做出事先的界定。

这四种领导风格没有好坏之分,只要适合具体情况就是好的。

(二)下属发展的四个阶段

1.下属的工作能力有高有低,并不断发展

一个下属进入新的公司,刚开始的时候他的工作能力很低,所以叫试用期、实习期。随着实践,他的工作能力越来越强,能够作为一个独立的、有能力的员工来使用。

2.下属的工作意愿是不断变化的

新的员工进入公司,刚来时工作意愿很强,激情饱满,有充分的工作干劲。过了一段时间,他发现这个公司不像他原来想象中那么好,里头事情也是乱七八糟,他就感觉到沮丧,或者说这时候就平静下来,工作意愿下降。此时作为领导者,如果不断地去激励他,他度过这段时期以后工作意愿又会回升。

3.员工工作能力和工作意愿的四个阶段

第一个阶段:低能力,高意愿。

第二个阶段:有一定的能力,意愿低。

第三个阶段:更高的能力,变动的意愿。

第四个阶段:高能力,高意愿。

高能力、高意愿的阶段是企业的管理者特别希望的。

小张来公司已经半年多了,参加了一些时间管理和谈判技巧的培训,他现在对自己的时间管理充满了自信,在与经验丰富的同事一起拜访客户时信心也很足。但是有时当他独自与客户进行谈判时,他心里感到没有把握,总是担心是否能够与客户达成一致。

你认为他处在哪个发展阶段呢?

(三)员工发展的不同阶段适用的领导风格

几个月来销售代表们的表现一直处于低谷,业绩不尽如人意,而他们也不在意工作是否达到预计的目标。肖经理仔细分析了当前的问题,重新为他的团队成员设定了目标,告

诉下属们应该采取新的销售办法,之后小心地监督下属的工作。你认为他的领导风格是哪一种呢?

通过分析发现,在员工发展的四个阶段里要采取不同的领导风格,见表9-3。

表9-3 适用员工不同发展阶段的不同领导风格

	员工特征	适用领导风格	不适用的领导风格
第一阶段	低能力、高意愿	指挥型	教练型、支持型、授权型
第二阶段	有些能力但意愿低	教练型	指挥型、支持型、授权型
第三阶段	能力较高,变动的意愿	支持型	指挥型、教练型、授权型
第四阶段	高能力、高意愿	授权型	指挥型、教练型、支持型

1.第一阶段:指挥型的领导风格

在这个阶段,下属的工作积极性和热情都很高,但能力很低,容易听从指挥,而且他对公司情况不了解,最容易信任的就是他的上司,因此,对他下达命令非常容易得到认同。这个时候,采取指挥式的领导风格是最好的。可以把下属的高意愿充分地利用起来,弥补他工作能力的不足。所以指挥型的领导风格最有利于处于第一阶段的员工。

那么,其他三种风格是否适合第一阶段?

(1)教练型的领导风格一般建立在下属有充分的意愿,又有一定能力的基础之上。处在第一阶段的员工由于基本独立的工作能力还没有具备,还要通过公司的培训来弥补。如果采取教练型的领导风格,会因为他经常需要辅导,而使上司无暇顾及其他。还不如指挥他按你的想法去做,让他在实践中发现自己的差距。

(2)支持型的领导风格一般只是向下属提一些建议,并不告诉他具体的改进措施。处在第一阶段的下属的能力根本达不到这一点,他自己可能也不知道怎么去解决工作当中的问题。

(3)授权型的领导风格更不能用,处在第一阶段的员工实际上什么都不会做,授权让他做,只能是眼睁睁地看着他出问题。

2.第二阶段:教练型的领导风格

通过扮演下属的教练,可以帮助下属尽快地提高起来。这个时候下属的工作意愿可能非常低,而且能力也不高,这时候员工最消沉,对公司、对工作的信心等处在最低谷。

那么,其他三种风格是否适用于第二阶段?

(1)指挥型的领导风格显然不行。下属正因为按照你的指令去做,才发现工作当中存在这样或那样的问题,这些问题实际上已经严重地影响到他的工作积极性,而且工作绩效并不高。这时候就要进行教练和辅导,在尊重下属意愿的情况下,及时地帮助他解决工作当中的问题。

(2)支持型领导风格主要是充当这样的角色:面对客户时站在下属的身边,随时准备满足他的要求,这种支持主要是给他们提供建议和反馈,并不是真正地给他们提供解决办法。而在第二阶段,下属恰恰是需要给他提供具体的办法。

(3)第二阶段的员工是低意愿,有一点的能力,授权会因为他的意愿很低而遭到拒绝。

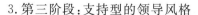

3.第三阶段：支持型的领导风格

这个阶段下属的工作能力已经比较高了，而且有变动的意愿，这时上司的角色就要转换为一个支持者，让员工自己解决工作中出现的问题，激发下属的积极性，使工作状态保持在一个较高水平上，避免工作状态忽高忽低。所以支持型的领导风格最适合。

其他三种风格是否适用于第三阶段？

（1）指挥型的领导风格不适用第三阶段，因为此时的员工能力较高，不需要事事指挥。一些指挥的命令会和他的变动意愿相冲突。虽然可能做得还不太好，但是他希望自己独立地做一些事情，如果非要让他按上司的想法做事，他的工作意愿就会往下走。

（2）教练型的领导风格也不适合第三阶段，第三阶段的下属更愿意自己去试一试，不满足于教练教给他的方法，或者说他按照原来教的方法做，也希望探索出新的东西。如果这个时候还去教他，他会觉得上司瞧不起他。

（3）这个阶段下属的意愿是变动的，而他的能力还没有达到可以完全放权的地步，这个时候采用授权型的领导风格，就会出现一些负面现象。

4.第四阶段：授权型的领导风格

这个阶段的员工是高能力、高意愿，很显然，指挥式的、支持式的、教练式的领导风格都不能适合这个阶段的要求了。他有能力，也有工作的意愿，教练、指挥、支持都显得多余，这时候应该信任他，给他充分的授权。

上司对下属授权时，常会说：这件事情，我们约定一下，要达到什么目标，我给你什么样的授权，我们就这么做一个约定，授权你去做这件事情，我要的是什么呢？我要的是结果，你现在需要的是对结果负责，我要看结果。

这样最能够激发这类员工的积极性。因为有能力、有意愿的员工希望按照自己的想法去达成一个工作目标，而授权的方式满足了他的这种想法。而且上司可以将更多的精力放在其他员工的辅导或帮助上。

（四）对不同的员工采用不同的领导风格

人力资源部新分配来一个博士，作为部门经理的肖经理应该采用什么样的领导风格来面对他？

有时新来的员工属于高能力、高意愿的人，是否就自然进入第四阶段呢？不是，还要针对具体对象采取具体的方法。

1.对高学历但实际能力稍差的人适用指挥型领导风格

刚从学校毕业的人，实际工作能力不一定就强，但是发展潜力很大，我们要把他当作一个新进的员工看待。这样的人可以认为是高潜力，而不是高能力。应该把他列入第一阶段，采取指挥式的领导风格，不过要和这种高学历的员工达成一个共识，使得他能够认识到自己在实际操作方面需要更大的提高。

2.对能力强但工作意愿不高的人适用授权型领导风格

通过猎头公司挖进的业内高手，他们能力很强，但是工作意愿不一定高。由于是猎头挖来的，他们的工作阅历都很丰富，这些人刚来的时候都要观察一段时间，看周边的环境

是否适合他大干一场。这个过程中他总是处于变动的意愿中。这时候不能采取完全授权型的领导风格,因为此时他对公司的认同度还不高,贸然授权会产生很多的弊端。

一位经验丰富的高级工程师刚刚升任维修部主管,管理八名维修技术人员,本月公司交给他两项任务:第一,给八名维修技术人员做工作考核;第二,为新员工作专业维修示范。对于这两个任务,能否采取同样的领导方式?

答案显然不是。这位工程师在维修方面有卓越的才能和自信,所以对于第二个任务,可以对他进行充分的授权;但同时这位主管又是一位资历很浅的管理者,对于给员工作考核,他还是处于低能力、高意愿的第一阶段,所以需要采取指挥型的领导方式。

要避免以下误区:认为仅仅只要顺应下属的职业发展阶段实施相应的领导风格就可以了。

认为领导只是要因人而异就可以了,其实还要因事而宜。

综上所述,要根据不同的人的状况,采取不同的领导风格,千万不能一刀切。

四、卓越领导者的三大关键特质

所谓特质是指领导者为了完成领导使命和组织目标而必须具备的、持续稳定的性格与气质倾向。对于领导者究竟需要什么样的特质才能完成领导任务,说法不一,至今仍没有一个统一的标准答案,可能也不会有一个统一的定论,因为人的性格是复杂的,而领导活动更是多变的。通过观察研究,我们发现,卓越的领导者一般都具备以下三大关键特质:

1. 眼光

作为一个领导者,首先要有眼光、境界和追求。要能够独上高楼,登高远望;要能够敏锐地发现有利于利润增长的有意义、有价值的变革及其征兆,见微知著;同时,能够提出实现这一变革的设想、战略和切实可行的计划,也就是要有战略思维能力与战略实施能力。

洞察机会与确立目标的能力对于领导极其重要。成功的领导者能够广泛听取和吸收信息、意见,审时度势,从时间、战略和全局上考虑和分析问题,抓住时机,确立目标。同时,力图将目标明确化、愿景化,使下属真正理解并建立信心,持久投入,成为组织的信仰和价值观。

所以,作为职业经理人要注意训练自己思维的前瞻性。开阔视野,放远眼光,提高自己把握未来趋向的能力、辨别企业方向的能力、洞察事物本质的能力,以及在变化无穷的环境中做出战略选择的决策能力。远见卓识并不是先知先觉,而是在公司面临危机时镇定地、扎实地指明公司的发展方向,确定公司的未来战略目标。

盛田昭夫的眼光与胆略

1992年盛田昭夫因中风而退出了索尼的经营决策与管理事务。导致这种悲凉无奈收场的原因,据说是他留给索尼的一笔被业界和媒体认为荒唐透顶的并购案。1989年9

月25日，索尼宣布斥资48亿美元，对哥伦比亚电影公司及关联公司进行并购。哥伦比亚电影公司的股价为每股12美元，而索尼的出价却是每股27美元，很多人包括很有影响力的经济学家与管理学家都认为盛田昭夫肯定是疯了，并断定盛田昭夫的一意孤行必将把索尼带向万劫不复的深渊。确实，以后的现实也验证了专家们的预言，到1994年9月30日，哥伦比亚电影公司累计亏损31亿美元，创下了日本公司公布的亏损之最，索尼公司危在旦夕。

但是，沧海横流方显英雄本色。进入21世纪之后，人们越来越发现，盛田昭夫巨大"失误"的亏损并购，竟然是他留给索尼最有价值的一笔遗产。当很多人死抱着损益表在斤斤计较眼前经济利益的时候，几乎没有多少人能够理解盛田昭夫的良苦用心。他以企业家特有的眼光洞见了21世纪索尼赖以存活的根基——视听娱乐，并以灵敏的商业直觉深刻地觉察到了好莱坞的知识产权对索尼发展的巨大战略意义。

盛田昭夫以他战略家的超前眼光和企业家的过人胆略，为未来索尼构建了以家庭视听娱乐为中心的从内容、渠道、网络到终端的产业链条和商业体系，回答了50年之后索尼靠什么吃饭、凭什么竞争的问题。

2.魄力

所谓魄力就是领导者决策的胆略和果断力；就是一针见血地切中问题的要害，相信自己，力排众议，做出大胆和及时的决定；就是在不确定的复杂局面中敢于冒险并承担巨大的压力和责任；同时还包括承认失败和错误的勇气，"敢于直面惨淡的人生，敢于正视淋漓的鲜血"。

《聊斋志异》里有个故事：一个叫叶天士的著名中医，在为自己的母亲治病时，因为一味药拍不了板，他知道，这味药如果加对了会治好母亲的病，用错了母亲的病会恶化，甚至有死亡的危险。这时，他犹豫不决地转而询问另外一位中医，那位中医坚决地认为应该加。当别人问他为什么要加药时，他毫不避讳地说"因为治好了叶天士母亲的病，我可以借此名扬天下；万一治不好，反正是别人的妈，不是自己的妈。"有一位企业家对这个故事深有感触，他说："企业家是什么？企业家就是把企业当作自己的妈还敢下药治病，而且有能力下对药把母亲的病治好的人。"

由此可见，企业领导者的魄力、胆略和勇气是何等的珍贵，又是何等的壮烈！

"胆大包天"的王均瑶

王均瑶16岁那年离开家乡温州，到长沙市一带经营五金和印刷业务。1989年春节前夕，因为忙于业务他忘记提前买回家的火车票，结果都到小年夜了仍然坐不上火车，他和其他几个同样被困在长沙的老乡只好以高于正常票价两倍的价格包了一辆大巴回家。

坐着又慢又颠的大巴真是不好受，王均瑶随口感叹了一句："这破车真慢！"这时，旁边的一位老乡挖苦说："飞机快，你包飞机回家好了。"说者无心，听者有意，王均瑶梦想的种子在心中蠢蠢欲动了。春节刚过，王均瑶真的跑起了承包飞机的业务。要知道，当时不要说包飞机，就是坐飞机也不是谁都能行的，连买机票都需要单位的级别证明！一个小小的打工仔，凭什么包飞机？面对冷嘲热讽，王均瑶丝毫没有放弃，经过长达八九个月的走访、

市场调查和跟有关部门沟通,在遭受无数次的拒绝和白眼之后,他终于盖了100多个图章,完成了包机的各项准备工作。

1991年7月28日,随着一架"安24"型民航客机从长沙起飞并平稳降落于温州机场,王均瑶开创了中国民航史私人包机的先河,承包了长沙—温州的航线,并在当年实现盈利20万元。25岁的王均瑶也在完成个人创举、打破民航历史的同时,为自己赢得了"胆大包天"的个人品牌。之后,他一鼓作气包下全国400多个航班,成立了全国第一家私人包机公司——温州天龙包机有限公司,在中国航空史上写下了特别的一页。美国《纽约时报》评价:"王均瑶超人的胆识、魄力和中国其他具有开拓与创业精神的企业家,可以引发民营经济的腾飞。"从此,王均瑶相继进入了奶制品业、百货业等,经过10年的发展,均瑶集团总资产已达到35亿元。可惜的是,2004年11月,38岁的王均瑶因患肠癌医治无效而英年早逝。

3.胸怀

心有多大,舞台就有多大;胸怀有多宽,事业就有多广。海纳百川,有容乃大,所以领导者成就大事业必须要有容人、容智、容物、容事的度量。心胸宽则能容,能容则众归,众归则才聚,才聚则事业强。

案例

古往今来成大业者必有过人的心胸。战国时期的楚庄王,有一次打仗大获全胜后大宴群臣,这时,有一个人趁风吹灭蜡烛之际拉住了楚庄王爱妃许姬的衣袖,许姬在黑暗中扯掉对方的缨带,并要求楚庄王立即点亮蜡烛,严惩那个人。但是楚庄王却不动声色,反而要求所有臣工都解开缨带,摘下帽子,开怀痛饮,最后尽欢而散。后来,在楚庄王讨伐郑国时,有一个叫唐狡的将领骁勇善战,奋勇杀敌,立下了赫赫战功。楚庄王下令重赏,唐狡却说不敢受赏。楚庄王问为什么,唐狡说,那次宴会上正是他拉了许姬的衣袖,大王却不究死罪,他已经感恩不尽,所以舍命相报。正是楚庄王过人的心胸,才得到唐狡赴汤蹈火、死而后已的回报。可见,领导者容人之过、谅人之短的心胸何其重要。

有人形象地说,你能容一个班的人,就只能当班长;能容一个团的人,只能当团长;能容亿万人的人,才能成为领袖。

容智则是能包容和接纳更宽广、更丰富的知识、经验与智慧,而不是自以为是、唯我独尊、刚愎自用,最终因为夜郎自大而成为井底之蛙,在错误的决策中葬送了自己和企业的前程。有了心胸才能容纳思想,有了思想才有智慧,有了智慧才有思路,有了思路才有出路。容智最主要的是能够容纳不同意见,特别是与自己相左的建议和观点。很多人因为"英雄所见略同"而沾沾自喜,殊不知,很多时候与"所见略同的英雄"交流纯粹是白搭工夫。成就大事的人一定要结交几个真性情的朋友,当你忘乎所以的时候,他们可以给你浇上一瓢刺骨的冷水,让你认清自己。

容物和容事则要求领导者要能拿得起、放得下,不要斤斤计较眼前的蝇头小利,要放眼更为广阔的舞台和空间;不要因为鸡毛蒜皮的小事而郁郁寡欢,要放眼自己的大理想、大事业;不要因为别人的误解、冤枉或反对而烦恼愤懑,要执著于自己的大战略、大目标;

不要因为暂时的挫折和失败而一蹶不振，要放眼自己的大前途、大未来！

我做过的事情当中，最重要的是协调替我们工作的人才，为他们指点一些目标。

——沃尔特·迪士尼

五、领导魅力的修炼

香港著名企业家李嘉诚在总结他多年的管理经验时说：如果你想做团队的老板，较为简单，你的权力主要来自地位，这可凭借上天的缘分或你的努力和专业知识；如果你想做团队的领袖，则较为复杂，你的力量源自人格的魅力和号召力。由此可见，领导者只有把自己具备的素质、品格、作风、工作方式等个性化特征与领导活动有机地结合起来，才能较好地完成领导任务，体现领导能力。没有人格魅力，领导者的领导能力难以得到完美体现，其权力再大，工作也只能是被动的。

有能力的人，不一定都有人格魅力。领导者的人格魅力影响着其执政能力，领导力的核心是你能够影响多少人，而不是你的权力有多大。其影响主要通过领导者运用权力时产生的亲和力、凝聚力和感召力而体现出来。也就是说，对那些具有领袖特质和具有领导魅力的领导者来说，一个典型的特征是他们能够唤起、激励、影响他人的情绪。魅力型领导者主要通过四种途径和方法影响追随者和下属：

（1）高瞻远瞩与洞察力。领导者善于清晰地描述组织的使命与愿景，将组织的现状与美好的未来联系在一起，使追随者意识到自己为什么而奋斗。

（2）目标清晰与坚定意志。领导者向下属传达高绩效期望，并对下属达到这些期望表现出充分的信心。

（3）价值理念与以身作则。领导者通过自身的行为传达一种新的价值观体系，并以自己的行为为下属树立榜样。

（4）敢于冒险与承担责任。魅力型领导者可以做出自我牺牲和反传统的行为，表明他们的勇气和对未来前景的坚定信念。

1.人格魅力

人格魅力，就是通过人格的外显而对周围构成的吸引力和辐射力。它是由一个人的品格、智慧和才能凝结而成的力量。在社会交往中，人格魅力会成为一个人获取社会优势的有利条件。

现代领导学认为，人格魅力是领导艺术的集中体现。杰克·韦尔奇和松下幸之助是创造现代企业管理神话的两个传奇人物，在他们成功的因素中人格魅力占据了重要的位置。我们总是不由自主地受他人魅力的吸引，乐于与那些激情四射、朝气蓬勃的人相处，他们总是给我们带来阳光和活力的劲风；我们容易信任那些虚心谦和、诚实守信的人，他们总是能够给我们以安全和信赖感；我们更钦佩那些大智若愚、大巧若拙的人，他们总是在不显山露水的情况下成就自己、快乐他人。

这些非凡的人通过他们的言行散发出人格魅力，凝聚成一种无形的巨大力量，使追随者心甘情愿地追随其左右，而且在优势富集效应的作用下，越来越多的追随者加入其中，

终成浩浩荡荡的人脉洪流,势不可挡,成功已成必然。

2. 思想的魅力

所罗门王曾说过:"他的心怎样思量,他为人就是怎样的人。"思想的力量将影响一个人的作为。一个魅力领导者或企业家同时也是一个深邃的思考者和思想家。无论是华为任正非的"华为的冬天"与《华为基本法》,还是海尔张瑞敏的"吃休克鱼""海尔是海""人单合一战略",或是联想柳传志的"鸡蛋论""拐弯论"等,无不是领导者在不同历史发展阶段对企业运作规律的深刻洞察与准确把握,无不闪烁着思想的光辉,影响着他们身后的企业和追随者。

所以,领导者不仅是一个运筹帷幄的战略家,也应该是一个与时俱进的思想家。

3. 梦想的魅力

有梦最美,一粒橡树的种子可以蔓生成茂密葱郁的森林。梦想是实现一切未来的种子,是下一个努力的奋斗目标。领导者不停地编织一个个梦想的花环,煽动、诱惑、吸引、凝聚其团队和追随者,不断地实现一个梦想,然后又奔向下一个梦想。有人问奥康集团董事长王振滔最喜欢的一个词语是什么,他说是梦想,并说:"我未来的梦想,是能站在月球上看着地球上不同肤色的人穿着奥康皮鞋走来走去。"

1984年,因为德国"利勃海尔"项目,张瑞敏第一次出国。有一位德国朋友带着张瑞敏参观德国市场的时候,问他:"你知道你们中国的什么产品在德国最畅销吗?"张瑞敏摇摇头,德国朋友接着说:"烟花和爆竹最畅销。"德国友人一句不经意的话,深深地刺痛了张瑞敏:"难道中国人只能永远靠祖先的四大发明过日子吗?"此刻,30多岁正血气方刚的张瑞敏,有一种热血沸腾的感觉,一个伟大的梦想从此时常萦绕在他的脑海里:要让海尔产品不仅在德国市场上畅销,更能畅销世界!正是在这一梦想强大的牵引与召唤下,张瑞敏和他的海尔卧薪尝胆、奋发图强,一步步地由"中国的海尔"走向"世界的海尔"。

星巴克总裁霍华德·舒尔茨在其新书《寻找美国最优秀的商业领袖》中指出,一个优秀的领袖应该对自己企业的未来有一个图景。领导者需要学会将心中对于未来发展的图景和那些希望与你共事的人分享,越具体越吸引人。当你工作时,公司未来发展的图景应该每天都在你的脑海里,而且随着时间的变换和发展,一个优秀的领导者会时时更新这个图景。这样,员工们才会感觉到他们与企业的未来休戚与共。

故事

领导就是会煮石头汤的人

这是一个流传于法国民间的故事:三个刚刚打完仗却没有找到大部队的士兵,疲惫地走在一条陌生的乡村小路上,他们又累又饿,已经一天多没有吃东西了。

当三个士兵看到一个村庄时,他们不觉兴奋起来,心想这下总算能找到吃的了。可是,村民们对大兵的到来心存恐惧,而且仅有的一点食物还不足以填饱自家的肚皮,于是,他们慌忙回家将自己的食物藏了起来,当士兵找上门来时,村民们也装出可怜的饥饿样子。大兵们一无所获。

这时,一个饥肠辘辘的士兵想出了一个绝招。他向村民们宣布,要用石头做一锅鲜美的汤。好奇的村民们为他们准备好了木柴和大锅,士兵们真的开始用三块大圆石头煮汤了！望着滚上来的热水，士兵们一边舀了一勺放在嘴里，一边大声地赞美道："啊！多么鲜美可口的石头汤呀！"看到一旁观看的村民口水欲滴的样子，士兵又说道："当然，为了汤的味道更鲜美，还需要一些作料，比如盐和胡椒什么的，你愿意帮忙吗？"为了品尝到鲜美的石头汤，一个村民欣然答应帮忙，之后，在士兵的引导下，村民们心甘情愿地从家中拿来了胡萝卜、卷心菜、土豆、牛肉等煮汤的物料，当然，一锅丰盛而鲜美的"石头汤"很快做了出来。为了给鲜汤配套，村民还从家中贡献出了面包和牛奶，大家愉快地享受了一顿美味大餐。

对于这个故事，不同的角度可以有不同的解释。就领导角度而言，显然领导就是在一无所有的情况下，或者是在艰难困境中，带领他们的跟随者熬出了一锅鲜美的"石头汤"的人。

4.高尚的品质

美国成功心理学大师拿破仑·希尔博士说："真正的领导能力来自让人钦佩的人格。"

公道、正直、诚实、善良、博爱等是每一个成功的领导者已经融入血液中的品性，只有品质高尚的领导者才能成就品质高尚的企业。《领导力》的作者库泽斯和波斯纳在过去的20年中，在三个不同阶段对7 500人调查后发现，"真诚待人"是得票率最高的领导品质。对一个领导者来讲，真诚是一项最基本的原则，也是最基本的道德底线，更是获得追随者的一种能力。当下属发现被上司欺骗或耍弄之后，只有笨蛋和白痴才会继续跟随。本田宗一郎曾经说："有人鼓吹为国家、为企业而死，莫忘公司之恩等，该让说这些话的家伙去死！我绝不要求员工'为公司干活'，我要他们'为自己的幸福打拼'。从业人员不必为企业而牺牲自己，而是为自己的幸福努力，工作起来才会有效率。"正是本田的真挚、坦诚和魅力，才吸引了一大批追随者为其鞠躬尽瘁。

蒙牛牛根生的人格魅力就是依靠高尚的品德来提升的，他的领导哲学是："小胜靠智、大胜靠德""财聚人散、财散人聚"，他说："想赢两三个回合，赢三年五年，有点智商就行；要想一辈子赢，没有德商绝对不行。"2005年1月，牛根生把自己不到10%的股份全部捐出，创立"老牛专项基金"。在有生之年，他将股份红利的51%赠与基金会，49%留作个人支配；在天年之后，股份则全部捐给"老牛专项基金"。

大师智慧

第五级经理人具有双重人格：平和而执著，谦逊而无畏。他们的身上混合了极端谦逊的性格和强烈的专业意志这两种素质。他们抛开自我的需要，投身到建立卓越公司的宏伟目标中。第五级经理人不是没有自我和自身利益，实际上他们个个都胸怀大志——但是他们的雄心壮志都是将公司的利益放在第一位，而不是首先考虑自己的利益。

——吉姆·柯林斯

5.理性与激情

阳光卫视2005年11月26日的《杨澜访谈录》播放了杨澜与马云的对话。当杨澜说："有人也说马云非常聪明"之后，马云说："我觉得我真的不聪明。我从小读书，各种小孩玩的技巧，我多不在行。别人把你当英雄，你可千万别把自己当英雄，那可能麻烦就大了。

英雄是别人说的,名气是别人给的,对吧?"

马云在 IT 界绝对是个标志性的人物,他带领下的阿里巴巴连续 5 年被《福布斯》评为全球最佳的 B2B 网站。时下大红大紫的马云在对事业充满激情的同时,始终保持着罕见的理性,这不能不让人肃然起敬。

正如复星总裁郭广昌所说:"商业中的理性,就是既要认清自己的目标,又要清楚自己所持有的资源,而只有具备了激情,才能克服一个又一个的困难,具备为一个宏大目标而奋斗的耐心。"理性与激情兼具,这是郭广昌为魅力领导者所做出的独到诠释。

6.冒险精神

经济学家樊纲说:"企业家精神到底是什么精神? 创新精神。创新精神又是什么精神? 作为经济学者,我把它定义为创新精神就是冒险加理智。"

西方社会学家都认为,冒险是我们这个星球不断挑战自我与进步的动力。应该说,真正的政治家、探险家、科学家、艺术家、企业家等都是冒险家,正是这些形形色色的冒险家们才推动了世界物质文明与精神文明的进步与繁荣。基于这种认识,经济学家熊彼特甚至将企业家的冒险精神视为资本主义的根本性基础。他预言:当那些雄心勃勃的探险家与国际贸易贩子变成办公室循规蹈矩的文员时,资本主义的覆灭之日就快要到了。可见,这个时代呼唤的是雄鹰般的挑战者,而不是拘泥于天亮时就打鸣的公鸡! 漂亮骄傲的公鸡永远也不知道蓝天的壮美与辽阔,它更没有雄鹰那磅礴的搏击苍穹的激情。

冒险虽然有一定的成本,但获得的回报却是丰厚的。当王石以知天命的年龄登顶世界最高峰的时候,曾引发了一场王石是否"不务正业,对企业、股东和股民不负责任"的辩论,身为主角的王石却依然神情自若,并将此提升到企业管理的层面:"之所以觉得年过半百就不适宜开创新事业,是人们观念的原因,因为我们的参照系取向有问题。刚过五十就不再进取,是社会、人生的巨大浪费。"也正是这种冒险的精神,使他顶着巨大的压力,冒着巨大的风险,将原来做了十年"加法"的多元化的万科,硬是坚定不移地做了十年的"减法",放弃了当时广东水饮料市场占有率第一的食品饮料厂,舍弃了当时营业额超过沃尔玛和家乐福的万佳百货等,断臂求生,十年生聚,终于成就了十年后万科的风生水起,成就了万科这个中国房地产第一品牌。

正如王石谈到登山感受时所说:"没有恐惧是假的,登山就是战胜恐惧的过程。能够坦然面对死亡,就能坦然地面对生活中的任何事情。"冒险对他自己来说,无疑积累了一笔宝贵的财富,也为他赢得了企业家独特的魅力。

7.幽默的力量

哲学家奥修说过,成为"活生生的"意味着具有幽默感,具有一种很深的爱的品质,具有一种游戏的心情。幽默作为一种激励艺术,在日常的交往中有着重要的作用。在富有幽默艺术的领导、主管周围,很容易聚集起一批为其效力的员工,主管的幽默会化解许多尴尬,维护员工的自尊。

美国历史上的许多重要人物,如林肯、罗斯福等,都是善于运用幽默艺术的高手。有一次,林肯与他的老朋友白兰德边走边谈,当他们来到早已等候多时、准备接受总统训话的士兵面前时,白兰德还没有意识到自己应该离开。当一位副官走上前提醒他退后八步的时候,白兰德才发现自己的失礼,涨红了脸,但林肯立即微笑着说:"白兰德先生,你要知道也许他们还分辨不清谁是总统呢!"这么一句简简单单的话语,立刻打破了现场的尴尬气氛。

运用幽默进行管理,管理者往往可以取得良好的效果。据美国针对1 160名管理者的调查显示:77%的人在员工会议上以讲笑话来打破僵局;52%的人认为幽默有助于开展业务;50%的人认为企业应该考虑聘请一名"幽默顾问"来帮助员工放松;39%的人提倡在员工中"开怀大笑"。一些著名的跨国公司,上自总裁,下至一般部门经理,已经开始将幽默融入日常的管理活动中,并将其作为一种崭新的培训手段。

8.讲故事的能力

领导会讲故事胜过一堆统计数据。为了提高管理人员讲故事的能力和技巧,IBM管理开发部专门聘请好莱坞的剧作家担任公司顾问,培训管理人员如何运用情节与角色来制造冲突,进而编写并讲述一个个绘声绘色的故事。在惠普创建50周年的时候,公司聘请有关专家在公司上下收集了100多个故事,其中"惠利特与门"流传最广。惠利特是惠普公司的创办人之一,有一天他发现材料仓库的门被锁上了,于是惠利特让人把锁撬开,并在门上留下了一张便条,上面写着"此门永远不再上锁"。这个故事是在告诉所有人惠普相信每一个企业员工。

而中国的海尔也是一个很会讲故事的企业。张瑞敏和海尔人砸冰箱的故事在国内外广为流传,可以说对树立海尔的质量口碑起到了巨大的推动的作用。在海尔20周年庆典前后,海尔又推出了《海尔的话与画》《海尔的故事与哲理》等,进一步促进了海尔文化的传播。

当然,经理人讲故事要讲究技巧和对象。著名企业管理专家诺尔迪奇总结了领导者常用的三种故事类型:

(1)第一类故事是"我是谁",即讲述自己的亲身经历,讲述自己的成功与失败、欢乐与泪水,以此赢得共鸣,打动人心,调动积极性。

(2)第二类故事是"我们是谁",即讲述我们团队目前面临的形势与前景,以激发团队协作精神,激励所有团队成员勇于面对变革,迎接挑战。

(3)第三类故事是"我们向何处去",即描绘团队未来的愿景、方向与目标,用目标的牵引力凝聚团队力量和智慧,激发团队成员迈向理想的激情与潜力。

六、领导的决策艺术

领导就是决策,决策的速度和质量是衡量一个领导者基本素质的重要标志。决策实质上是为完成组织使命和目标,通过科学预测、正确分析,果断、大胆、明智地采取有效举措的过程。决策要求领导者能站在历史的高度,以发展的眼光统揽全局、洞察未来,善于抓住发展良机,规避风险,趋利避害。决策能力是团队领导者的一项最基本的能力。

在做好宏观战略决策的同时,公司里各个层次的管理者每天也都在进行着影响公司成败的微观决策,是各级经理人在制定推动或者损害公司利益的决策,众多的责任都要由经理人的双肩来承担。日复一日,经理们采取决策行动,付诸决策实施,这些决策行为时刻在影响和调整着企业的运营与发展,最终决定了企业的成败。

(一)经理人的宏观决策思维

所谓宏观决策思维,是指经理人站在整个企业的视角,把握世界及国家政治、军事、经济、文化等方面的发展大势,洞察行业整体走向及业态竞争变化,体认消费需求演变规律,进而对企业定位、发展目标、竞争策略及资源整合做出前瞻性的思考和战略性的谋划。宏观决策思维要求经理人具有战略头脑和战略思维。

"战略"源于古代兵法,属于军事术语,其原意是"将军"的意思,是指挥军队的艺术和科学,也是指基于战争全局的分析而做出的整体谋划与部署。三国时期著名战略家诸葛亮对战略就有一段精辟的论述:"不谋万世,不足谋一时;不谋全局,不足谋一域。"他运用宏观战略思维,并通过对当时错综复杂的政治、经济、军事形势进行分析,确立了"三分天下"的战略构想,成为刘备的立国之本。

1. 宏观决策思维的全局性

宏观决策思维要求经理人立足于未来,通过对国内外诸多环境因素的深入洞察与分析,结合自身资源,对企业的远景与发展路径进行全面的缜密思考和系统规划。

随着经济、文化、科技的迅速发展,特别是经济全球化、一体化进程的加快,全球信息网络的建立和消费需求的多样化,使得企业所处的环境更为开放、动荡,充满不确定性。这种变化几乎对所有企业都产生了深刻的影响。正因为如此,宏观环境分析成为一种日益重要的企业职能。对宏观环境的分析可以有不同的角度,比较简明扼要的方法就是PEST分析:从政治(Politics)、经济(Economy)、社会(Society)、技术(Technology)的角度分析环境变化对本企业的影响(见图9-3)。

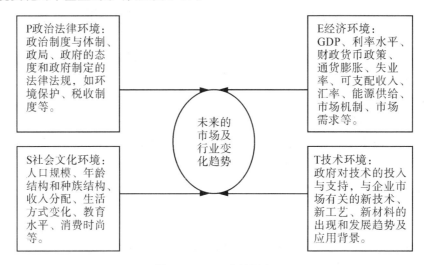

图 9-3　PEST 分析要素

在宏观环境分析的过程中还有必要运用SWOT分析模型。SWOT模型是分析企业优势(Strength)、劣势(Weakness)、机会(Opportunity)和威胁(Threat)的有效工具,是对企业内外部条件等因素进行综合和概括,进而分析企业的优劣势、面临的机会和威胁的一种方法。其中,优劣势分析主要着眼于企业自身的实力及其与竞争对手的比较,而机会和威胁分析则将注意力放在外部环境的变化及对企业的可能影响上(见图9-4)。

S 优势(内部因素)	O 机会(外部因素)
经营模式、财务与人力资源、品牌、服务、质量、市场地位、资源供应链等	新需求、新市场、新技术、新产品、新趋势、新政策、新渠道、新资源、新法律变化等
W 劣势(内部因素)	T 威胁(外部因素)
人才匮乏、资金短缺、组织形式不适应、创新乏力、没有品牌、营销系统不健全等	竞争对手增加或强大、潜在进入者、宏观政策变化、经济周期不景气、法律风险等

图 9-4　SWOT 分析因素

(1)优势与劣势分析(SW)

所谓竞争优势是指一个企业超越其竞争对手的能力。影响企业竞争优势的主要有三个关键因素:建立这种优势的周期要多久? 能够获得的优势有多大? 竞争对手模仿或作出有力反应需要多长时间? 反复地问自己这样三个问题,对于竞争优势与劣势的考量就会在脑海中渐渐清晰起来。应该注意的是,竞争优势往往并不一定完全体现在较高的盈利率或市场占有率等硬件因素上,而更多地体现在品牌差异性和忠诚度、运营模式、人力资源、创新能力、企业文化等软性因素上。

(2)机会与威胁分析(OT)

宏观外部环境对企业发展具有直接和间接的巨大影响,所以,我们既要分析环境带来的威胁,又要分析环境带来的机会。环境威胁是指宏观环境的变化给企业发展造成的不利影响和挑战,而环境机会则是宏观环境的变化给公司带来的有利趋势和机遇。这就要求我们采取果断的战略行为,趋利避害,将不利趋势和影响降到最低,或变不利为有利;同时,要能果断地识别机会,抓住机遇,顺势而上,进而取得竞争优势。

(3)构造 SWOT 矩阵和行动计划

将思考与调查得出的各种因素具体化,就是根据轻重缓急或影响程度等排序方式,构造 SWOT 矩阵。在此过程中,要将那些对公司发展有直接、重要、紧急和长远影响的因素优先排列出来,而将那些间接、次要、一般和短期影响的因素排列在后面。制订行动计划的基本思路是:发挥优势,克服劣势,利用机会,化解威胁;审视自我,兼顾过去,立足当前,着眼未来。在系统综合分析的基础上,组合与匹配各种因素,得出一系列关于未来发展的可选择对策。这些对策包括(见表 9-5):

①大大策略(SO 对策),重点考虑优势因素和机会因素,努力抓住并放大机会,发挥优势,使机会与优势相得益彰。

②小大策略(ST 对策),重点考虑威胁因素和优势因素,努力减少或化解威胁,使威胁降到最低,并使优势因素趋于最大化。

③大小策略(WO 对策),重点考虑机会因素与劣势因素,努力使机会最大化,劣势最小化。

④小小策略(WT 对策),重点考虑劣势因素和威胁因素,努力使这些因素都趋于最小化。

表 9-5　四种战略选择

	优势（Strength）	劣势（Weakness）
机会（Opportunity）	SO 战略 发挥优势、利用机会	WO 战略 利用机会、克服劣势
威胁（Threat）	ST 战略 利用优势、规避威胁	WT 战略 减少劣势、规避威胁

可见，WT 选择是一种最为保守、悲观和无奈的策略，是处在最困难的情况下不得不采取的对策；WO 和 ST 选择是一种喜忧参半的对策，是处在一般情况下采取的策略；SO 选择则是一种最理想、最积极的对策。应该指出的是，SO 选择并不是可遇不可求的选择，关键是我们要具有一双慧眼，能拨开重重迷雾，洞察蛛丝马迹，发现外部机会，并匹配自己的优势能力。

案 例

刘永行遭遇宏观困境

刘永行在中国商界素以行事谨慎、稳健经营而著称，为了实施东方希望的战略转型，在经过六七年踏破铁鞋的寻觅考察和缜密论证之后，东方希望于 2003 年开始大手笔实施总投资 150 亿元的东方稀铝产业链。这一产业链是"氧化铝—电能—电解铝—氨基酸—饲料"。在决定打造产业链条之前，刘永行的专家智囊和高级管理团东奔西走，政策、地点、产业链结构、原料、成本、融资、预算等，该算到的都算到了，该问的都问了，该研究的都研究了。本着"只超前半步"的原则，刘永行最后才决定下手。然而，即使只是半步，他也没想到会如此艰难。

刘永行的项目刚刚上马不久，2003 年 9 月 24 日，国家环保总局公开曝光 10 起典型环境违法案件，东方希望集团的包头电解铝项目赫然位列其中；2004 年 2 月 4 日，国务院召开严格控制部分行业过度投资电视电话会议，中共中央政治局委员、国务院副总理曾培炎强调，制止钢铁、电解铝、水泥行业过度投资，是党中央、国务院加强和改善宏观调控，保持国民经济平稳较快发展的重要举措；2004 年 4 月 26 日，国务院发出通知，决定适当提高钢铁、电解铝、水泥、房地产开发固定资产投资项目资本金比例，电解铝由 20％及以上提高到 35％及以上。

之后，刘永行的铝业之梦遭遇了宏观政策环境的"寒冬"，项目不得不搁置下来。

在接受记者采访时刘永行坦言："没有预料到转型遇到的问题是这么的大，我们对困难估计有所不足。"

2.宏观决策思维的系统性

20 世纪 70 年代，美国一个名叫洛伦兹的气象学家提出了著名的蝴蝶效应理论。打个比方，南美洲亚马孙河流域热带雨林中的一只蝴蝶，偶尔扇动几下翅膀所引起的微弱气流，经过对地球大气环流系统的复杂作用和影响，可能两周后会在美国得克萨斯州引起一场龙卷风。蝴蝶效应形象地说明了无论是自然现象还是政治、经济等社会现象，都存在着彼此关联的直接和间接的因果关系，很多看似风马牛不相及的事情，恰恰是问题的初始根源。如果说"一个钉子决定一个国家的存亡"，你肯定不相信，可是，在西方广泛流传的民谣则证明了这个说法。"丢失一个钉子，坏了一只蹄铁；坏了一只蹄铁，折了一匹战马；折了一匹战马，伤了一位骑士；伤了一位骑士，输了一场战斗；输了一场战斗，亡了一个帝国。"这首民谣生动地描绘了古代的一场战争结局，并系统地展现了战争胜负的真正原因。

所以，在决策思考的过程中，我们应该重视事物联系的整体性、动态性、发展性和本质性，防止局部、割裂、静止、表面的思维方式左右我们的头脑。太平洋上一个弹丸之地的小国家发生了军事政变，这可能与你没有丝毫的关系，但是，假如这个国家是用于生产计算机芯片的某稀有金属原料的主要供应地，而你的企业又是计算机产业链条上的一环，你难道不应该高度关注吗？如果真是如此，恐怕全世界的人都会警觉起来，因为这个国家的命运与全球化的互联网经济密切相关，它就是那只美丽而又可怕的"蝴蝶"。这样说来，为什么中东战争总是吸引全世界关注的目光也就不足为奇了，因为中东的地下流淌着世界经济的血液——石油，关注中东局势并不纯粹是人权或者人道主义，也是在关心自己的利益罢了。

上述所说的诸如战争、国家动荡、国家关系、政策变动、法律调整等都是显而易见的"大蝴蝶"，它们的微小动作会立即引起世人的关注。然而，在经济竞争、产业竞争和企业竞争中还有很多我们不易觉察甚至无法觉察的"小蝴蝶"也在悄悄地扇动着翅膀。而且，我们似乎还没有反应过来，它们却改变了世界经济形势，改变了产业格局，改变了我们和企业的命运。

1962年，一个叫山姆·沃尔顿的美国人在美国阿肯色州罗杰斯小镇开了一家杂货店，当时，傲慢的百货大楼矗立在世界各地，谁也不知道且也不屑去理会这家简陋而破烂的商店。可是，50多年后的今天，沃尔玛已经成为美国最大的私人雇主和全球最大的连锁零售商，它在全球几十个国家开设了超过5 000家商场，员工总数160多万人，每周光临沃尔玛的顾客近1.4亿人次，而当年不可一世的大型百货商场现在却度日如年。这只小小的"蝴蝶"用了仅仅50多年的时间改变了商业社会和商业业态，也改变了人们的生活。无独有偶，几十年前的互联网、几十年前的戴尔等，不也是一只只改变世界经济和商业模式的"蝴蝶"吗？对于它们，我们绝不能无动于衷地作壁上观。

大师智慧

把一大群人召集在桌子旁，不管职位高低，大家一起就某个困难问题进行争论。把问题的每一个方面——出自每一个人的头脑——都仔细地加以考虑，但不要急于立刻做出结论。我们所期望的是每一个人带到讨论桌上来的激情和意志。

——杰克·韦尔奇

3.宏观决策思维的前瞻性

世界管理大师彼得·德鲁克指出："每当你看见一个成功的企业，必定是有人做出过勇敢的决策。"而勇敢决策的前提是对未来趋势的超前预见和清晰洞察。

1983年，舒尔茨还是美国老星巴克的市场经理，他被派到意大利米兰去参加一个国际家居用品展。一天早晨，舒尔茨来到宾馆旁边的浓缩咖啡吧，店员的微笑和招呼让他感到亲切自然，他发现意大利的店和美国星巴克不一样，他们只向客人出售现做的新鲜咖啡。他看见咖啡师傅一边磨咖啡豆、压进浓缩咖啡、蒸牛奶、递给顾客，一边友善地与顾客

聊天。这引起了舒尔茨的极大兴趣，经过进一步的了解，他发现意大利有20万家咖啡店，仅米兰一地就有1 500家，几乎每一条街道拐角处都有一家，所有的咖啡吧都很受欢迎。看到一间间充满人文气息的咖啡吧，舒尔茨感受到从未有过的心灵震撼：咖啡是一种纽带，咖啡馆是人们情感交流和休憩聊天的绝好的"第三空间"！舒尔茨被自己的伟大发现惊呆了，他坚信这种全新的咖啡文化必将成为休闲时代的潮流，也必将改变美国和全世界。

他抱着从本质上改变星巴克的决心回到了美国，然而，老星巴克的创始人们却死死地抱着他们"阳春白雪"的市场定位不放，舒尔茨无法说服他们将星巴克扩展到"下里巴人"，他最终不得不离开了星巴克。

1986年4月8日，舒尔茨的第一家咖啡店开张，生意不错，到1987年就开了三家，每家店的销售额都达到了年均50多万美元。这年的3月，老星巴克创始人鲍德温等人打算把星巴克卖掉，舒尔茨立即筹到了400万美元，1987年8月18日，新的星巴克诞生了。在他伟大梦想的支撑下，星巴克快速前进，1992年已经达到53家。短短三四年，这样的浓缩咖啡就成了整个美国社会生活的一部分，"星巴克"已经成为一种新的社会现象。

进入21世纪，霍华德•舒尔茨倡导的咖啡精神，已成为全球文化。星巴克咖啡店遍布世界每一个角落，总数已经超过13 000家，而且仍在增长，每周接待全球2 500多万名顾客，2013年营业额达133亿美元，早已是全球最大的咖啡零售商、咖啡加工商和咖啡邮购商。1994—2004年间，它的股价在经历了四次分拆之后攀升了22倍，收益之高超过通用电气、百事可乐、可口可乐、微软及IBM等大公司。

霍华德•舒尔茨凭着他对人们生活文化发展趋势的深刻洞察与前瞻性的把握，用短短的20年间打造了一个遍布世界的咖啡王国。

管理大师福莱特强调领导者要有预测能力，因为"我们所要面对的是一个时刻处于变化之中的环境，所以决策必须对未来的发展做出预期。决策如果仅仅适用于当前环境，一般都是二流人物的标志，领导者的任务正是对由眼前到未来的过渡能够做出卓越超凡的理解"。他还说过："伟大的领导者需要伟大的素质——最精确、最敏锐的领悟力、想象力和洞察力，同时还有勇气和忠诚。"

案例

世界级船王的战略抉择

原香港特首董建华的父亲董浩云曾经是比包玉刚出道更早、名气更大的世界级华人船王。对经济趋势的不同判断和应对策略，使两个人的船王地位及家庭命运发生了戏剧性的大变化。

20世纪80年代初期，世界航运业盛极而衰，董浩云没有看清这一形势，被繁荣的假象所迷惑，逆流而上，增加投资，大肆扩张船队，并订购了世界第一大超级邮轮，以巩固他的世界船王地位。而包玉刚则早在70年代便决定急流勇退，上岸分散经营，从而避免了灭顶之灾。1980年和1985年，包玉刚两次由女婿吴光正成功收购老牌英资"九龙仓"和英资"四大行"之一的"会德丰"，不仅创造了世界经济史上的商战经典，而且完成了战略性的大转移。

20世纪80年代以后，航运业出现了全球性的不景气，董氏家庭陷入了几乎全军覆没的困境。此时,董建华临危受命、卧薪尝胆,经过长达8年的大手笔债务重组,在汇丰银行38亿港元贷款和霍英东11亿港元的援助下,董氏集团好不容易才起死回生,董建华也因此在香港商界名声大振。但是,经此重挫,董氏家庭已元气大伤,董浩云与包玉刚的经济地位出现了极大的变化:包玉刚连年位居香港十大富豪之列,而董建华的"东方海外"总市值约24亿港元,只有包玉刚的一个零头了。

世界上每100家破产倒闭的大企业中,85%是因为企业管理者的决策不慎造成的。

——美国兰德公司

(二)经理人的微观决策思维

在经理人的工作日程中,重大的决策毕竟是有限和少量的,而经理人所经常面对的则是很多看似鸡毛蒜皮但又不得不及时处理的事情。无怪乎诺贝尔奖获得者西蒙说:"管理就是决策。"而这些琐碎的日常决策事务占用着经理人大量的时间,并且每一个开始仿佛是无关紧要的小事,由于决策不当却酿成后来的大事,弄得不少人因为亡羊补牢而焦头烂额。所以,培养微观决策思维能力,形成自己良好的日常决策模式和决策习惯,不仅可以节约时间,提高效率,而且也是经理人必备的职业素质和能力。

所谓微观决策思维就是经理人日常管理决策的理性化、程序化、模式化和系统化,是经理人处理事务的世界观和方法论,是经理人迈向职业化的重要途径和标志。星巴克总裁霍华德·舒尔茨在谈到决策时说,一些领导者有程序化的决策制定过程,也有一些领导者偏好比较随意的方式。但是肯定没有领导者在作决定之前,没有咨询过任何其他人的意见,并且第二天就公布决定的结果,随后因为没有人响应而沮丧。所以,还是程序化的步骤能确保决策的推行。优秀的领导者在作决定时迅速但不草率,坚定而不固执。

经理人的基本职责概括起来无非是两个方面:一是做正确的事,二是正确地做事。无论是做正确的事还是正确地做事,都需要经理人具有理性、科学、稳定的思维方法和习惯,而不能东一榔头西一棒子,人无定性,话无定音,朝令夕改。一般来讲,科学理性的决策思维路径如图9-5所示。

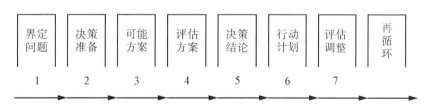

图9-5　科学决策的路径

刘经理的决策困惑

这几天刘经理有点烦,不为别的,就因为他手下的两个得力干将好像商量好似的,先后找到他说,他们的工资底薪定得太低,而且公司制定的奖励政策不合理,体现不了多劳

多得,要么调高底薪,要么调整奖励政策,不然可能要走人了。按理说,刘经理与这两位骨干的关系挺融洽的,年底向老板申请红包时也没有亏待他们。这两个小伙子也确实很争气,两个人的订单占了公司业务总量的30％～40％,是其他十来个人的业绩总和,他们要是走了天可就快要塌一半了。可是,他担心无论是给他们加薪还是调整奖励政策,都会水涨船高,到最后销售费用猛增,控制不住,还是无法向老板交差。他带着这个问题向老板汇报,想请老板指点,不料老板却痛快地对他说:"这个问题么,全交给你处理了,既不能让销售利润率下降,也不能让那两个年轻人跑了。对了,还要注意不要留下后遗症和连锁反应。你就自己看着办吧,你的决定我同意就是了。"

如果你是刘经理,应该怎么办?

1.界定问题

在很多情况下,决策不力往往是因为没有真正认清问题,或者把决策的焦点聚集到错误或不重要的问题上去。因此,正确地界定问题通常是决策成功的前提,否则可能导向错误的决策方向,不仅无法解决问题,反而可能产生新的问题。问题的定义不仅是几句话的描述而已,定义问题是为了设定范围、厘清细节,以方便我们面对纷乱复杂的状况,能够评估、澄清、分类。界定问题时要问这样几个问题:

(1)发生了什么问题?比如上述案例中,两个骨干下属要求提薪或调整奖励政策,不然就要走人。

(2)这个问题是如何发生的?什么时候发生的?已经造成了什么影响?

(3)为什么会发生这样的问题?骨干下属的底薪确实很低吗?公司奖励政策是否有问题?他们提出这个问题是确实如此还是另有原因?是否只是跳槽的借口?

(4)这些问题还可以分成哪些更小的问题?将问题切割成更小的问题,是为了让我们更明了问题的全貌和真相。这就是通常所说的"剥洋葱法",把问题一层层剥离开,最后问题的实质就自然显现。

问题的厘清需要花费时间,在决策的过程中,有可能因为新资料的发现而有了不一样的看法,因此问题的定义是一个持续的过程,经过不断的调整、解释,一次比一次更为完整、清楚。

 案例

拉上你的窗帘

美国华盛顿广场著名的杰弗逊纪念大厦,天长日久,墙面出现裂纹。为了保护好这幢大厦,有关专家专门进行了研讨。

通过对墙体表面腐蚀痕迹的分析,专家们发现墙体侵蚀最直接的原因,是每天冲洗墙壁所含的清洁剂对建筑物有酸蚀作用。接下来专家们逐一分析原因:为什么每天要冲洗墙壁→因为墙壁上每天都有大量的鸟粪→为什么会有那么多鸟粪→因为大厦周围聚集了很多燕子→为什么会有那么多燕子→因为墙上有很多燕子爱吃的蜘蛛→为什么会有那么多蜘蛛→因为大厦四周有蜘蛛喜欢吃的飞虫→为什么会有这么多飞虫→因为飞虫在这里繁殖特别快→为什么飞虫在这里繁殖特别快→因为这里的尘埃最适宜飞虫繁殖→为什么这里最适宜飞虫繁殖→因为大厦开着的窗户阳光充足。

结论是拉上大厦的窗帘就可以了。

这个答案是许多专家始料未及的，不仅此前专家们设计的复杂而又详尽的维护方案成了废纸，而且只要轻轻地拉上窗帘就节约了几百万美元的维修费用。在遇到重重迷雾的时候，你也能发现并拉上自己的"窗帘"吗？

2.决策准备

这里所说的决策准备，主要从三个方面着手。

首先，要搜集有意义的资讯。在开始搜集资料之前，必须先评估自己掌握哪些资讯，有哪些是不知道的或不清楚的，然后才能确定自己要找什么样的资料。资讯不是越多越好，有时候过多的资讯只会造成困扰，并不会提高决策成功的机会。比如案例中的刘经理应该搜集有关同行、同城或较为接近的竞争对手的薪酬政策和奖励方案，与自己的企业作对比分析，这样就会对问题的发生和解决有新的认识。

其次，要明确问题的限定条件。你不可能同时达成所有的目标，很多情况下鱼与熊掌不可兼得，你必须设定优先顺序，有所取舍。也就是说，要明确列出决策所要实现的目标，并对目标进行优先排序。另外，如果一开始决策是正确的，但后续过程中前提条件发生了改变，如果决策不随之调整的话，就可能导致失败。因此，决策者必须一直牢记决策所要实现的限定条件。一旦现实情况发生大的变化，就应该马上寻找新的办法。

再次，摆正决策心态，要做到心静、心平、心正、心安。《大学》说："知止而后有定，定而后能静，静而后能安，安而后能虑，虑而后能得。"意思是说，决策者首先要知道自己的决策立场和原则，这样才能做到坚定不移；只有坚定不移才能心平气和、不妄动；只有心平气和才能去除偏见、周密思考；只有思考缜密才能得到科学合理的决策结果（见图 9-6）。

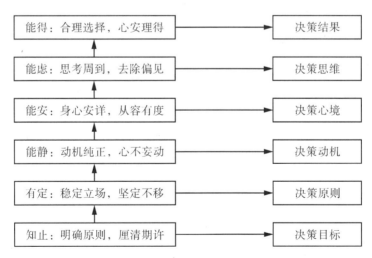

图 9-6　科学决策六大程序

由此可见，决策前一定要检查自己的情绪和心境状态，看看是否处在不安、恐惧、痛苦、烦躁、沮丧、愤怒等不良情绪之下，如果是，就要提醒自己暂时不要作决策。假如两位骨干要求涨工资的时候正赶上这位刘经理心情不好，他很可能会当场一顿训斥："涨什么涨，这年头有饭吃就已经不错了，想走人就明说，离了谁地球还不是照样转！"这就等于是

在不良情绪的驱动下做出不良决策,到头来再后悔为时已晚。

3.列出所有可行方案

这个阶段最常听到的抱怨就是:"想不出好的解决方法。"事实上,不是想不出来,只是因为考虑得太多,觉得什么都不可行。这个阶段的重点在于大家相互脑力激荡,提出各种想法,不要考虑后续可行性的问题。比如头脑风暴法、六顶思考帽法等决策工具和方法,就可以帮助你获得更多、更好的创意和想法。

列出所有可行的方案时要使用"如果……会……"的思考问句。比如上面的案例:"如果给他们涨工资会怎么样?其他人都要跟着涨吗?会有什么连锁反应?""如果调整奖励方案会怎么样?""否则,会怎么样?""如果为他们单独成立两个部门,让他们各带领一支团队,实行目标管理,会怎么样?""如果不给他们涨底薪,而给他们晋升职务会怎么样?"每一个问句就可能是一个方案的雏形。

在考虑所有可能的方案时,不要考虑"什么样的决策才会被接受",因为在考虑这一问题的过程中,决策者往往会丢掉重点,迷失决策的目标和方向,根本无法做出有效决策。正确的做法是,先判断出正确的决策,然后采取折中的办法,让大家接受决策。

大 师 智 慧

听大多数的,与少数人商量,一个人决定。

——柳传志

4.评估方案

每一种方案的优缺点是什么?可能造成的正反面结果是什么?这些选择方案是否符合你设定的预期目标?你必须依据先前所搜集到的客观资料作为评价的依据,同时评估自己是否有足够的资源与人力采取这项选择方案。

除了理性的思考外,个人的主观感受也很重要。反复思索每一个选项,想想未来可能的结果,你对这些结果有什么感受。有些你可能觉得是对的,有些可能感觉不太对劲。你可以问问自己:"如果我作了这个决定,最好的结果会是什么?最坏的结果又会是什么?"再仔细想想,有没有什么方法可以改进让自己感觉"不对劲"的方案?

评估方案重点要把握"四性",即对所有的方案从可能性、或然性、可行性、风险性四方面进行分析判断,并综合打分或评价,见表9-6。

表9-6　方案评估的四个角度

可能性	方案的结果可能吗?
或然性	方案的理由确定吗?是否有不定或偶然的因素?
可行性	方案能行得通吗?
风险性	方案实施后会带来什么风险?可能会有哪些负面结果?

老鼠如何给猫挂上铃铛

有一则古老的寓言：某地的一群老鼠，深为附近一只凶狠无比、善于捕鼠的猫所苦。一天，老鼠们聚集一堂，讨论如何解决这个心腹大患。思来想去，毕竟老鼠的能力有限，除掉猫是不可能的。老鼠头儿说："既然不能除掉这只令我们厌恶的猫，那我们就讨论一下如何防范猫的偷袭吧。"此话一出，众老鼠七嘴八舌地议论起来。突然，有一个建议博得了满堂喝彩："给猫挂上一只铃铛！"是啊，只要给猫挂上铃铛，老鼠自然就可以防患于未然了，妙！

在一片叫好声中，老鼠头儿突然问道："那么，谁去给猫挂上铃铛呢？"

众老鼠面面相觑，不知所措。

美国某商学院的教授把这个寓言搬进了课堂的讨论中。MBA学生反应热烈，精英学子们开动聪明的脑袋也像那群老鼠一样讨论了起来，并且提出了大量解决办法，最后教授只是狡黠地留给学生一句话："想想看，为什么从来没看过被老鼠挂上铃铛的猫？"

这则寓言告诉我们，决策不是追求方案的完美，而是追求方案是否能够得到切实可行的执行与落实。

5.决定正确的方案

某些方案如果确定不可行或是超出自身的能力范围之外，可先行剔除，再开始讨论其余的方案。本杰明·富兰克林曾提出过一个不错的方法——成本效益分析法。把每项方案的优缺点列出来，优点的部分给予0到+10的评分，缺点的部分给予0到-10的评分，最后将所有优缺点的分数相加，就可以得出每个方案的总分，决定哪一个是正确的方案。参考这一方法，我们对选出的决策方案再进行最终的考量与评估。

决定性评估可以从以下几个方面进行：成本是不是最小？质量是不是最好？效率是不是最高？效果是不是最大？风险是不是最低？短期能否取得成效？对长期利益是正面影响还是负面影响？对其他人、事、物是否有负面连锁反应？有什么改进措施？

再次提醒，应该选择"正确"的方案，而不是最能被大家接受的方案。在讨论的过程中必定会有某种程度的妥协，但是必须分清楚正确的与错误的，决策者不应害怕遭到指责或反对而选择一个大家都可接受却错误的方案。

6.行动计划与执行

一旦做出决定，就要下定决心确实执行，不要再想着先前遭到否决的方案，既然之前已做好评估，就应专注于后续的执行。

你必须拟订一套详细的行动计划，包括：有哪些人应该知道这项决策？应采取哪些行动？什么人负责这些行动？该如何应对可能遭遇的困难？……行动计划必须符合SMART法则和5W2H要求，并按照PDCA循环法则切实落实执行。

7.检讨执行成效

我们通常很少再回过头来重新检视先前决策的成效如何，因此无法累积宝贵的经验。事后的评估不应只是书面的报告，因为报告不能完全呈现出决策执行过程的实情，就好比我们不可能只借着研究地形图，就能看到山的面貌。有些细节必须亲身经历或是聆听参

与者的主观意见,才有可能观察得到。

不妨学习美国陆军行之有效的"事后评估"(After Action Reviews,AAR)方法,每当训练课程间歇或是军事任务结束之后,由专家负责主持座谈会,让每个人说出自己的亲身体验及想法。讨论的内容都是非常基本的问题,包括:哪些部分表现良好?哪些部分表现不佳?哪些部分必须保留?哪些部分必须改进?最后由专家汇集所有人的意见,作为日后训练课程的改进依据。

(三)走出决策中的五大陷阱

决策是每个管理者最重要的工作,也是最冒风险的部分。决策中存在许多陷阱,管理者要如何避开陷阱,做出正确的决策呢?

1."沉锚"陷阱

考虑一个决定时,我们的大脑会对最先得到的信息给予特别的重视。第一印象或数据就像沉入海底的锚一样,把我们的思维固定在了某一处,这就是"沉锚"效应。

"沉锚"效应表现方式多种多样,它可能是同事无意中的一句话、报纸上的一个小事件、网络上的一个小数字。不知为什么,这些偶然的东西却像幽灵一样挥之不去,从此深深地印在你的脑海里,甚至左右你的思考和决策。比如,你参加一个专家论坛,一位专家发表自己对未来三五年的市场趋势进行的预测,结果你不分青红皂白信以为真,无论是分析竞争对手,还是思考市场策略,你都不由自主地想起他的论断。如果是这样,那位专家的意见和预测对你来说就是"沉锚",你可要当心!

• 从不同的角度来看问题。看看有没有其他的选择,不要一味依赖你的第一个想法。

• 在向别人请教前,自己先考虑一下这个问题,有一个基本思考,不要轻易被别人的意见左右。

• 集思广益。寻求不同的意见、方法,以开拓你的思路,打破原有的条框束缚。

• 在向顾问征求意见时,要尽量客观公正地介绍情况,不要掺杂你的个人观点和倾向,以免影响他们的思路。

• 坚持只有自己才是最真实的。假如有一个类似"沉锚"的问题在影响你的正常思考,要问一问自己:"真的是这样吗?"然后,就这个问题进行更为广泛的资料搜集、论证剖析,直至彻底弄清楚为止。

2."有利证据"陷阱

案例

有一家公司的产品准备进入上海市场,老板责成销售经理进行决策分析并提出决策方案。在搜集信息的过程中,他的一位从事相似业务的朋友警告他,千万不要贸然进入,理由是他自己刚刚失败而归,并给这位销售经理提供了许多不应该进入的信息。于是,在事先得到的"有利证据"阴影的笼罩下,这位销售经理迟迟拿不出自己信服的市场方案。

"有利证据"陷阱在我们的日常生活中随处可见,比如别人一次成功和失败的经历都可能成为束缚我们决策的证据。这种"有利证据"陷阱会诱使我们寻找那些支持自己意见的证据,躲避同自己意见相矛盾的信息。

如何走出"有利证据"陷阱呢?

• 审查自己对各种信息是否给予了相同的重视，避免只接受"有利证据"的倾向。

• 尽量逆向思维，朝与自己意见相反的方向去想，或者找一个你所信赖的意见分歧者，进行一次彻底的辩论。

• 审视自己的动机。你是在搜集信息做出正确合理的决策呢还是只是在为自己的决定找借口？尤其是当你身处企业高层时，千万要注意你的下属是否在用你感到舒服的"有利证据"来讨好你。

• 征求别人的意见时，不要找那种随波逐流、唯命是从的人。你也要注意你的顾问或智囊团，有时他们因为害怕得罪了你而丢掉饭碗或项目订单，不得不拼命地帮你搜集"有利于你"的"证据"，而这恰恰是你给自己设下的陷阱。

3. "霍布森选择"陷阱

1631 年，英国商人霍布森贩马时承诺：以一个相同的低价，无论买还是租他的马，买家可以随意选。其实这是一个圈套，他的马圈只留一个小门，大马、壮马、好马根本就出不去，能出去的都是些小马、瘦马、劣马。霍布森允许人们在马圈里自由挑选，可是大家挑来选去，自以为完成了满意的选择，到最后却仍然得到一个最差的结果。可以看出，这种选择是在有限的空间里进行着有限的选择，无论你如何思考、评估与甄别，最终得到的还是一匹劣马。我们的思维有时也是如此，常常受到自己"一亩三分地"的局限和影响，导致思维的自我僵化，所以这是一个陷阱。

如何走出"霍布森选择"陷阱呢？

• 读万卷书，行万里路，开阔视野，丰富阅历，打开思维空间。

• 广交"智友"，定期与智者会晤，借脑生智。

• 关注相关产业、同行和竞争对手的变化。关注最好的，问"他们为什么这么好"；关注最差的，问"他们为什么这么差"。

• 尝试几种不同的方式，用"如果……那么……"的假设思考模式，重新设定问题或机会的框架，从不同方面考察同一问题或机会，预见不同的结果。

• 在整个决策过程中，尝试问问自己：如果框架改变了，思路会有何变化？

• 在变化的世界里，任何事情都没有固定定义，除非你想定义它。

4. "布里丹选择"陷阱

有一个叫布里丹的外国人，听到他的驴子饿得咕咕叫，就牵着驴子到野外去找草吃。看到左边的草很鲜嫩，他便带驴子到了左边，又觉得右边的草颜色更绿，就带他的驴子跑到右边，可又觉得远处的草品质更好，便牵着驴子到了远处。布里丹带着他的驴子一会儿左一会儿右，一会儿远一会儿近，始终拿不定主意。结果，驴子被饿死在寻找更好的草料的路途中。

有些决策者总希望得到最佳的方案，这其实已经走进了认识的误区。完美无缺的决策方案是不存在的，因为人是有瑕疵的，而方案是由有瑕疵的人做出来的。而且，在激烈竞争的现代市场经济大潮中，"十年磨一剑"已经太慢，要"一年磨十剑"才是正好。可以毫不夸张地说，日新月异的今天，过分地追求决策完美无疑等于追求死亡！在犹豫和彷徨中浪费时间只会错失发展良机。避免犹豫的最好方法是对各种方案进行优先排序。邓小平在同撒切尔夫人谈香港问题的时候说，收回香港是主权问题，是不能谈判的，其他都可以

谈。这就是在实践"一国两制"上的标准排序。这说明了一个道理,主要矛盾和关键问题抓住了,次要的问题可以在今后的发展中逐步得到解决,甚至可以忽略不计。

如何走出"布里丹选择"的陷阱呢?

• 既要善于选择,也要学会放弃。当我们选择了51%的价值,就要毫不犹豫地放弃49%的机会成本,全力把51%变成100%。

• 善于决断是良好的思维品质。经理人要学会务实,必要的时候要降低目标,赢得时间。时代在发展,思维要提速,决策要缩短时间,这样才能从容应对复杂多变的局面。

• 海尔CEO张瑞敏曾经这样阐述自己的项目决策原则:"如果有50%的把握就上马,有暴利可图;如果有80%的把握才上马,最多只有平均利润;如果有100%的把握才上马,一上马就亏损。"毫无疑问,商业上的风险和机会是并存的。匆忙上马、忽略风险是蛮干,而事无巨细的管理风格同样有害,掌握平衡需要良好的分析能力和持续不断的风险意识。

5."群体思维"陷阱

集体决策是科学决策的基本方式,但不等于科学决策。在集体决策时,即使组成团队的管理者经验非常丰富,也有可能犯下幼稚的错误,共同选择一个失败的方案,并带来灾难性的后果,这就是所谓的"群体思维"陷阱。

群体思维理论的创始人詹尼斯是这样对其进行界定的:群体思维是"这么一种思维方式,当人们深涉于一个内聚的小团体中,而且其成员为追求达成一致而不再尝试现实地评估其他可以替换的行动方案时,他们就坠入这一思维方式"。通俗地讲,就是在集体决策中决策成员因某种原因而追求表面一致,导致决策失败的思维方式。历史上,因为集体决策中的群体思维现象而导致严重后果的事件很多,比如美国入侵朝鲜、水门事件等。

其实,在集体决策中不难发现,决策过程中的家长制、一言堂、长官意志、一锤定音等,都是群体思维的具体表现。

如何走出"群体思维"陷阱呢?

• 参与决策的人员端正态度,树立公正的立场,明确决策原则。特别是组织者和领导者更要审视自我的局限性,避免先入为主、自以为是、刚愎自用。

• 提倡决策过程中的合理冲突,促进思想碰撞。合理冲突是为了激发思想碰撞,为了更好地解决问题,实质是把决策做得更好。

• 引入科学的决策方法和工具,如头脑风暴法、六顶思考帽法等。

• 优化决策程序并借用外脑。

决策是领导者的基本功,放弃决策力就是放弃领导力。为了打好扎实的决策功底,必须制订提升和完善自己决策能力的行动计划,并从现在开始行动!

参考文献

1. 普罗克特 T. 管理创新精要[M]. 周作琮，张晓霞译. 中信出版社，2003.

2. [美]罗伯特·W. 布莱. 时间管理十堂课[M]. 机械出版社，2002.

3. [美]博恩·崔西. 时间力[M]. 东方出版社，2009.

4. [美]彼得·德鲁克. 卓有成效的管理者[M]. 机械工业出版社，2010.

5. [美]阿兰·拉金. 如何掌控你的时间和生活[M]. 金城出版社，2007.

6. 余世维. 有效沟通[M]. 北京联合出版公司，2012.

7. 曾仕强、刘君政. 最有效的激励艺术[M]. 北京联合出版公司，2011.

8. (美)珍内特. 有效授权的力量[M]. 重庆出版社，2011.

9. 马君. 授权时代的控制[M]. 经济科学出版社，2010.

10. 黄钰茗、石强. 团队管理的 55 个关键细节[M]. 中国电力出版社，2011.

11. 陈文军、沈海霞. 销售团队管理全新修订大全集[M]. 北京工业大学出版社，2011.

12. [美]马丁尼、[美]詹姆斯. 销售团队管理[M]. 电子工业出版社，2013.

13. 孙科柳、石强. 团队管理工具箱[M]. 中国电力出版社，2012.

14. [英]霍尔默斯，[英]里奇. 个人与团队管理[M]. 清华大学出版社，2008.

15. 常白. 高效团队管理实战[M]. 机械工业出版社，2012.

16. 苗青. 团队管理[M]. 浙江大学出版社，2007.

17. [美]汉弗里. 领导力、团队精神和信任[M]. 机械工业出版社，2012.

18. 许志平. 团队经营与管理[M]. 中国人民大学出版社，2012.

19. [英]赫勒. 团队管理[M]. 世界图书出版公司，2011.

20. 邓靖松. 团队信任与管理[M]. 清华大学出版社，2012.

21. 张晨、王敏. 营销团队就要这样带[M]. 机械工业出版社，2012.

22. 肖剑锋. 团队与个人管理实务[M]. 中国财政经济出版社，2010.

23. 任长江. 高层管理团队的战略决策绩效[M]. 知识产权出版社，2010.

24. JMAM 目标管理项目组. 目标管理：赢得时间的技巧[M]. 科学出版社 2007.

25. 景素奇. 经理人的权杖[M]. 人民邮电出版社，2007.

图书在版编目(CIP)数据

管理能力/边俊杰等编著. —厦门:厦门大学出版社,2014.6
(高等院校创业教育规划教材)
ISBN 978-7-5615-4997-1

Ⅰ.①管… Ⅱ.①边… Ⅲ.①管理学 Ⅳ.①C93

中国版本图书馆 CIP 数据核字(2014)第 046303 号

厦门大学出版社出版发行
(地址:厦门市软件园二期望海路 39 号 邮编:361008)
http://www.xmupress.com
xmup @ xmupress.com
厦门集大印刷厂印刷

2014 年 6 月第 1 版 2014 年 6 月第 1 次印刷
开本:787×1092 1/16 印张:17 插页:1
字数:400 千字 印数:1～3 000 册
定价:38.00 元
本书如有印装质量问题请直接寄承印厂调换